図解入門
How-nual
Visual Guide Book

よくわかる最新 空調設備の基本と仕組み

空調方式、省エネ、冷暖房、換気……

空調設備の基本

菊地 至 著

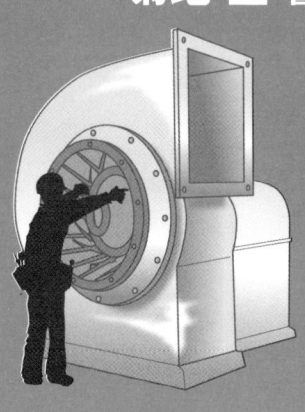

秀和システム

●注意
(1) 本書は著者が独自に調査した結果を出版したものです。
(2) 本書は内容について万全を期して作成いたしましたが、万一、ご不審な点や誤り、記載漏れなどお気付きの点がありましたら、出版元まで書面にてご連絡ください。
(3) 本書の内容に関して運用した結果の影響については、上記 (2) 項にかかわらず責任を負いかねます。あらかじめご了承ください。
(4) 本書の全部または一部について、出版元から文書による承諾を得ずに複製することは禁じられています。
(5) 本書に記載されているホームページのアドレスなどは、予告なく変更されることがあります。
(6) 商標
本書に記載されている会社名、商品名などは一般に各社の商標または登録商標です。

はじめに

　私たちの住まいや、職場となるオフィスなど、そこにいる滞在時間が長くなる場所ほど、快適性や利便性が求められます。

　ちょっとした旅先やショッピングなど、非日常の時間では、多少不便でも楽しめますが、日常を過ごす住まいやオフィスでは、少し暑かったり、寒かったり、空気が汚れていたりすると、大きなストレスになります。

　ストレスのない理想的な住環境を求めると、設備の重要性に気付きます。家があってもそこに設備がなければ、家はただの箱です。もちろん、雨風が凌げればなんとかなるという考え方もありますが、一生という長い年月を過ごす住まいとなると、快適性や利便性を求めるのも当然です。

　建築設備には「給排水衛生設備」「上・下水道設備」「電気設備」「空調設備」などがあります。どれも重要な設備ですが、現代社会ではすべてがある程度のレベルで整っていないと、生活も仕事も満足にできません。

　空調設備は、空気を扱う設備です。空気は人の肌に直接触れ、呼吸をすれば空気を吸い込みますので、空調設備はとても身近で欠かすことのできない設備です。しかし、あまりに身近なので、空調設備のありがたみを忘れがちです。

　私たちは感覚的に、部屋の温度や湿度、あるいは清浄度や臭いなどを感じて、快適か否かを判断しますが、どのように空調設備が働いて快適な空間にしてくれているのかを意外と知らないものです。本書でそれらの疑問が解決する糸口となれば幸いです。

　一口に空調設備といっても、知りたい事柄は山ほどありますが、豊富なイラストと写真を交えて、ここは押えておきたいというポイントを、わかりやすく楽しく学べるように解説しています。また、空調設備はエネルギーや環境問題とも深い関わりがありますので、省エネや環境への影響などについても触れています。

　最後に、本書の執筆にご協力頂いた関係者の皆様に厚く御礼を申し上げるとともに、本書が空調設備を学ぼうとする読者の皆様のお役にたてることを願い、「はじめに」の挨拶とさせて頂きます。

2014年6月　菊地　至

目次

図解入門よくわかる
最新空調設備の基本と仕組み

Chapter 1 空調設備の予備知識

1-1	空気調和の目的	10
1-2	温熱感覚	12
1-3	気象条件による影響	16
1-4	熱の伝わり方	19
1-5	結露と防止対策	21
1-6	空気線図	24
1-7	建物の断熱性と熱容量	26
1-8	日照・日射の調整	29
1-9	空調負荷の概要	32
1-10	高齢化社会と空調設備	34
1-11	空調設備設計の流れ	36
1-12	空調設備の保全管理	38
1-13	図面と図示記号	40
コラム	先人達の知恵に学ぶ	42

Contents

Chapter 2 代表的な空調方式

- 2-1 単一ダクト方式 …………………………………… 44
- 2-2 各階ユニット方式 ………………………………… 46
- 2-3 ファンコイルユニット方式 ……………………… 48
- 2-4 パッケージユニット方式 ………………………… 50
- 2-5 マルチユニット方式 ……………………………… 52
- コラム エネルギー ………………………………… 54

Chapter 3 省エネに考慮した空調設備

- 3-1 空調設備とエネルギー …………………………… 56
- 3-2 空調設備と環境問題 ……………………………… 58
- 3-3 太陽光の利用 ……………………………………… 60
- 3-4 太陽熱の利用 ……………………………………… 62
- 3-5 パッシブソーラー ………………………………… 64
- 3-6 地熱・地中熱の利用 ……………………………… 68
- 3-7 ヒートポンプの原理 ……………………………… 72
- 3-8 ヒートポンプの利用 ……………………………… 76
- 3-9 氷蓄熱式空調システム …………………………… 78

3-10	コージェネレーションシステム	80
3-11	タスク・アンビエント空調	84
3-12	床吹出し空調方式	86
3-13	ペリメータレス空調	88
3-14	外気冷房・ナイトパージ	90
3-15	地域冷暖房	92
3-16	省エネルギーの指標	94
コラム	玄関ドアにも工夫が必要です	96

Chapter 4 熱源機器とその他の構成機器

4-1	単一ダクト方式の基本構成	98
4-2	ボイラ	100
4-3	真空式・無圧式温水ヒータ	105
4-4	ボイラの適用区分	107
4-5	冷凍機の役割と冷媒	110
4-6	圧縮式冷凍機	112
4-7	吸収式冷凍機	114
4-8	冷却塔（クーリングタワー）	118
4-9	空調機	122
4-10	送風機	126

Contents

4-11	ダクト	130
4-12	ダクトの施工	135
4-13	ダンパ	140
4-14	吹出口・吸込口	142
4-15	ポンプ	146
4-16	配管材・その他関連部材	150
4-17	配管の施工	154
コラム	熱絶縁工事ってどんな工事？	158

Chapter 5 中央暖房と個別暖房

5-1	暖房の種類	160
5-2	蒸気暖房	162
5-3	温水暖房	164
5-4	放射暖房	166
5-5	床暖房	169
コラム	「R410A」にかわる冷媒、「R32」	174

Chapter 6 換気・排煙設備

6-1	換気の目的	176
6-2	シックハウス	178
6-3	自然換気	180
6-4	機械換気	183
6-5	換気経路	185
6-6	全熱交換器	187
6-7	必要換気量と換気回数	188
6-8	ハイブリッド換気	190
6-9	排煙設備	192
6-10	自然排煙方式	194
6-11	機械排煙方式	196
コラム	これからの空調設備	200
コラム	暖房器具選びに正解はあるのか？	201
コラム	ヒートポンプの将来性	202
	索引	203

空調設備の予備知識

　空調設備とは、読んで字のごとく「空気を調和する設備」のことですが、そもそも空気を調和するとはどういうことなのか、快適な室内とはどういう状態のことなのかなど、案外知っているようで知らないことが多いものです。

　本章では、空調の役割や目的、人が快適と感じる要素とは何かといったことからスタートし、建物の断熱性や気密性、熱の伝わり方、室外の気象条件など空調に影響を与える要素について解説します。

　あまり難しいことは考えずに楽しく一緒に学んでいきましょう。

1-1 空気調和の目的

空気調和の目的と室内空気環境基準

> **Point**
> ●意匠・構造・設備が一体となって建物はつくられています。
> ●空気調和の目的は温度・湿度・気流・清浄度を整えることです。
> ●法によって室内空気環境基準が定められています。

空調設備の役割

　有史以前の私たちの先祖の住まいを想像してみましょう。先人達は洞窟や、その土地で身近に調達できる石や草木などで簡易的な建物を造り、雨・風を凌いだことでしょう。厳しい自然環境と戦いながら身を寄せ合って命を繋いできたであろうと想像できます。

　現代における建物は、雨・風を凌げるだけでは快適とはいえません。建物は**意匠・構造・設備**が一体となって形成されています。意匠は建物の外観を形成し、構造は建物の骨格となる躯体を形成します。意匠と構造が一体となることで雨・風・地震などに耐えられる基本性能が備わったともいえますが、それだけでは前述した有史以前の暮らしとさほど進歩がありません。建物の機能面を担う設備が整って初めて、現代のニーズに対応した建物の役割を果たすことができます。

　本書で学ぶ空調設備は、建築設備の分野の一つで、快適な室内環境をつくる上で欠かすことのできない設備です。

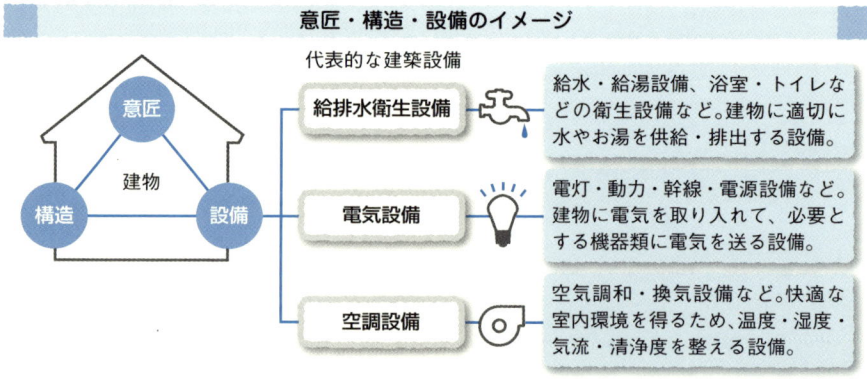

意匠・構造・設備のイメージ

空気調和の目的

　空気調和の目的は、室内・外の環境の変動に応じて、そこに住まう人や働く人などが快適と感じるレベルに**温度・湿度・気流・清浄度**を整えることです。

　室内における温度・湿度・気流・清浄度のバランスを崩す要因の一例としては、台所のコンロなどの燃焼器具による一酸化炭素、人の呼吸などによる二酸化炭素や水蒸気、タバコなどによる粉じん、建材や建具などから発生するホルムアルデヒドなどの化学物質などがあります。なお、室外の四季の影響、梅雨、日照、立地条件、地域など、さまざまな外的要素も当然、室内に影響を与えます。

　建築基準法やビル管理法などでは、人体に悪影響を及ぼす空気汚染物質や温度・湿度・気流の許容値を以下のように定めています。

室内空気環境基準

項目	許容値	備考
温度	17〜28℃	一般的には夏期で 25〜28℃、冬期で 17〜22℃が快適範囲。
湿度	40%〜70%	夏期の湿度は 70%以下、冬期で 40%以上が目安とされる。
気流	0.5m/s 以下	法的には 0.5m/s 以下だが、0.3m/s 以下が望ましい。
一酸化炭素（CO）	10ppm（0.001%）以下	コンロやストーブといった燃焼器具などの不完全燃焼によって発生するケースが多く、わずかな量で人命が危険な状態となる。
二酸化炭素（CO_2）	1000ppm（0.1%）以下	人の呼吸によっても濃度が増え、大気中に 0.03%程度含まれている。室内空気の汚染度合を計るバロメーターとされている。
浮遊粉じん	0.15mg/㎥以下	タバコの煙やアスベスト繊維などが肺ガンなどのリスクを高める。
ホルムアルデヒド	0.1mg/㎥以下	建材、家具などの接着剤などから発生し、めまいや頭痛の原因となる。

> 以上のような項目を空調・換気設備で整えます。水蒸気や臭気については特に許容値は決められていませんが、これらも適切に空調・換気によって排出する必要があります。

1-2 温熱感覚

温熱6要素と局所的に感じる不快感

Point
- 温熱感覚には6つの要素があります。
- 夏と冬では快適と感じる気温は違います。
- コールドドラフトなど局所的に感じる不快感もあります。

温熱感覚

室内において人が感じる暑さ、寒さの感覚を**温熱感覚**といいます。この温熱感覚に影響を与える要素には**環境側**と**人体側**の要素があります。

環境側の要素としては**気温・湿度・気流・放射**。人体側の要素としては**代謝量・着衣量**です。これら6つの要素のことを**温熱6要素**といいます。

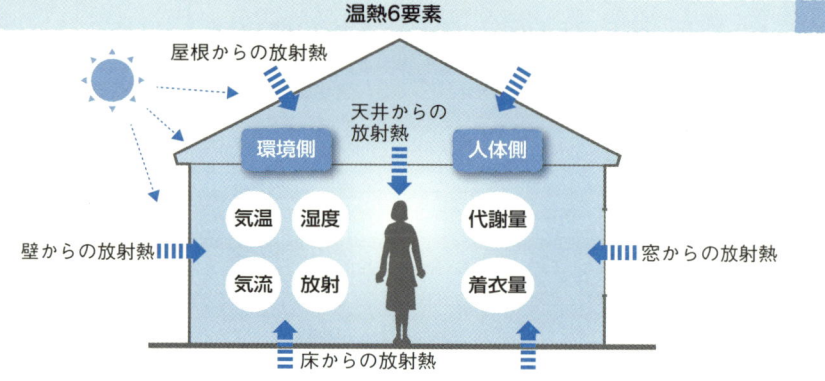

温熱6要素

● 気温

気温（室内の温度）の快適範囲は一般に17～28℃といわれています。概ね、**夏期は25～28℃、冬期は17～22℃**が快適範囲となります。空調の温度設定については、冬に夏以上の暑さ、夏に冬以上の寒さを求めると空調負荷がかかり経済的ではないので、概ね、上記の範囲内に温度設定するのが一般的です。

室内の上下の温度差については、椅座位（椅子に座った状態）で、床上10cm～1.1mの間で**3℃以内**の温度差にすることが理想的です。上下温度差が著しいと足元が寒くなり実際の温度よりも寒く感じてしまいます。

● 湿度

人が感じる体感温度は湿度によっても違ってきます。同じ気温でも湿度が低ければ寒く感じますし、湿度が高ければ暑く感じます。

気温が高くなると私たちは汗をかきます。汗には体表面から気化熱を奪って蒸発し、体を冷ます作用があります。人が高温高湿になると不快感を感じるのは、湿度によって汗が蒸発しにくくなり、体表面を十分に冷ますことができなくなってしまうからです。

● 気流

夏に扇風機やうちわで体に風を送ると涼しく感じるように、高温でも風があると汗の蒸発が促進されて実際の温度より涼しく感じます。低温で風が強い場合は体の熱が奪われてさらに寒く感じます。

冬の暖房時などの窓の近くは、冷たい気流が足下に流れ込み寒く感じます。このように局所的に不快感を与える冷気流のことを**コールドドラフト**といいます。

● 放射

熱は電磁波として空間を熱移動しますが、室内では壁、窓、床、天井などから放射熱を受け、温熱感覚に影響を与えます。放射温度の差が著しくなると不快感を感じます。冷たい窓や壁に対する放射温度の差の限界は**10℃以内**、熱を帯びた熱い天井に対しては5℃以内といわれています。なお、気温は水銀温度計などで測定しますが、放射を考慮した温度を計測する場合は**グローブ温度計**を使います。

グローブ温度計

温度計
鋼製中空球（黒塗り）
15cm

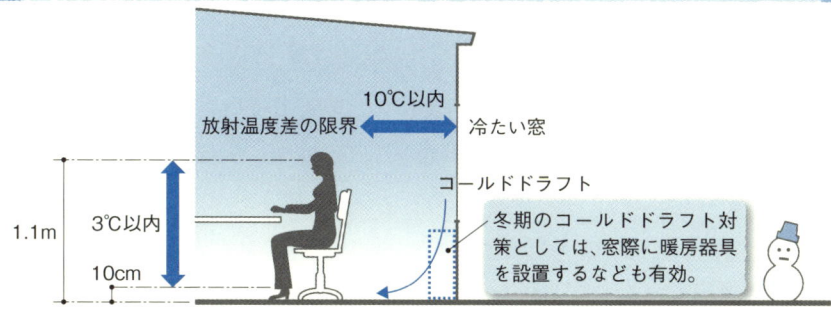

局所的に感じる不快感

放射温度差の限界 10℃以内 冷たい窓
3℃以内
1.1m
10cm
コールドドラフト
冬期のコールドドラフト対策としては、窓際に暖房器具を設置するなども有効。

1-2 温熱感覚

● 代謝量

代謝量とは、運動したり作業することによって発生するエネルギーのことで、体表面積1㎡当たりの熱量〔W/㎡〕のことをいいます。椅子にすわって安静にしている状態の標準的な成人の代謝量は58.2〔W/㎡〕で、この値を代謝量の基準値1met（メット）としています。

標準的な成人の体表面積は1.6～1.8〔㎡〕程度なので、椅座安静時の代謝量は、58.2×1.6～1.8≒100〔W〕となります。

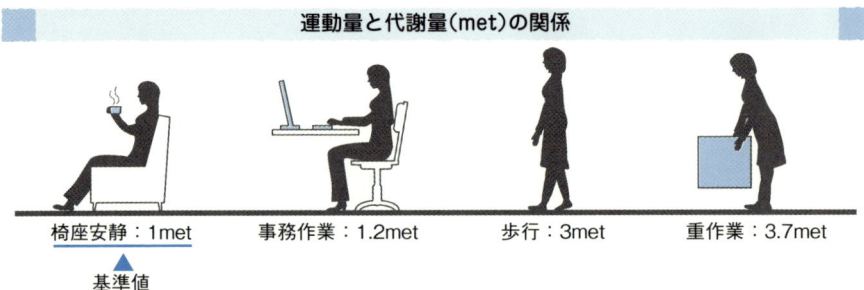

運動量と代謝量（met）の関係

椅座安静：1met（基準値）　事務作業：1.2met　歩行：3met　重作業：3.7met

● 着衣量

夏にセーターを着ていれば誰だって暑いですし、冬にTシャツ一枚で寒いのは当たり前です。着衣には断熱性があるので、人が着ている服の断熱性能も温熱感覚を左右する要素です。

着衣量はclothes（衣服）の頭文字を取ってclo（クロ）という単位で表されます。気温21℃、相対湿度50%、気流0.1m/sの室内で、快適と感じる着衣量の熱抵抗値を1cloとしています。clo値が大きいほど、着衣の断熱性能によって体から熱が逃げにくい状態になりますので、着衣量によって空調の温度設定も違ってきます。なお、1cloは標準的なスーツ姿に相当する値です。

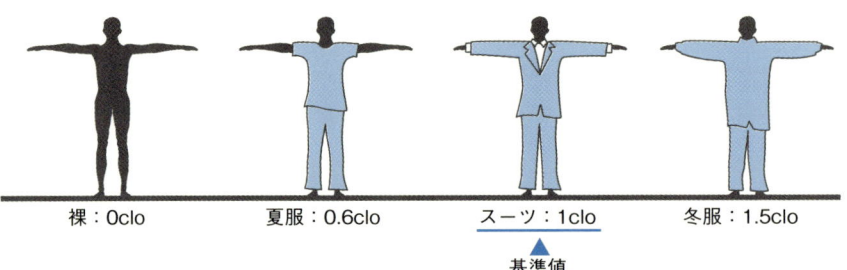

裸：0clo　夏服：0.6clo　スーツ：1clo（基準値）　冬服：1.5clo

温熱指標

人が感じる快適さを示す温熱指標にはさまざまなものがありますが、代表的なものを以下に示します。各温熱指標は、これまで説明した温熱6要素の組み合わせによって構成されています。ごく簡単に説明すると6要素すべてが考慮されている方がより人が感じる快適さの感覚に近い指標といえます。

温熱指標と温熱6要素の組み合わせ

環境側の要素 ◀▶ 人体側の要素

温熱指標	気温	湿度	気流	放射	代謝量	着衣量
不快指数(DI)[※1]	○	○				
作用温度(OT)[※2]	○		○	○		
有効温度(ET)[※3]	○	○	○			
新有効温度(ET*)[※4]	○	○	○	○	○	○
予測平均温冷感申告(PMV)[※5]	○	○	○	○	○	○

※1 不快指数(DI：Discomfort Index)
　蒸し暑さを示す指標となります。算定式は DI＝0.72（気温＋湿球温度）＋40.6 で不快指数を求めることができます。求められた数値が 75 以上で「やや暑い」、80 以上で「暑くて汗が出る」、85 以上で「暑くてたまらない」とされています。

※2 作用温度(OT：Operative Temperature)
　気温、気流、放射による温熱指標で、放射暖房をする際に指標とされることがあります。

※3 有効温度(ET：Effective Temperature)
　ある気温、湿度、気流のとき、それと同程度と体感する気温、湿度 100％、気流 0m/s に相当する指標とされています。なお、ET には放射の影響が考慮されていませんが、ET の気温、湿度、気流に、放射の影響を加えた温熱指標のことを修正有効温度(CET)といいます。

※4 新有効温度(ET*：Effective Temperature Star)
　温熱6要素によって総合的に評価した温度のことで、ある環境にいる人が、その環境と同じ発汗状態となり、温熱感覚も同じである相対湿度 50％の気温を ET*〔℃〕といいます。なお、ET* をさらに標準化した標準新有効温度(SET*)も広く用いられる温熱指標です。

※5 予測平均温冷感申告(PMV：Predicted Mean Vote)
　暑くも寒くもない熱的中立状態において、大多数の人が感じる温冷感の平均値を予測した温熱指標のことです。数値は温熱6要素の因子によって計算され、−3(寒い)〜3(暑い)の範囲で温冷感を予測します。PMV＝0 で 95％の人が快適と感じますが、5％の人は不満足と感じるといわれています。なお、不満足を感じる人の割合を PPD（予測不満足者率）といいます。

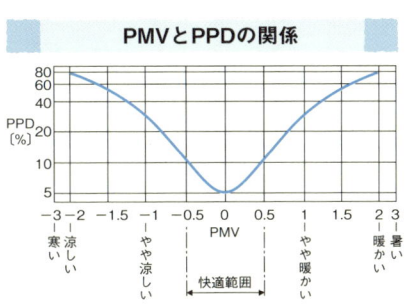

PMVとPPDの関係

気象条件による影響

日本の気候の特徴を知る

> **Point**
> ●季節風による影響と、発生するしくみを知りましょう。
> ●日本全体の気候のおおまかな特徴を把握しましょう。
> ●海風と陸風が発生するしくみを知りましょう。

季節風の影響

　日本列島は**季節風**の影響を受けることが特徴といえます。夏は太平洋側からの湿気を多く含んだ風によって高温多湿になり、冬は大陸側からの風によって日本海側で雪が多くなり、太平洋側では乾燥する傾向にあります。

　季節風が発生するしくみをごく簡単に説明すると、暖かい空気は上昇する性質がありますが、夏は暖かい大陸側の空気が上昇して太平洋側の空気を引っ張るので、夏の季節風は太平洋側から吹きます。逆に、冬は太平洋側が暖かいので風の向きは反対になる訳です。

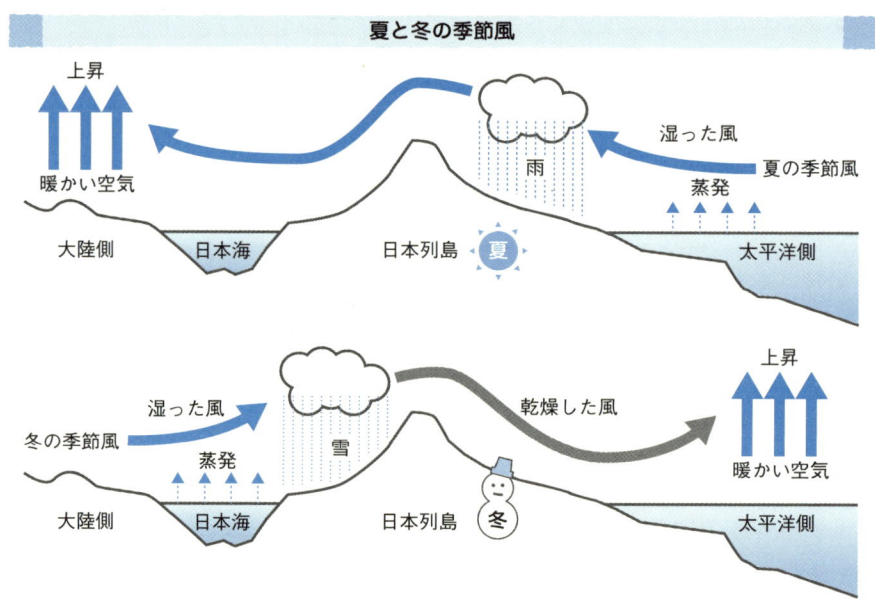

夏と冬の季節風

1-3 気象条件による影響

日本の気候

　前述した季節風の影響を把握しておくと、日本列島全体の気候の特徴が理解しやすくなります。

　日本には四季があり、四季折々の食べ物や自然が楽しめる美しい国ですが、反面、気候変動が激しく、台風や梅雨の影響なども受けます。地形の特徴として、緯度の差が大きく、南北に細長いことから、気温、湿度、降水量などは地域によってさまざまですが、大まかな特徴を下図に示します。

日本の気候の特徴

- ●北海道
  降水量は少なく、夏は涼しく、冬の寒さが厳しい。

- ●日本海側
  冬の降水量が多く、雨、雪が多く降る。

- ●瀬戸内海
  通年、比較的降水量が少なく、温和。

- ●太平洋側
  台風の影響を受け、夏の降水量が多く、高温多湿。

- ●中央高地
  降水量は少なく、夏と冬、昼と夜の気温差が激しい。

- ●南西諸島
  台風の影響を受け、降水量が多く、通年暖かい。

海風と陸風による影響

海は「暖まりにくく冷めにくい」、陸は「暖まりやすく冷めやすい」という特徴があります。この特徴から、太陽が出ている昼間は陸が先に暖まるので、陸側の上昇気流が海側で冷やされ**海風**となります。逆に太陽が沈んで夜間になると、海側が暖かくなるので、対流が逆になり**陸風**になります。海風・陸風の発生するしくみは、前述した季節風が発生するメカニズムによく似ています。

海風と陸風が発生するしくみ

気温と湿度の傾向

各地域の月平均の気温と湿度をグラフ化したものをクリモグラフといいます。下のクリモグラフは東京、札幌、ベルリン（ドイツ）の気候変動を比較したものですが、東京の夏は特に高温多湿、冬は低温低湿なことが一目瞭然です。

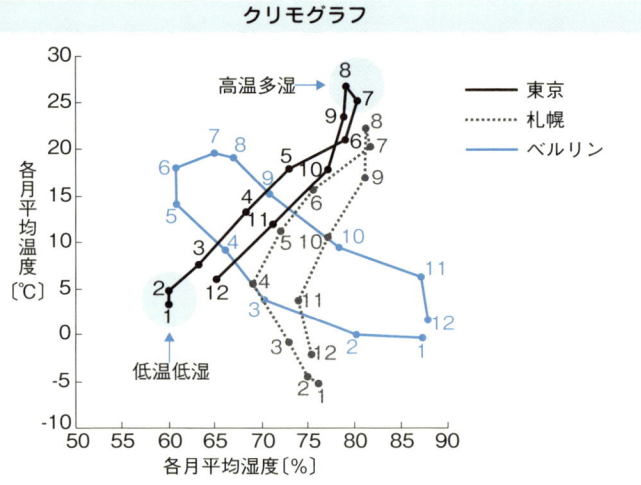

クリモグラフ

1-4 熱の伝わり方

3種類の熱の伝わり方と熱還流

Point
- 熱は熱伝導・対流・放射で空間や物体などを伝わります。
- 建物の壁では熱伝達→熱伝導→熱伝達によって熱が移動します。
- 熱伝達率、熱伝導率が大きいほど、熱は伝わりやすくなります。

熱の伝わり方の種類

熱の伝わり方は**熱伝導・対流・放射**の3種類あります。熱は実際に目に見えませんが、3種類の伝わり方で、気体、液体、個体の中を移動しています。

● 熱伝導

コーヒーカップにスプーンを入れたままにしておくと、スプーンの柄まで熱くなります。このように物体内部で熱が移動することを熱伝導といいます。金属のように体積比重の大きいものほど、熱が伝わりやすいといえます。

●対流

室内に置いた対流式ストーブに火をつけると暖められた空気は上昇し、冷たい空気は下降します。このように空気や水などの流体が熱を帯びて循環する現象を対流といいます。

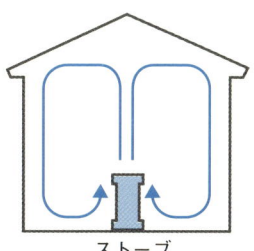

ストーブ

●放射

手のひらを太陽にかざしてみると、太陽の熱を感じます。これは太陽の熱が空間を伝わって移動しているからです。このような現象を放射といいます。

壁を伝わる熱

室外と室内に温度差がある場合、境界となる建物の壁周辺では温度の高い方から低い方へ熱が移動しますので、夏は屋外から室内へ、冬は室内から室外へと熱が移動します。

右図のように熱伝達→熱伝導→熱伝達といった一連の熱の流れを**熱貫流**といいます。なお、熱伝達には太陽からの放射や対流が影響します。

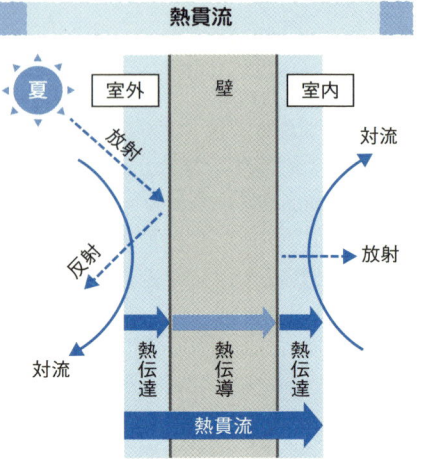

熱貫流

熱伝達率と熱伝導率

壁の表面と空気の間の熱伝達は、壁の単位面積当たりにどのくらいの熱量が伝わるかを示した**熱伝達率**〔W/㎡・K〕で表されます。なお、熱伝達率は風の影響を受け、風が強いほど熱が伝わりやすくなります。

壁の内部では熱伝導によって熱が伝わり、熱伝導は熱の伝わりやすさを示す割合の**熱伝導率**〔W/m・K〕で表されます。実際の施工では材料の厚みを考慮した熱抵抗値〔㎡・K/W〕を断熱性の指標としますので、熱伝導率は材料そのものの断熱特性を示す指標ともいえます。

右図で示すように、熱伝導率は材料によって違いますが、一般的に、比重の大きいものほど熱は伝わりやすくなり、材料に湿気を含むと比重が大きくなるので、熱が伝わりやすくなります。

材料の熱伝導率

熱が伝わりやすい

単位：〔W/m・K〕

材料	熱伝導率
銅板	372
アルミニウム板	210
鉄板	45
花こう岩	3.5
モルタル	1.3～1.5
コンクリート	1.1～1.4
板ガラス	0.8
レンガ	0.6
合板／ALC／石膏ボード／杉	0.13～0.16
グラスウール／ロックウール／フォーム材	0.03～0.04

熱が伝わりにくい

1-5 結露と防止対策

結露が発生するしくみとその防止対策

Point
- 飽和水蒸気量、露点温度の意味、結露発生のしくみを理解しましょう。
- 結露には表面結露と内部結露があります。
- 結露が発生しやすい所と結露の防止対策を知りましょう。

結露が発生するしくみ

　暖房時に窓ガラスが水滴で曇ったり、冷たい飲み物を入れたグラスに水滴が付いたり、日常生活で結露の現象を見ることは頻繁にありますが、ここで、結露が発生するしくみを少し考えてみましょう。

　空気は温度によって含むことができる水蒸気の量（**飽和水蒸気量**）が違います。気温30℃では1㎥中に30.4gの水蒸気を含むことができますが、20℃で17.3g、10℃で9.4gといったように、気温が下がると飽和水蒸気量は少なくなります。例えば、気温20℃で相対湿度60％とすると、1㎥中に約10.5gの水蒸気を含んでいることになります。この状態から気温を下げていくと約12℃のところで、これ以上は水蒸気を含めない飽和状態となります。この転換点を**露点温度**といい、さらに温度を下げていくと余剰分が結露します。

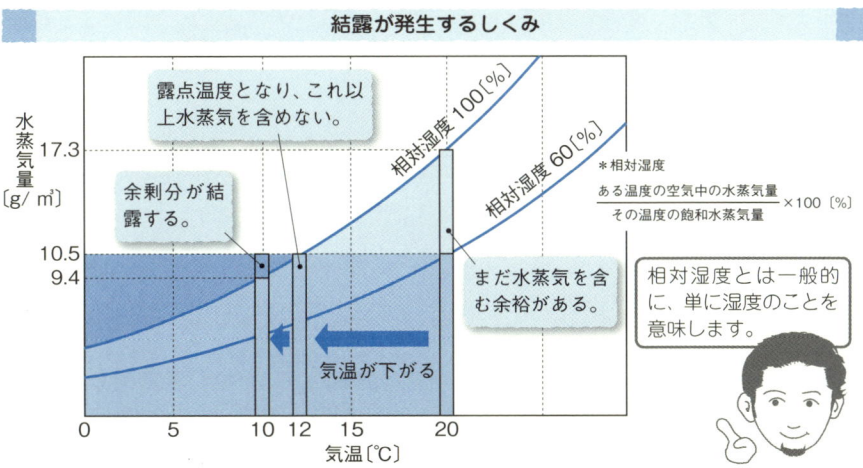

結露が発生するしくみ

1-5 結露と防止対策

表面結露と内部結露

結露には**表面結露**と**内部結露**があります。窓ガラスなど、日常、私たちが目にする結露は表面結露といわれるものです。一方、壁の内部などに室内から湿気が入り結露させる場合があり、これを内部結露といいます。

結露は建物や人体に深刻な影響を及ぼすこともあります。湿気が内部の柱、壁などを腐らせ、カビ、ダニ、シロアリなどが好む環境をつくるおそれがあり、空気汚染の原因にもなります。結露の発生しやすい所を知り、その防止対策を実践するようにしましょう。

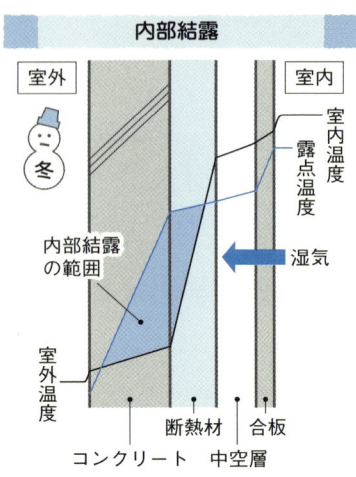

結露が発生しやすい所

冬の暖房時において表面温度が上がらない所は結露しやすくなります。注意点として、窓ガラス面からの冷気を遮るためにカーテンをする場合がありますが、カーテンはガラスとの間の冷たい空気を停滞させることになるので、カーテンをすることによって結露を促進させてしまう場合があります。

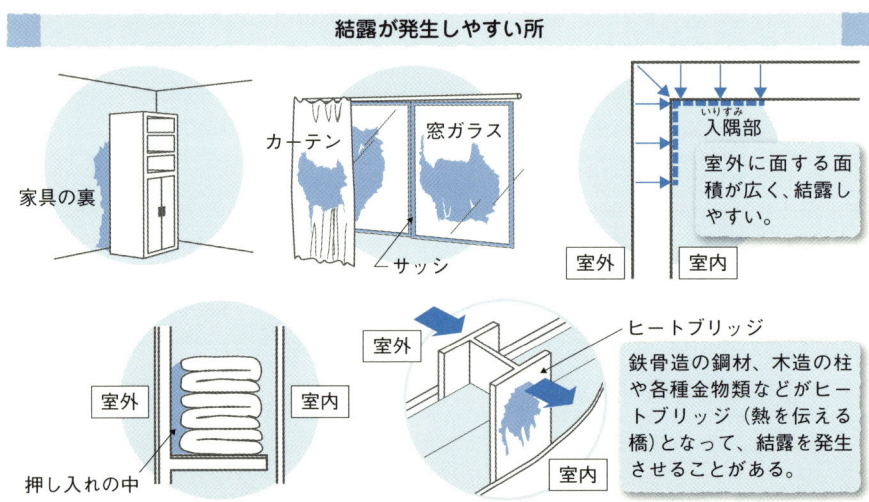

結露が発生しやすい所

結露の防止対策

表面結露の防止対策としては、**断熱の強化、湿度の抑制、空気の流れをよくする**などが有効な対策となります。

●断熱の強化

冬の暖房時に室内側の壁の表面温度が低くならないように断熱強化します。なお、窓は熱の出入りの多い所となるので、特に寒冷地では複層ガラスにする、あるいは樹脂サッシにするなどの対策も有効です。

●湿度の抑制

キッチンや浴室など水蒸気が多く発生する場所については換気を怠らないようにし、室内を除湿して適正な湿度を保つようにします。

●空気の流れをよくする

外壁に面する壁に家具を設置しない。設置する場合は風通しがよくなるように隙間を空けるようにする。また、押し入れについては外壁に面する壁に配置しないようにするなど、設計上の配慮も必要です。

内部結露の防止対策としては、**適切な断熱処理をする、外断熱工法にする**などが有効な対策となります。

●適切な断熱処理をする

室内の湿気が壁の内部に入らないように断熱材の室内側に防湿層を設け、中空層によって湿気を逃がすなどの適切な断熱処理を施します。

●外断熱工法にする

外断熱工法とは室外側に断熱を施し、建物をすっぽりと包み込むイメージの工法です。図のように室内温度と露点温度が交わらないので、壁の内部で極端な温度差が生じにくい工法といえ、内部結露の防止対策としては有効な断熱工法といえます。

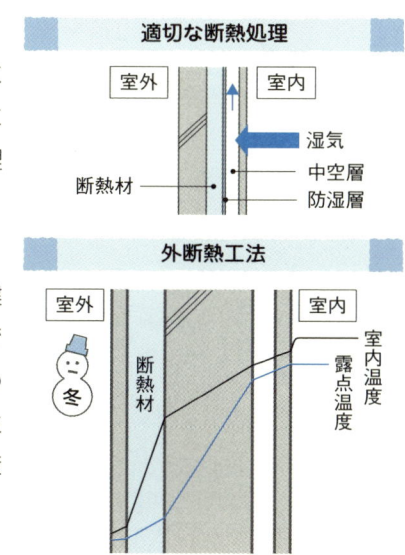

1-6 空気線図

空気線図の概要と読み方

Point
- 空気線図の概要を把握する。
- 絶対湿度、相対湿度など空気線図中の用語を理解する。
- 空気線図の読み方の基本を把握する。

空気線図とは

一般に自然界の空気は水蒸気を含んでいて、これを**湿り空気**といいます。**空気線図**とは湿り空気の熱的状態などを示したもので、**絶対湿度**、**相対湿度**、**乾球温度**、**湿球温度**などのうち、いずれか2つがわかれば、他のすべての要素を導き出せるようになっています。

空気線図

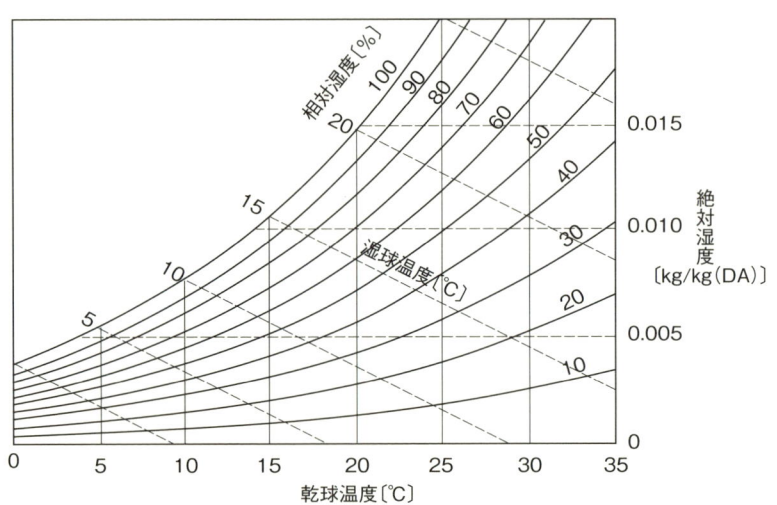

＊図は絶対湿度、相対湿度、乾球温度、湿球温度を抜粋し、簡略化した空気線図です。

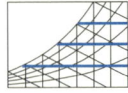
絶対湿度〔kg/kg(DA)〕
　横線は絶対湿度を表します。絶対湿度は湿り空気中の乾き空気 1kg 当たりに含まれる水蒸気量の割合のことです。

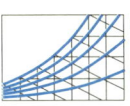
相対湿度〔%〕
　曲線は相対湿度を表します。ある空気の水蒸気量と、その気温の飽和水蒸気量との割合のことです。

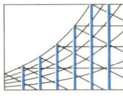
乾球温度〔℃〕
　縦線は乾球温度を表します。一般的な気温のことで、乾いた感温部を持った乾球温度計で測定された温度です。

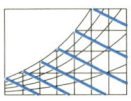
湿球温度〔℃〕
　斜線は湿球温度を表します。感温部を水で湿らせた布で覆った湿球温度計で測定された温度です。乾球温度と湿球温度の差で相対湿度を計ることができます。

空気線図の読み方

　空気線図の読み方を簡単に解説します。例えば乾球温度が30℃、相対湿度が50%という条件のとき、まずは条件の交点を見つけます。この交点から斜線をたどると湿球温度は約22℃、横線をたどると絶対湿度は約0.0135kg/kg（DA）と読み取ることができます。結露に関する露点温度を読み取るときは、交点から左に水平移動して相対湿度が100%とぶつかるところの乾球温度が露点温度です。条件の場合、約18.5℃と読み取ることができます。

　以上は空気線図から読み取る情報のごく一例ですが、空気線図からはさまざまな情報を読み取ることができるので、空調の負荷計算や空気の状態の解析などに用いられています。

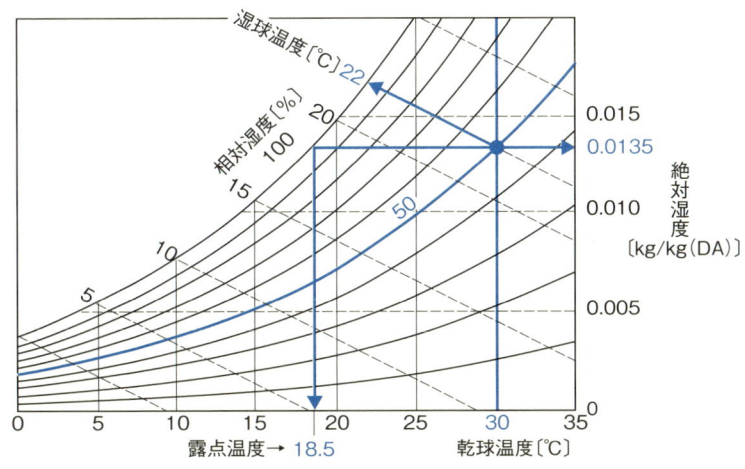
空気線図の読み方（条件：乾球温度30℃、相対湿度50%）

1-7 建物の断熱性と熱容量

断熱性と熱容量は空調負荷に影響を与える

> **Point**
> - 断熱材には主に発泡タイプと繊維タイプのものがあります。
> - 代表的な断熱工法の種類を把握しましょう。
> - 室内の環境は断熱性、熱容量に左右されます。

断熱の目的と断熱材の種類

建物では室外の熱が壁、窓、屋根、床などから室内に伝わるのと同時に、室内の熱も外に損失しますので、室外と室内の熱の移動の軽減、つまり、熱還流量を少なくさせることが断熱の目的です。

断熱材は主にプラスチック系の材料を発泡させたタイプのものと、ガラスや鉱物を繊維状にしたタイプものがあります。なお、断熱材は一般に湿気を含むと断熱性能が低下します。

断熱材の種類

発泡タイプ

ポリスチレンフォーム

断熱性、保温性に優れる。

画像提供：ダウ化工株式会社

硬質ウレタンフォーム

ポリスチレンフォームより断熱性、保温性に優れる。

画像提供：アキレス株式会社

繊維タイプ

グラスウール

ガラスを繊維状にしたもの。低価格で広く断熱材として使われる。

画像提供：パラマウント硝子工業株式会社

ロックウール

玄武岩など天然鉱物を繊維状にしたもの。耐火性、耐久性に優れる。

画像提供：ニチアス株式会社

断熱工法

断熱工法の種類は以下のように分類されます。

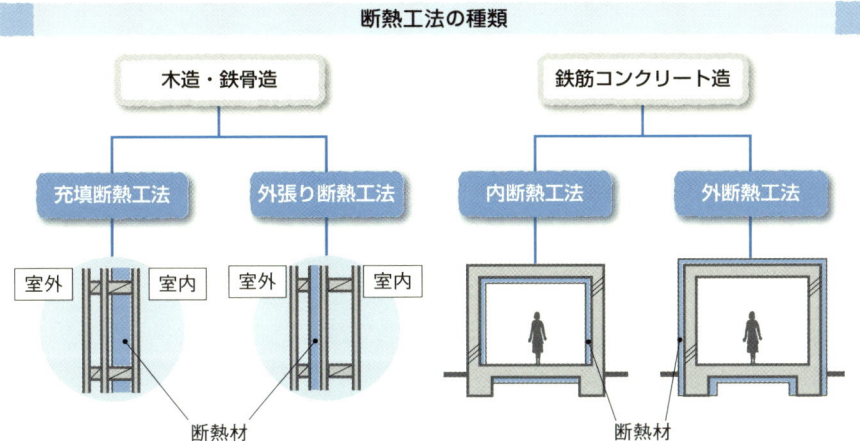
断熱工法の種類

木造・鉄骨造（S造）の**充填断熱工法**は、柱などの部材の間に断熱材を充填する工法です。部材で断熱材が切れるので部材がヒートブリッジになるなど熱欠損するおそれがあります。対して**外張り断熱工法**は断熱材が切れないので、熱欠損が少ない工法といえます。

鉄筋コンクリート造（RC造）の**内断熱工法**は、躯体の室内側に断熱材を施します。**外断熱工法**は躯体の外側をすっぽりと覆う工法で、躯体の蓄熱効果が期待でき、結露しにくく、室内の気温の安定性が高い工法といえます。

断熱性

断熱性は熱伝導率と材料の厚みを考慮した**熱抵抗値**〔㎡・K/W〕で判断できます。熱伝導率は数値が高いほど熱が伝わりやすいですが、熱抵抗値は数値が高いほど熱が伝わりにくいといえます。

実際の施工では断熱性の他に吸音性、吸放湿性、耐火性なども考慮して断熱材を選定しますが、断熱材を扱う上で肝心なのは**気密性**で、せっかく高価な断熱材を使っても、隙間だらけで断熱が切れてしまっては本来の性能を発揮することはできません。施工業者は、仕上げ材で閉じてしまえば見えないところだからこそ、しっかりとした施工をしなければなりません。

1-7 建物の断熱性と熱容量

熱損失

室内から室外への壁、窓、屋根、床などからの伝熱による損失のことを**熱損失**といいます。**熱損失係数**とは部屋の熱損失の合計を床面積と室内外の温度差で割った値で、数値は小さいほど建物全体としての断熱性が高いといえます。熱損失係数は住宅などの省エネルギー基準の指標とされます。

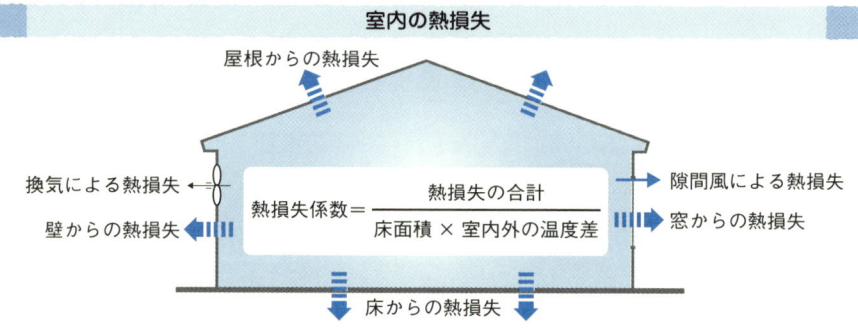

室内の熱損失

$$熱損失係数 = \frac{熱損失の合計}{床面積 \times 室内外の温度差}$$

熱容量

室内環境に影響を与える要素としては、断熱性だけではなく**熱容量**についても重要です。熱容量は、熱を吸収して蓄える能力と考えてもよいでしょう。厚いコンクリート製の壁は、暖まるのに時間がかかりますが、暖まるとなかなか冷めません。つまり熱容量は大きいといえます。対して、熱容量の小さい薄い木製の板壁は、暖まるのは速いですが、冷めるのも速いです。

例えば熱容量が小さく断熱性も悪い建物の場合、冬の室内で暖房をフル回転させてもなかなか暖まらない上に、暖房を停止すると急激に室温が低下します。

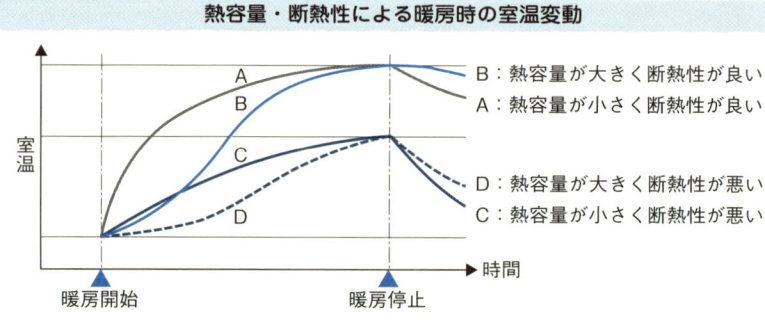

熱容量・断熱性による暖房時の室温変動

1-8 日照・日射の調整
===

1-8 日照・日射の調整

夏は日照・日射を抑制し、冬は有効に取り込む

Point
- 夏と冬では南中時の太陽高度が違います。
- Low－Eガラスなどで日射を抑制することができます。
- 建物の壁は方位によって受ける日射量が違います。

太陽高度と日照・日射の調整

　太陽が真南に到達したときの太陽高度（南中時の太陽高度）は季節によって違います。夏の太陽は高く、冬の太陽は低くなります。具体的な南中高度は緯度によって違いますが、東京の**夏至で78°**、**冬至で30°**程度です。

　日照は直射日光による光、日射は太陽の熱のことと考えて問題ないかと思います。空調負荷を考えると夏は窓や壁から入る日照・日射をなるべく遮り、冬は有効に取り込みたいので、夏の南中高度に合わせて建物の軒や庇の出を設定することによって、夏と冬の日照・日射を調節することができます。

　リフォームなどで軒や庇の出で調節するのが難しい場合は、可動式の**オーニング**、**ルーバー**、**外付けブラインド**などでも室内に入ってくる日照・日射をコントロールすることができますし、夏に葉を付け、冬に葉を落とす**落葉樹**を利用するなども有効な手法といえます。

冬至と夏至の南中時の太陽高度

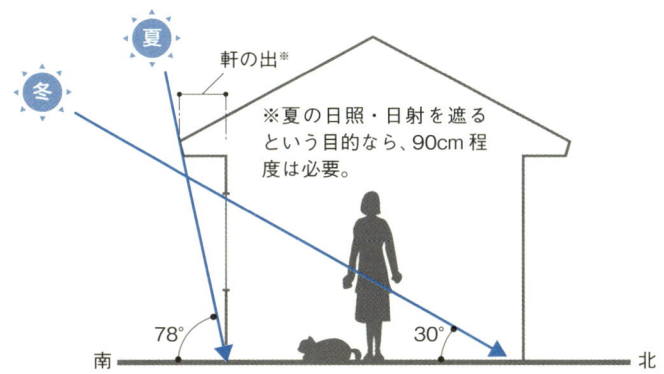

※夏の日照・日射を遮るという目的なら、90cm程度は必要。

窓ガラスで日射を抑制する

日射の遮蔽効果が高いガラスの代表的なものに**熱線反射ガラス、熱線吸収ガラス、Low－Eガラス**などがあります。

熱線反射ガラスは金属酸化物を室外側のガラス表面に焼き付けたガラスで、反射によって日射による熱を抑えます。熱線吸収ガラスはガラスの中に金属成分を加えたガラスで、吸収によって日射を抑えます。熱線反射・熱線吸収ガラスともに、主に夏場の冷房負荷の軽減を目的にしたガラスです。

Low－Eガラスは特殊な金属膜をコーティングしたガラスで、複層ガラスで使用されることが多いです。室内から見た採光や透明感に違和感がなく、日射による熱が抑えられるので、夏場の冷房負荷の軽減はもちろん、複層化による断熱性も兼ね備えているので、冬の暖房負荷の軽減にも効果を発揮するガラスです。

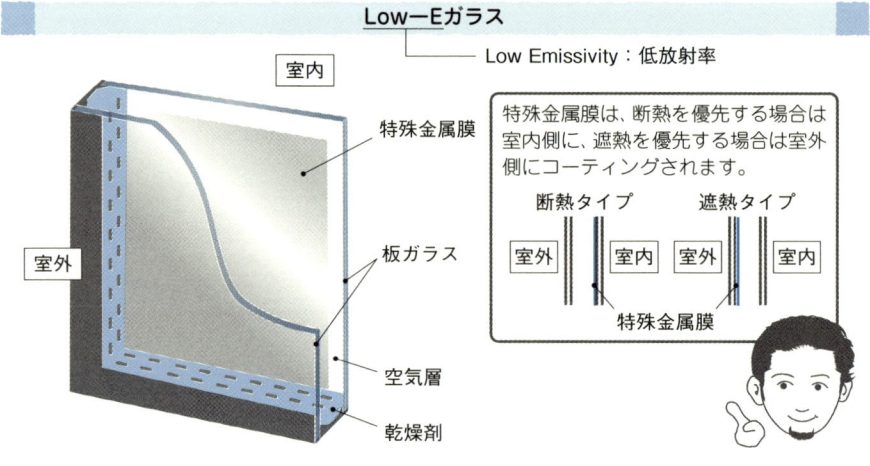

建物の壁が受ける日射量

建物が受ける日射による熱の影響としては、**直達日射、天空日射、地面や周囲の建物などからの反射**などが考えられます。直達日射とは太陽からの直射光による日射、天空日射は大気中の雲や塵などで乱反射された日射のことです。

建物においては直達日射量の影響を強く受けます。ここで建物の壁が受ける直達日射量について考えてみましょう。なお、日射量とは単位面積が単位時間に受ける太陽の熱量のことです。

日射の入射角度によって建物が受ける熱の量が違います。壁に対して90°に近い角度ほど単位面積当たりに受ける熱の量、つまり日射量は大きくなります。

図は太陽高度が一番高い南中時の夏至、春・秋分、冬至の南面の壁と水平面の入射角度と日射量を比較したものです。

季節による日射の入射角度と日射量

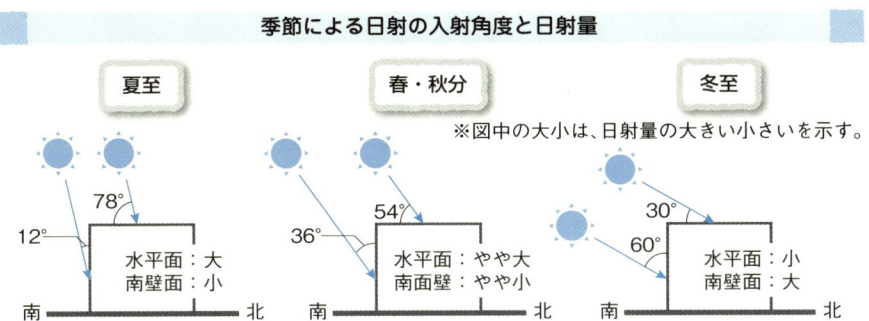

方位別の壁が受ける終日日射量

グラフは壁の方位別の1日の日射量の年間推移を表しています。多くの方は南面の壁が日射による熱を最も受けるだろうと誤解しがちですが、夏至の南面と東西面の壁を比較してみるとわかる通り、東西面の壁の方が多く日射による熱を受けています。このことからも夏の猛暑対策としては、南北に長い建物よりも東西に長い建物の方が涼しく過ごせ、冷房負荷も軽減できます。

方位別の終日日射量と猛暑対策

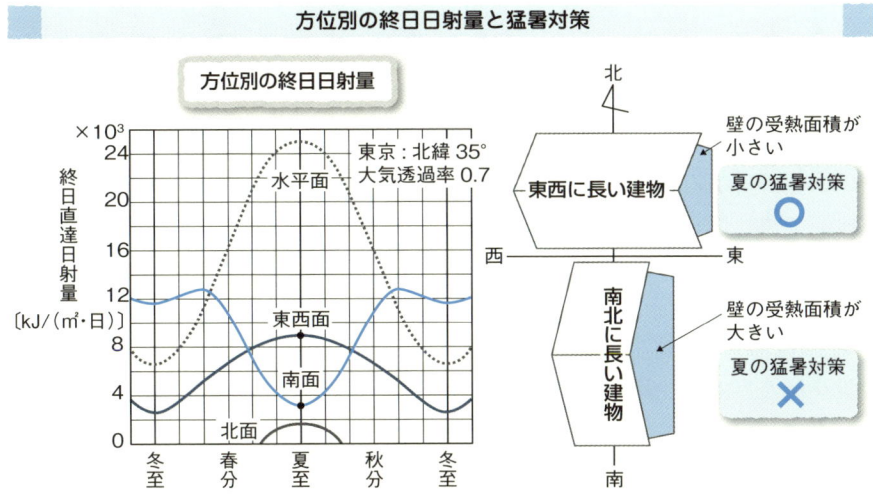

1-9 空調負荷の概要

冷房負荷と暖房負荷

> **Point**
> ●空調負荷には冷房負荷と暖房負荷があります。
> ●室内を快適な温・湿度に維持するために取り除く熱量を冷房負荷、補う熱量を暖房負荷といいます。

■ 冷房負荷・暖房負荷とは

　これまで断熱や日照・日射の調整など、空調負荷を軽減する例をいくつか解説しましたが、ここで改めて空調負荷とは何かについて考えてみましょう。空調負荷には**冷房負荷**と**暖房負荷**があります。

● **冷房負荷**

　冷房負荷とは、室内を快適な温度・湿度に維持するために取り除く熱量のことです。前述しましたが、熱は高温側から低温側に移動しますので、夏は**室外→室内**へと熱が移動します。よって、冷房時においては、室内に侵入してきた熱や室内で発生した熱を取り除く必要があります。

　取り除く熱には**顕熱**と**潜熱**があります。顕熱は水蒸気を含まない熱のことで、壁、屋根、床、窓などから侵入してくる還流熱や、室内で発生する家電、照明などからの熱です。潜熱は水蒸気を含んだ熱のことで、人体、調理器具、隙間風などによる熱です。

　冷房とは顕熱と潜熱を取り除くことと言い換えることができます。顕熱を取り除くことは、空気を冷やして温度を調整することを意味します。対して、潜熱を取り除くことは、空気を除湿して湿度を調整することを意味しています。なお、一般に冷房は夏に行われますが、オフィスビルなどの電気室やサーバー室など機器の発熱量が多い所では冬でも冷房が必要な場合もあります。

● **暖房負荷**

　暖房負荷とは、室内を一定の温度・湿度に維持するために補う熱量のことです。冬は室内よりも室外の方が気温が低いため、**室内→室外**へと熱が移動しますので、出て行く熱を補ってやる必要があります。

出て行く熱には壁、屋根、床、窓などからの熱損失、あるいは換気などが考えられます。暖房時には人体や調理器具などからの潜熱だけでは一定の湿度を保つことができない場合が多いので、加湿することによって不足した潜熱を補い、湿度を調整します。

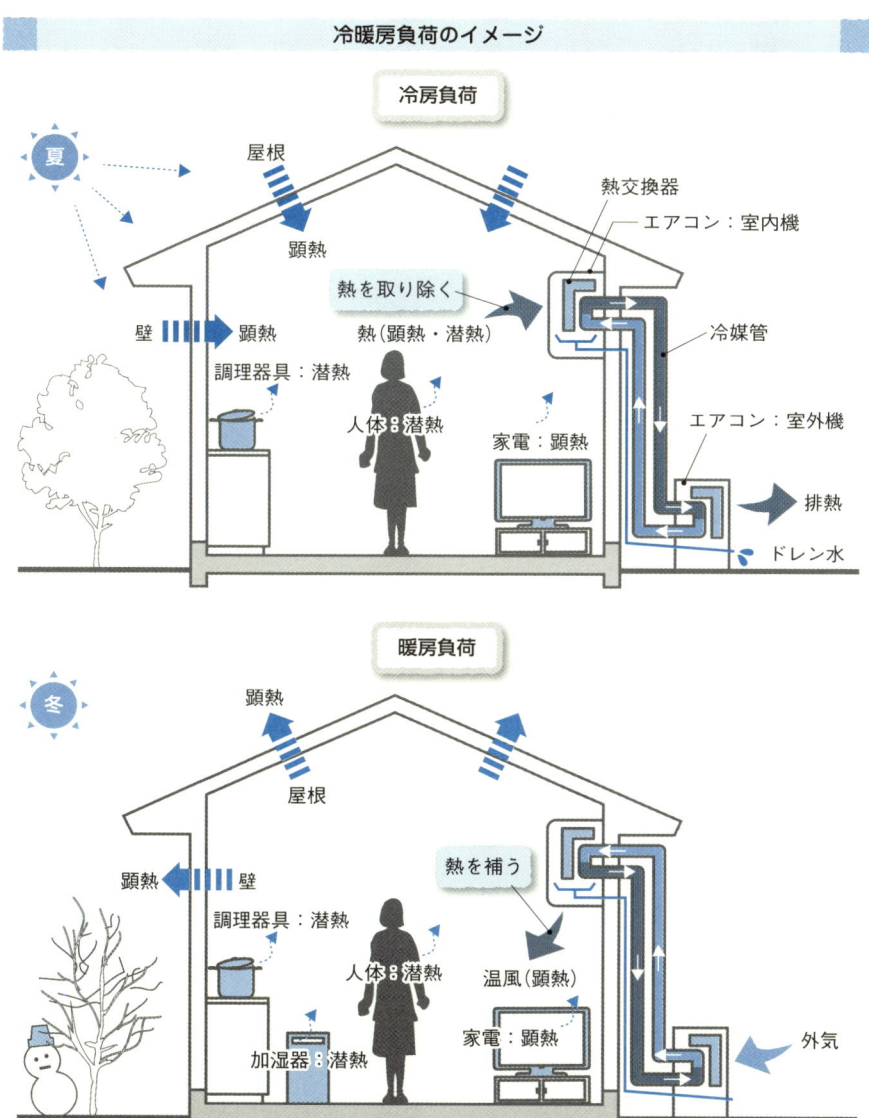

冷暖房負荷のイメージ

1-10 高齢化社会と空調設備
高齢者のヒートショックや熱中症に注意

Point
- 日本は4人に1人が高齢者の高齢化社会です。
- ヒートショックを避けるために各部屋の温度差は5℃以内に。
- 猛暑下では室内での熱中症にも注意が必要です。

高齢化社会

　筆者の周りの高齢者といわれる方を拝見する限り、仕事も現役、休暇にはゴルフをするなど元気な人が多いので、高齢者を単純に年齢で判断できないところもありますが、65歳以上は高齢者とされています。

　総務省の調べによると、日本の高齢者の人口は3,186万人（平成25年9月15日推計）で、総人口に対する割合は25％、つまり**4人に1人は高齢者**ということになります。高齢者の割合は今後も増えていくと予測され、2035年には3人に1人が高齢者になると推計されています。

　社会の高齢化に伴って、建築、建築設備の分野でも高齢化社会への対応は重要な課題となっています。1994年には公共性の高い建物などを対象にした**「ハートビル法」**が施行され、2000年には公共の交通機関を対象にした**「交通バリアフリー法」**が施行されました。法改正を経て、2006年にはハートビル法と交通バリアフリー法を統合して**「バリアフリー新法」**が法制化されています。

　法の詳しい内容については触れませんが、高齢者やあらゆる人が円滑に利用できるように階段や段差を解消するなどさまざまな措置を講ずることを求めた法律です。なお、バリアフリー新法の正式名称は「高齢者、障害者等の移動等の円滑化の促進に関する法律」という随分長い名称になっています。

高齢者に配慮した空調設備

　ヒートショックとは急激な温度変化で血圧が急変してゾクゾクしたり、時として脳卒中や心筋梗塞などを引き起こす症状のことです。

1-10 高齢化社会と空調設備

　ヒートショックについては特に高齢者だけに起こる問題ではありませんが、高齢になるにつれ血管が細くなり高血圧になっていきますので、リスクが高くなるのは事実です。**各部屋の温度差は5℃以内**に抑えるべきで、**10℃以上の温度差は危険**です。また、各部屋の温度差はもちろん、同一の部屋においても床暖房にするなど、上下の温度差をなるべく均一化するようにします。

　高齢になるにつれ、外出するのが億劫になり、室内にいる時間が長くなる傾向があります。室内にいる時間が長い分、快適さを欠いた室内環境が大きなストレスになりますので、断熱性、気密性、日照・日射の調整など建築的な要素も含め、空調設備全般に渡る細心の気配りが必要といえるでしょう。

ヒートショックに注意

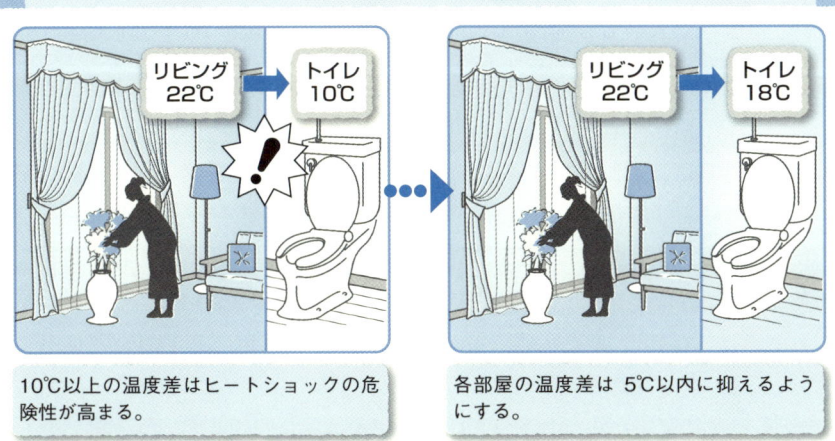

リビング 22℃ → トイレ 10℃	リビング 22℃ → トイレ 18℃
10℃以上の温度差はヒートショックの危険性が高まる。	各部屋の温度差は5℃以内に抑えるようにする。

　夏場の猛暑下においては室内での**熱中症**にも注意すべきです。高齢になるにつれ発汗量や皮膚血流量などが低下し、体温調節機能が低下します。暑さや喉の渇きを感じにくくなりますので、水分補給を怠ると室内でも熱中症にかかる危険性が高まります。

　近年では、高断熱高気密な建物が増えていますが、このような建物は適切に空調設備を使用しなければ室内の快適性を維持するのが難しい建物ともいえます。頑なに冷房の使用を拒む高齢者もいますが、地球温暖化の側面もありますので、猛暑下では無理をせず適切に冷房を使用するようにしたいものです。また、一般住宅のエアコンについては、多機能すぎて使い勝手がわからないものではなく、シンプルで操作性の良い製品を選ぶなどの配慮も必要です。

1-11 空調設備設計の流れ
建築・空調設備設計のおおまかな流れ

> **Point**
> ●まずは建築主・設計者・施工業者の関係を把握しましょう。
> ●大規模な建物の空調には空調専門の設計者が必要になります。
> ●空調設備設計は建築設計と並行して進められます。

建築主・設計者・施工業者

　ひとつの建物を建設しようとしたとき、建設に関わる人たちを大きく分類すると、**建築主・設計者・施工業者**に分けられます。

　建築主とはオーナー（施主）のことで、お金を払って工事を依頼する側の人です。通常、工事完了後は建物の所有者となります。

　設計者は建築主から設計を依頼された者で、建築主の意見や要求を建物に具現化するために図面の作成や、建築主と施工業者とのパイプ役的な役割も担います。ここでいう設計者とは一般的には意匠デザインをする設計者のことです。設計者と一口にいっても意匠・構造・設備の設計者がいます。特に大規模な建物になると電気には電気、空調には空調といった**各設備専門の設計者が必要**になります。設備設計者は意匠設計者と協議し、より具体的な実施図面を作成します。

　施工業者は建築主と設計者の合意のもとに選ばれた工事を担当する業者で、設計図の意図を理解して実際に工事を行います。

建築主・意匠設計者・設備設計者・施工業者

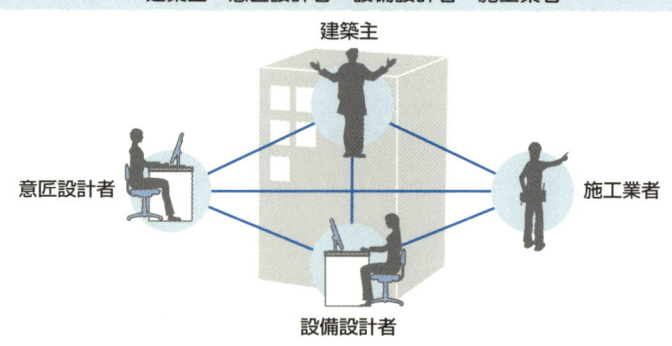

建築設計と空調設備設計のおおまかな流れ

　建築全体の設計の流れと空調設備設計の流れを図に示します。建築主から依頼を受けた設計者は、建築主からさまざまな情報を聞き取り、敷地条件や法的な規制をクリアした上で、配置図、平面図、立面図、断面図などの基本的な設計プランとなる**基本計画**を固め、協議を重ね、**基本設計**に移行していきます。

　基本設計以降は、より詳細な構造計算や各設備設計などの**実施設計**に移行していきますが、空調設備においては、電気、給排水など各設備業者との取り合いも複雑な上に、断熱や日照・日射の遮蔽など建築と一体となって機能を発揮するものなので、設計のなるべく早い段階から設計者と協議を重ねるべきです。早い段階からの協議を怠ると、例えばダクトスペースにダクトが収まらない、搬入経路が確保されていなくて空調機や熱源機が搬入できない、換気の排気口を隣の建物の給気口に向けてしまうなどのあり得ないミスを招きかねません。

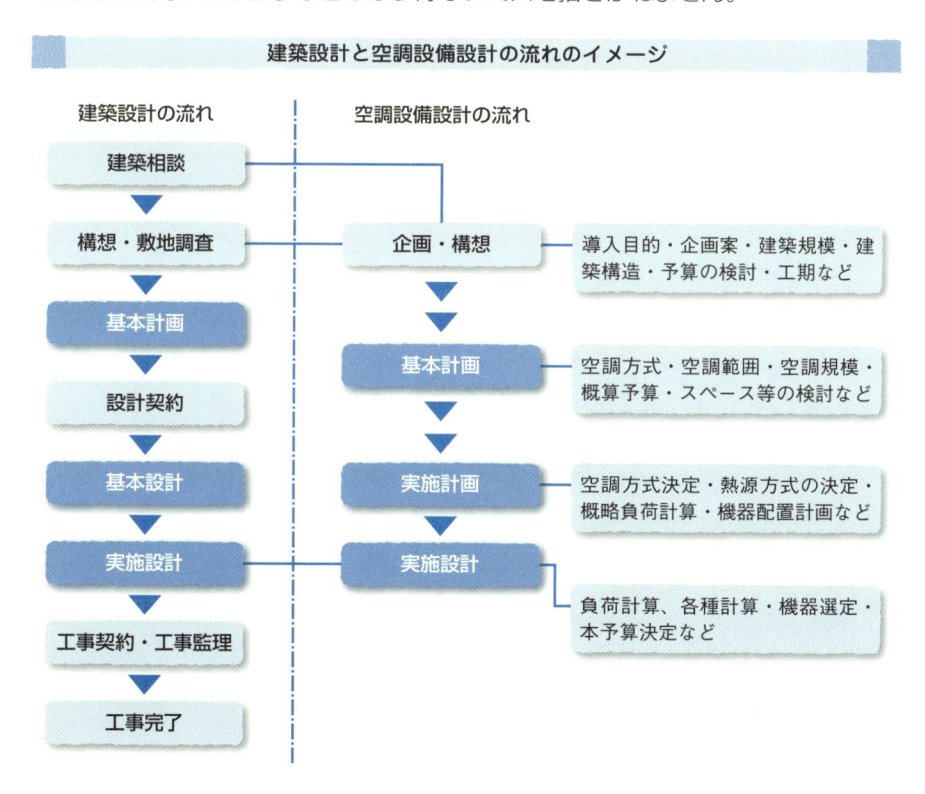

建築設計と空調設備設計の流れのイメージ

建築設計の流れ
建築相談 → 構想・敷地調査 → 基本計画 → 設計契約 → 基本設計 → 実施設計 → 工事契約・工事監理 → 工事完了

空調設備設計の流れ
- 企画・構想：導入目的・企画案・建築規模・建築構造・予算の検討・工期など
- 基本計画：空調方式・空調範囲・空調規模・概算予算・スペース等の検討など
- 実施計画：空調方式決定・熱源方式の決定・概略負荷計算・機器配置計画など
- 実施設計：負荷計算、各種計算・機器選定・本予算決定など

1章　空調設備の予備知識

1-12 空調設備の保全管理
空調設備の寿命と耐用年数、予防保全と事後保全

> **Point**
> ●しっかりとメンテナンスすれば建物や設備の寿命は長くなります。
> ●オフィスビルなどの空調設備は予防保全と事後保全で管理します。
> ●一般住宅のエアコンは清掃が肝心です。

建物や設備の寿命と耐用年数

　私たちには寿命がありますが、生きている間はなるべく健康でいたいと願い、多くの人は怪我や病気をすれば病院にいきますし、健康な体を維持しようということで健康診断や人間ドックなどで検診をします。建物や設備についても人と同様に寿命がありますが、しっかりメンテナンスをしてやれば、放ったらかしで何もしていない建物や設備よりも健全で、当然、寿命にも違いが出てきます。

　代表的な建物と設備の耐用年数について図に示しますが、まず注意点として**耐用年数と寿命は違う**ということを理解しておいてください。建物の耐用年数は鉄筋コンクリート造の事務所で50年、木造住宅で22年、一般的な空調設備は15年などといわれますが、この耐用年数とは課税などの目安となる減価償却資産の法定耐用年数で、寿命とは実際に建物や設備が存続した年数のことです。

　あまり耐用年数にとらわれ過ぎると、建物や設備の実際の寿命をまっとうする前に取り壊すことになってしまいますので注意が必要です。一般にしっかりとメンテナンスをした場合は耐用年数よりも寿命は長くなる傾向にあります。

代表的な建物と設備の耐用年数

建物	耐用年数	設備	耐用年数
鉄筋コンクリート造（事務所）	50	冷暖房設備（冷凍機出力22kW以下）	13
鉄骨鉄筋コンクリート造（事務所）	50	空調設備	15
鉄筋コンクリート造（住宅）	47	電気設備（蓄電池設備）	15（6）
木造（事務所）	24	給排水・衛生・ガス設備	15
木造（住宅）	22	消火・排煙設備	8

空調設備の予防保全と事後保全

　空調設備の保全管理には、予防保全と事後保全があります。予防保全とは設備機器の故障が起きる前に消耗品の交換、定期点検、清掃などを行うことを意味し、事後保全とは故障が起こってからの修理やメンテナンスのことです。

　図のバスタブ曲線は設備の経年数と故障発生率の関係を示していますが、初期故障期間を過ぎてからの偶発故障期間の予防保全が設備の寿命を大きく左右します。機器の異常を早期発見するためには日常点検が欠かせません。日常点検では機器の状態を目視、音、熱、臭い、振動などで点検します。さらに定期点検時には消耗品の交換や日常点検ではしない機器内部の詳細な点検などを実施します。このような日常・定期点検、清掃などの予防保全を行っていても設備が故障する場合もありますので、その場合は事後保全で対応します。

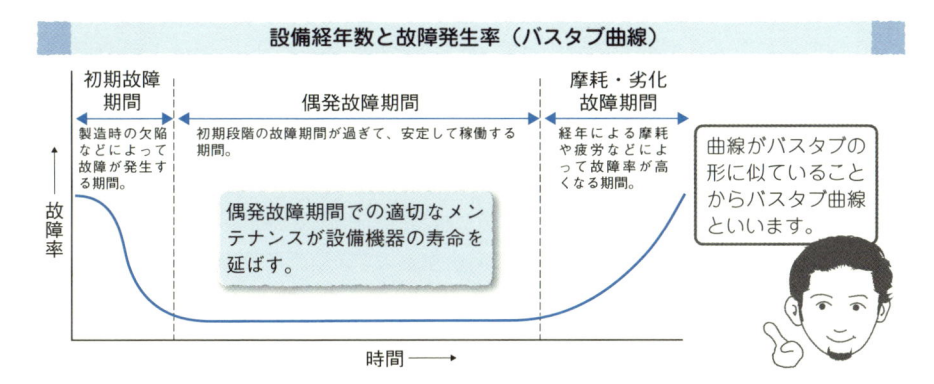

設備経年数と故障発生率（バスタブ曲線）

- 初期故障期間：製造時の欠陥などによって故障が発生する期間。
- 偶発故障期間：初期段階の故障期間が過ぎて、安定して稼働する期間。
- 摩耗・劣化故障期間：経年による摩耗や疲労などによって故障率が高くなる期間。

偶発故障期間での適切なメンテナンスが設備機器の寿命を延ばす。

曲線がバスタブの形に似ていることからバスタブ曲線といいます。

一般住宅のエアコンは清掃が肝心

　前述の予防保全、事後保全については点検などを行う専門スタッフが揃った大規模なオフィスビルなどでの保全管理の考え方といえますが、一般住宅のエアコンについても予防保全の考え方は取り入れるべきです。ただ、一般住宅においては住まう人が機器の専門知識を持っているケースは少ないので、室内機のフィルターの清掃、吹出口の清掃などが特に重要な予防保全となります。これらの清掃を怠ると、故障、臭い、騒音、振動などさまざまなトラブルを引き起こし、運転効率も低下します。何より、埃をまき散らして空気を汚すようでは空調する意味がなくなってしまいます。

1-13 図面と図示記号

空調設備図の概要と代表的な図示記号

> **Point**
> ● 図面は建築業界の共通言語です。
> ● 空調設備図には設計図、施工図、竣工図、総合図などがあります。
> ● 図示記号の意味を理解しましょう。

空調設備図の概要

　もし、建築業界に図面がなければ、そもそも見積りや予算も出せませんし、現場に至っては何かをつくる基準がない訳ですから仕事になりません。建築業界で働こうという人にとっては設計側、施工側を問わず、図面の知識は必須です。

　図面は図記号、文字記号、線の描き方など建築業界の共通ルールの中で描かれているものなので、たくさんの図面を見て、実際に描くことを繰り返すと自然と身に付きます。一昔前は製図板やドラフターで手描きしていましたが、近年はCAD（キャド）を使うのが一般的です。

　建物の規模などによって必要な図面と必要でない図面がありますが、空調設備図の代表的な各種図面の概要を下図に示します。また、図面を理解する一助にという意味で空調・換気・排煙設備の代表的な図示記号を右ページに示します。

各種図面の概要

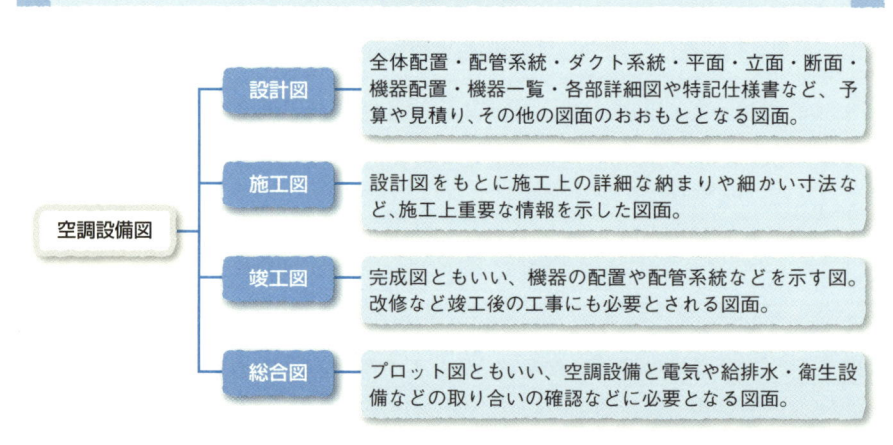

空調設備図
- 設計図：全体配置・配管系統・ダクト系統・平面・立面・断面・機器配置・機器一覧・各部詳細図や特記仕様書など、予算や見積り、その他の図面のおおもととなる図面。
- 施工図：設計図をもとに施工上の詳細な納まりや細かい寸法など、施工上重要な情報を示した図面。
- 竣工図：完成図ともいい、機器の配置や配管系統などを示す図。改修など竣工後の工事にも必要とされる図面。
- 総合図：プロット図ともいい、空調設備と電気や給排水・衛生設備などの取り合いの確認などに必要となる図面。

1-13 図面と図示記号

空調・換気・排煙設備の図示記号

図示記号	種別	図示記号	種別
ダクト		継手・その他	
—SA—	給気ダクト		リフト継手
	給気ダクト断面		伸縮管継手（単式）
—RA—	還気ダクト		伸縮管継手（複式）
	還気ダクト断面		たわみ継手
—OA—	外気ダクト		蒸気トラップ装置
	外気ダクト断面		風量測定口
—EA—	排気ダクト		点検口
	排気ダクト断面		消音エルボ
—SE—	排煙ダクト		定風量ユニット
	排煙ダクト断面		変風量ユニット
	フレキシブルダクト	H C	空調機加熱コイル
HXW	角ダクト	C C	空調機冷却コイル
≠直径	丸ダクト	CH C	空調機加熱冷却コイル
	角ダクト（拡大）		換気扇
	角ダクト（縮小）	—OM—	油量計
ダンパ			排煙用手動開放装置
	ダンパ	配管	
	VD：風量調節ダンパ	—S—	蒸気送り管
	FD：防火ダンパ	—SR—	蒸気返り管
	FDV：防火・風量調節兼用ダンパ	—CD—	冷却水送り管
	CD：緊急閉鎖用ダンパ	—CDR—	冷却水返り管
	SD：煙感知器連動ダンパ	—C—	冷水送り管
ガラリ・ベンドキャップ		—CR—	冷水返り管
	給気ガラリ	—H—	温水送り管
	排気ガラリ	—HR—	温水返り管
	ベンドキャップ	—CH—	冷温水送り管
吹出し口・吸込み口		—CHR—	冷温水返り管
	壁付き吹出し口	—R—	冷媒送り管
	壁付き吸込み口	—RR—	冷媒返り管
	天井付き吹出し口	—D—	ドレン管
	天井付き吸込み口	—E—	膨張管
排煙口		—O—	油管（送り）
	壁付き排煙口	—OR—	油管（返り）
	天井付き排煙口	—OV—	油管（通気管）

1章 空調設備の予備知識

Column

先人達の知恵に学ぶ

　680年以上も前に書かれた兼好法師の『徒然草』にこんな一節があります。「家の作りやうは、夏をむねとすべし。冬は、いかなる所にも住まる。暑き比わろき住居は、堪え難き事なり」

　だいたいの意味を口語訳すると「家は夏の暑いときのことを考えて作るのがいい。冬はどんな所でもなんとかなるもんだ。暑いときの作りの悪い家は耐えられない」といったところでしょうか。この徒然草の一節には、なるほどと納得させられる面が多くあります。

　私自身、古民家といわれる日本の伝統的な家屋で暮らした経験があるわけではありませんが、先人達の暮らしに興味があり、古民家を再生移築しているお店などに出かけることがあります。

　古民家を観察すると、確かに夏を涼しく過ごすさまざまな工夫が見られます。断熱性や通気性に優れた茅葺き屋根、日差しを遮る十分な軒の出、吸湿性や断熱性に優れた内部に竹などを格子状に配した竹子舞の土壁など、先人達の賢さと建築技術の高さにつくづく感心します。

　「冬は、いかなる所にも住まる」の一節は、やや強引な感じもしますが、当時の家は現代の高断熱高気密の家とは違いますので、薪や木炭を囲炉裏や火鉢などで燃やして煙が出ても、通気性のいい茅葺き屋根から煙が排出される換気システムが完成していました。現代とは暖房の使い方自体が違うので、冬はなんとか凌げたのでしょう。

　古民家は換気、通風、断熱などあらゆる面で室外と室内を完全に遮断することなく、絶妙なバランス感覚で環境と共生しています。電気もない、エアコンもない時代だからこそ知恵を絞ってこのような優れた建物が造られたともいえます。

　現代の建物を否定する訳ではありませんが、本来、日本の風土に合った建物とはどのような建物なのかと考えたとき、はたして現代のような建物が相応しいのか疑問を感じるところもあります。

　兼好法師が残した一節と先人達の知恵から学ぶことは多いように思います。

第2章

代表的な空調方式

　一般住宅などでは通年エアコンだけで空調を行う場合もありますが、建物の規模が大きくなり、オフィスビルなどでは、さまざまな空調方式によって冷暖房・換気などが行われています。

　本章で解説する単一ダクト方式とファンコイルユニット方式の併用といったように、ひとつの建物内でいくつかの空調方式を併用する場合もあります。

　特に省エネに考慮した空調方式については次の第3章で解説しますが、まずは本章で代表的なビル空調方式の概要を把握しましょう。

2-1 単一ダクト方式

空調方式の分類と単一ダクト方式

Point
- 空調方式は中央熱源方式と個別分散熱源方式に大別できます。
- 単一ダクト方式には定風量方式と変風量方式があります。
- まずは単一ダクト方式の概要を把握しましょう。

空調方式の分類

　オフィスビルなどの空調方式を熱源の設置位置から大きく分類すると**中央熱源方式**と**個別分散熱源方式**に分けられます。

　中央熱源方式の代表的なものには**単一ダクト方式**、**ファンコイルユニット方式**などがあり、ボイラや冷凍機などの熱源を建物の機械室などに集約して空調を行います。個別分散熱源方式の代表的なものには**パッケージユニット方式**、**マルチユニット方式**などがあり、熱源を個別に分散させて、各階あるいは空調のゾーンごとに個別に空調を行います。

　単一ダクト方式や二重ダクト方式は熱源の位置から見ると代表的な中央熱源方式ですが、これらの空調方式を熱輸送の面で見ると、空調機からダクトによって調和された空気のみを各室へ送ることから**全空気方式**ともいわれます。なお、ファンコイルユニット方式は**水方式**、ダクト併用ファンコイルユニット方式は**水・空気方式**、マルチユニット方式は**冷媒方式**といえます。

空調方式の分類

熱源位置による分類	熱輸送による分類	
中央熱源方式	全空気方式	・単一ダクト方式・各階ユニット方式 ・二重ダクト方式
	水方式	・ファンコイルユニット方式
	水・空気方式	・ダクト併用ファンコイルユニット方式
個別分散熱源方式	冷媒方式	・パッケージユニット方式 ・マルチユニット方式

単一ダクト方式

単一ダクト方式は機械室に設置した**空調機**（エアハンドリングユニット）から一本の給気ダクトを分岐して各室に調和された空気を送るシンプルな空調方式です。単一ダクト方式には**定風量方式**と**変風量方式**があります。

定風量方式（CAV：Constant Air Volume）とは、風量は一定で送風の温度を調節することで室温を制御します。風量が一定であることから、各室ごとゾーンごとといった空調には対応できません。

変風量方式（VAV：Variable Air Volume）とは、風量を変えて室温を制御します。変風量方式ではダンパーなどの変風量ユニットを設けることによって、各室ごと、ゾーンごとに風量を調節することが可能です。定風量方式と比較すると省エネ効果が高い空調方式といえます。

単一ダクト方式は各室の負荷条件に差のない小～中規模のビルに適した空調方式といえます。なお、単一ダクト方式を構成するボイラ、冷凍機、冷却塔、空調機、ダクトなどの各機器の詳細については第4章で触れることにします。ここではまず、単一ダクト方式のおおまかな概要を把握しておきましょう。

単一ダクト方式の構成

2-2 各階ユニット方式

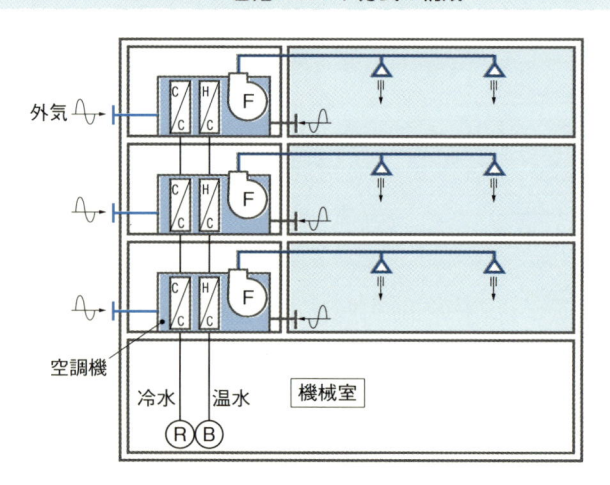

各階ユニット方式・二重ダクト方式

Point
- 各階に空気調和機を設置するのが各階ユニット方式です。
- 2本のダクトで空調するのが二重ダクト方式です。
- ゾーンごとに空調するのがマルチゾーンユニット方式です。

各階ユニット方式

　各階ユニット方式は単一ダクト方式の空調機を各階ごとに設置して空調を行う方式です。階ごとの運転・制御ができます。また、単一ダクト方式では建物の床を貫通するる縦ダクトが必要ですが、各階ユニット方式では縦ダクトを省略できます。短所としては各階に空気調和機を分散配置するので、保守管理にやや手間がかかり、各階にユニットを設置する機械室が必要になります。

　各階ユニット方式は50ページで紹介するパッケージユニット方式と似たタイプの空調方式ですが、パッケージユニット方式はユニット自体に冷凍機を持ち、個別分散熱源方式なのに対して、各階ユニット方式は機械室に設置した熱源から冷温水の供給を受けて空調を行うので中央熱源方式となります。

各階ユニット方式の構成

二重ダクト方式

単一ダクト方式では1本の給気ダクトを分岐させて各階に調和された空気を送りますが、**二重ダクト方式**はデュアルダクト方式ともいわれ、空調機で冷風と温風を別々に作り、2本のダクトで各室、各ゾーンごとなどに送ります。送られてきた冷風と温風は**混合ボックス**で適温に混合されてから各室へ送られます。

二重ダクト方式は各室の温度制御に対応できる高度な空調方式ということでアメリカから輸入された空調方式ですが、現実的には冷温風を混合させるエネルギー損失が大きく、省エネ面では不利といえます。また、2本のダクトが必要となる性質上、ダクトスペースが大きくなり、イニシャルコストも高くなります。以上のことからオフィス空調などの主流とはいえませんが、クリーンルームなどの特殊空調に採用される場合もあります。

なお、二重ダクト方式に似た考え方の空調方式に**マルチゾーンユニット方式**があります。建物内を空調負荷などからゾーン分けして、空気調和機の出口で冷風と温風を混合させて各ゾーンごとに1本のダクトで空気を送ります。長所としては二重ダクト方式とほぼ同様で、短所は区分けするゾーンの数が多くなるとそれに応じてダクトの本数も増えることす。

二重ダクト方式の構成

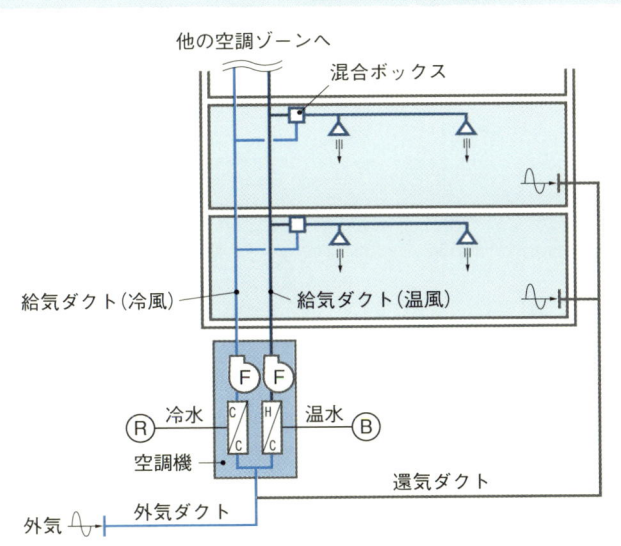

2-3 ファンコイルユニット方式

ファンコイルユニット方式
（ダクト併用ファンコイルユニット方式）

Point
- ダクト併用ファンコイルユニット方式の構成を把握しましょう。
- ファンコイルユニット方式はユニットごとの個別空調が可能で、ペリメータゾーンの空調に適しています。

ファンコイルユニット方式

　ファンコイルユニット方式は機械室などに設置された熱源から供給される冷温水を各室のファンコイルユニットで冷温風に変えて空調を行います。ユニット内にはファン、冷温水コイル、エアフィルタなどが内蔵されています。

　ファンコイルユニット方式は室内の空気を循環させて空調を行うので、室内に新鮮な空気が不足してしまいます。そこで一般的には換気用に外気用空調機を設置し、ダクトで各室に屋外からの新鮮空気を送ります。このような空調方式を**ダクト併用ファンコイルユニット方式**といいます。

ダクト併用ファンコイルユニット方式の構成

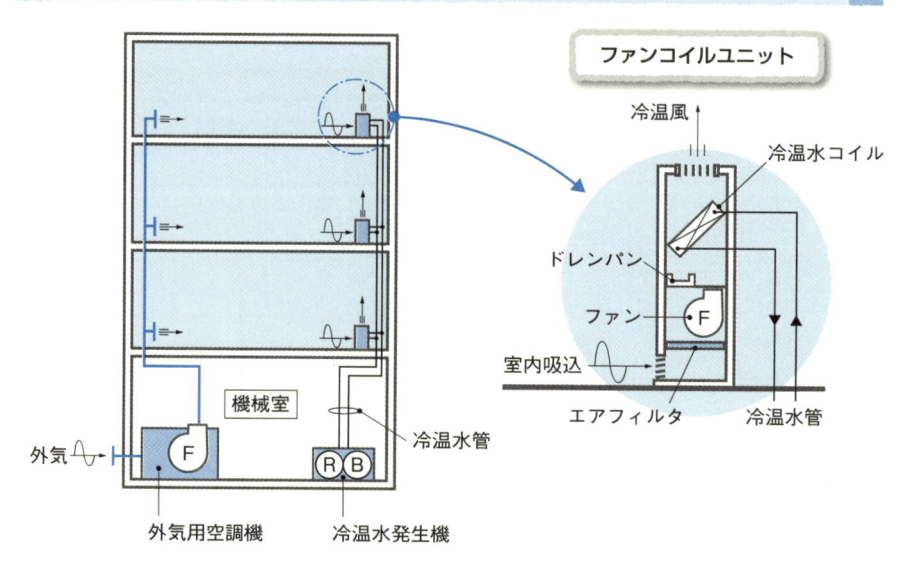

ファンコイルユニット方式の特徴

　ファンコイルユニット方式の長所はユニットごとにON/OFFの切り替えが可能で、温度調整ができることです。このことから病院の病室やホテルの客室といった小部屋ごとの空調などに適しています。短所としてはユニットが分散配置されるので、保守管理にやや手間がかかることです。

　ファンコイルユニット方式は一般にペリメータゾーンの空調に適した空調方式です。**ペリメータゾーン**とは外部の熱的影響を受けやすい建物外周部のことで、概ね外壁や窓から**3.5～5m**のゾーンのことです。**インテリアゾーン**とは比較的外部の熱的影響を受けにくい建物の内部のことです。

　空調設備に何の計画性もない場合、ペリメータゾーンは夏は太陽からの放射熱などの影響を受けて暑く、冬はコールドドラフトで足元が寒くなります。

　このように建物のペリメータゾーンは屋外環境の影響を受けやすいのと同時に、内部の熱損失もしやすい場所となりますので、空調負荷に大きな影響を与えます。ファンコイルユニット方式などのペリメータゾーンの温熱環境の改善に適した空調方式を採用する必要性があります。

ペリメータゾーンとインテリアゾーン

インテリアゾーン ◀▶ ペリメータゾーン
（外部からの熱的影響を受けやすいゾーン）
3.5～5m

室内　室外

ファンコイルユニットなどで温熱環境を改善。

冬：コールドドラフト

2-4 パッケージユニット方式
パッケージユニット方式・ウォールスルーユニット方式

> **Point**
> ●パッケージユニット方式の概要を把握しましょう。
> ●ウォールスルーユニット方式はペリメータゾーンの温熱環境改善にも有効な空調方式です。

■ パッケージユニット方式

　パッケージユニット方式は、冷凍機、ファン、エアフィルタなどで構成される工場生産のパッケージユニットを各階ごとに設置して空調を行います。ユニット本体の吹出し口から直接、調和された空気を送る場合もありますが、ダクトを接続して各室へ送るのが一般的です。

　従来は冷凍機をユニット内に内蔵し、冷房専用が主流でしたが、近年では冷暖房兼用のヒートポンプ式を採用する例が多くなっています。なお、ヒートポンプの原理については73ページで解説します。

　パッケージユニット方式の長所としてはユニットごとの個別制御ができること、ダクトスペースを縮小できることなどです。短所としては各階にユニットが分散されるので、保守管理に手間がかかるのと、各階ごとや空調ゾーンごとなどに機械室などのユニット設置スペースが必要になることなどです。

パッケージユニット方式の構成（ヒートポンプ式）

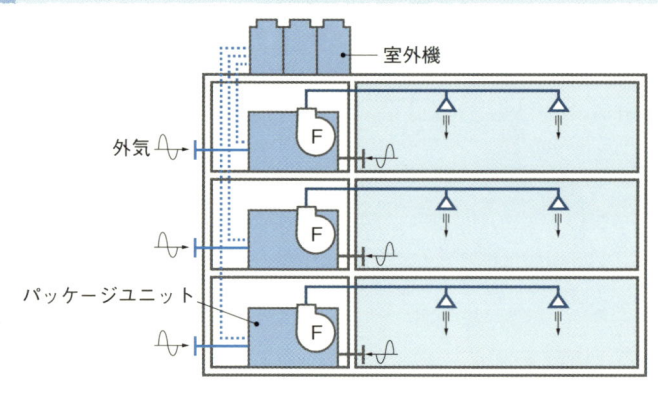

ウォールスルーユニット方式

ウォールスルーユニット方式は建物の外壁に設けたスリットやガラリといった開口部から給気、排気を行う、室外機と室内機が一体となった空冷ヒートポンプエアコンです。ユニットを窓下に床置きするタイプが一般的で、床置きタイプは**ペリメータゾーンの温熱環境の改善に有効な空調システム**です。

ウォールスルータイプは、単一ダクト方式やファンコイルユニット方式などの中央熱源方式に見られる、熱源からの冷温水の供給が不要で、次ページで解説するマルチユニット方式のような冷媒配管による冷媒供給も不要となります。ユニット自体が空調設備として完結しているので、システム全体として省スペース化できます。また、熱源からの冷温水配管やダクトとの取り合いがないため、施工性が良いことなどから、他の空調設備との併用にも採用される例が多く見られます。ユニットごとの個別運転、制御が可能で、近年ではインバータ制御による高効率化、全熱交換器（187ページ参照）による換気も行える製品もあります。

注意点としてはスリットやガラリの開口部から給・排気を行う構造上、ユニット自体の気密性や遮音性などが問われ、特に高層ビルで使用する場合は耐風圧性も問われることが挙げられます。

ウォールスルーユニット方式の構成

2-5 マルチユニット方式
ヒートポンプによる代表的なビル空調方式

> **Point**
> ●マルチユニット方式はルームエアコンの業務仕様といったところ。
> ●ヒートポンプには空気熱源と水熱源ヒートポンプがあります。
> ●マルチユニット方式は室内機のバリエーションも豊富です。

マルチユニット方式

　マルチユニット方式はビル用マルチエアコン（通称ビルマル）ともいわれる空調方式です。屋上などに設置した1台の室外機に複数台の室内機を冷媒管で接続して、各室あるいはゾーンごとに空調を行うヒートポンプによる代表的なビル空調方式です。基本的な構成は一般住宅のルームエアコンの業務仕様といったところで、建物の利用者としても扱いやすいタイプの空調設備といえます。

　部分空調、個別制御ができ、制御性の良さ、機種選択や設置の自由度が高いことなどから、中小規模の事務所ビル、マンションなどさまざまな建物で採用され、近年では機器の性能も向上し、大規模なビルでも採用されるようになってきています。ただし、マルチユニット方式は単独では換気機能を有していないので、別途、外気用空調機や全熱交換器（187ページ参照）などによる換気システムを導入する必要があります。

　マルチユニット方式などのヒートポンプは空気の熱を利用した**空気熱源ヒートポンプ**と、水の熱を利用した**水熱源ヒートポンプ**に分けられます。

　空気熱源ヒートポンプとは、夏は室内の熱を汲み取り室外に放出することで冷房を行い、冬は室外の熱を汲み取って室内に温風を送って暖房を行います。一般的に最も多く採用されるヒートポンプで、一般住宅で見られるルームエアコンもこのタイプです。

　水熱源ヒートポンプでは地下水、河川水、海水、あるいは専用の冷却水槽などから熱を汲み取って冷暖房を行います。水熱源ヒートポンプの長所は、冬の暖房時には空気よりも水の方が温度が高く、安定した熱源となることなどから、空気熱源と比較して暖房効率が良く、省エネ運転が可能となる点です。

2-5 マルチユニット方式

ただし、熱源となる冷却水の維持管理に手間がかかり、設備投資としても高くなるなどから、一般的には空気熱源ヒートポンプを採用する例が多く、水熱源ヒートポンプは大規模な建物や地下街などで採用される場合が多いようです。

以下に空気熱源ヒートポンプによるマルチユニット方式の構成を示します。

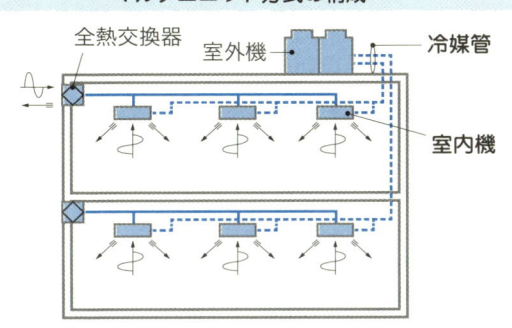

マルチユニット方式の構成

室内機の種類

マルチユニット方式の室内機にはさまざまなものがあり、用途や設置条件などに合わせて**天井カセット型、天井ビルトイン型、天井吊り型、天井吊り型厨房用、壁掛型**などから選択できます。なお、天井から吹き出すタイプの室内機については、室内機側のファンによって冷温風を送られる距離に限界があるので、一般に天井高さが4m以上あるような場合は不向きといえます。

室内機の種類

天井カセット型　　天井ビルトイン型　　天井吊り型

天井カセット型（通称：天カセ）は1・2・4方向の吹出しに対応します。

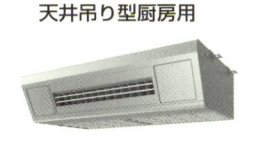

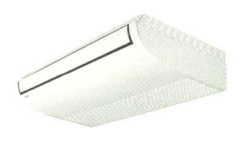

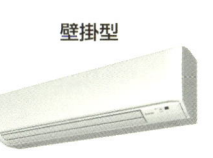

天井吊り型厨房用　　壁掛型

画像提供：パナソニック株式会社

Column

エネルギー

　照明、パソコン、テレビ、冷蔵庫、エアコンなど私たちの身のまわりのたくさんのものが電気を使って動いていますが、もし、電気が使えなくなってしまったら、たちまち仕事も暮らしも立ち行かなくなってしまいます。

　人類はエネルギーと共に発達してきました。古くは火を起こして明かりを灯し、煮炊きや暖をとるなどをしていましたが、人口が増え、より効率の良いエネルギーを求めるようになり、木炭や石炭を使うようになりました。やがて18世紀の産業革命以降は石油がエネルギーの主役となり、現在では水力、風力、地熱などの再生可能エネルギーもありますが、大部分は石油、石炭、液化天然ガスといった化石燃料による火力発電が暮らしを支えています。

　供給のおおもととなる一次エネルギーには化石燃料と非化石エネルギーがあり、非化石エネルギーを大きく分けると原子力エネルギーと再生可能エネルギーがあります。

　原子力エネルギーはニュースなどで報道されているように、先の東日本大震災の原発事故、核廃棄物の処理問題、地震大国の日本で原発を保有する危険性など、さまざまな問題を抱えています。原発については再稼働などを含めて、今後の動向に注目していかなかればならないところです。

　再生可能エネルギーにはさまざまなものがありますが、発電に関することでいえば、水力、風力、太陽光、地熱、バイオマス、波力などによる発電があります。実用化されている例もありますが、化石燃料と比較すると現状では再生可能エネルギーだけで日本のエネルギー消費をまかなえる状態ではありません。

　また、再生可能エネルギーではありませんが、日本近海に豊富に眠っていることが明らかになっている燃料に、メタンハイドレートがあります。「燃える氷」ともよばれる氷状の塊から天然ガスを採取することが可能で、その埋蔵量としては在来型の天然ガスの100年分などともいわれています。自国でエネルギー資源を持てる可能性もあり、実用化が期待される燃料のひとつであることは確かです。

　いずれにしてもメタンハイドレートや再生可能エネルギーを併用させてて、枯渇する恐れのある在来型の化石燃料に依存する体質から脱却しなければならないのが、今の日本の現状と思われます。

第 3 章

省エネに考慮した空調設備

　空調設備は電気やガスなどのエネルギーを消費して動く機械の集合体です。ボイラ、冷凍機、送風機などさまざまな機器でエネルギーを消費します。

　石油、石炭、液化天然ガスといった限りあるエネルギーを使うのであれば、当然、省エネに考慮するべきですし、再生可能エネルギーや、地熱、太陽熱といった熱利用も積極的に取り入れるべきです。

　本章では省エネに考慮した空調設備の一例を解説します。

3-1 空調設備とエネルギー
エネルギー消費の流れとオフィスビルのエネルギー消費

Point
- エネルギーは電気やガスなどに形を変えて届けられます。
- 日本のエネルギー自給率はわずかに4％程度です。
- 空調設備はエネルギー消費の大きなウエイトを占めています。

エネルギー消費のおおまかな流れ

　私たちの暮らしは**石油、石炭、液化天然ガス**（LNG）といった**化石燃料**、あるいは**太陽光、水力、風力、地熱**などといった**再生可能エネルギー**を消費して成り立っています。これら供給の大本となるエネルギーのことを**一次エネルギー**といい、一次エネルギーは電気や、ガス、ガソリン、灯油などのさまざまな石油製品に形を変えて私たちに届けられます。

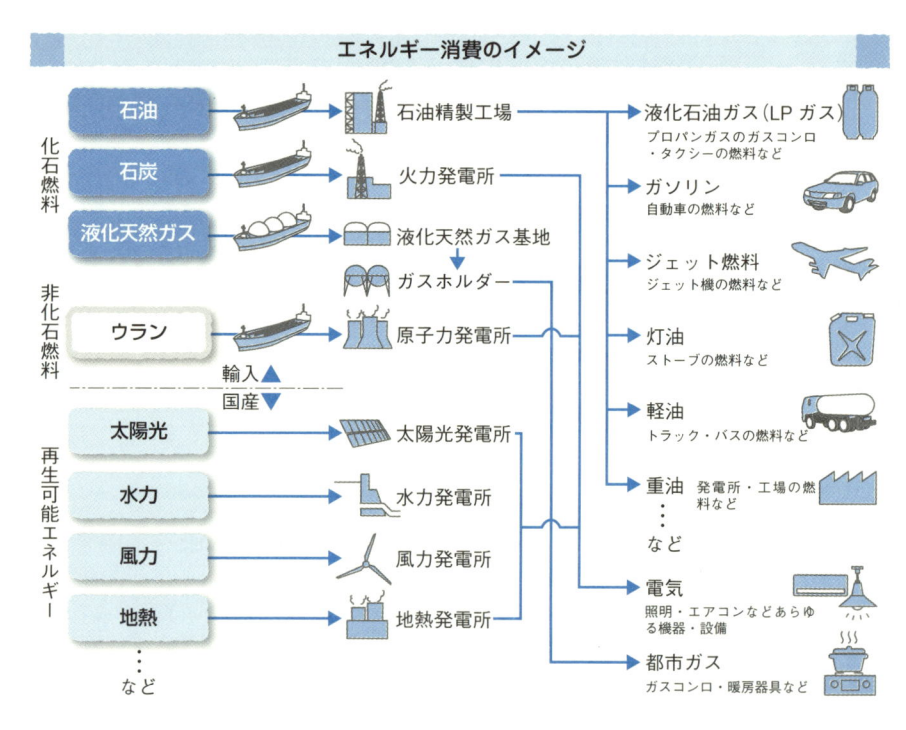

エネルギー消費のイメージ

化石燃料
- 石油 → 石油精製工場
- 石炭 → 火力発電所
- 液化天然ガス → 液化天然ガス基地 → ガスホルダー

非化石燃料
- ウラン → 原子力発電所

（輸入▲／国産▼）

再生可能エネルギー
- 太陽光 → 太陽光発電所
- 水力 → 水力発電所
- 風力 → 風力発電所
- 地熱 → 地熱発電所
- …など

- 液化石油ガス（LPガス）　プロパンガスのガスコンロ・タクシーの燃料など
- ガソリン　自動車の燃料など
- ジェット燃料　ジェット機の燃料など
- 灯油　ストーブの燃料など
- 軽油　トラック・バスの燃料など
- 重油　発電所・工場の燃料など
- …など
- 電気　照明・エアコンなどあらゆる機器・設備
- 都市ガス　ガスコンロ・暖房器具など

日本のエネルギー自給率

日本の原子力を除く**エネルギー自給率**はわずかに**4%**程度。大部分を諸外国からの輸入による化石燃料に依存しています。先の東日本大震災の影響もあって原子力発電所の再稼働にはなかなか踏み切れない現状もあり、ますます大量の化石燃料を諸外国から掻き集めなければならないのが今の日本の現状です。

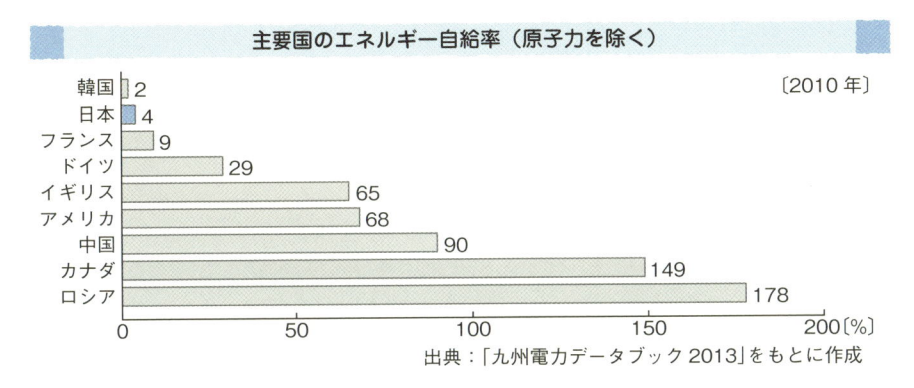

主要国のエネルギー自給率（原子力を除く）　〔2010年〕

国	%
韓国	2
日本	4
フランス	9
ドイツ	29
イギリス	65
アメリカ	68
中国	90
カナダ	149
ロシア	178

出典：「九州電力データブック 2013」をもとに作成

オフィスビルのエネルギー消費

例えば一般的なオフィスビルでは、空調による冷暖房の熱源のエネルギー消費で全体の約30%を占め、空気や水などを搬送する熱搬送の動力を含めると、全体の40%以上を占めているといわれています。

空調設備はエネルギー消費の大きなウエイトを占めているので、空調設備の省エネ化は日本のエネルギー消費量の削減に大きな影響を与えます。

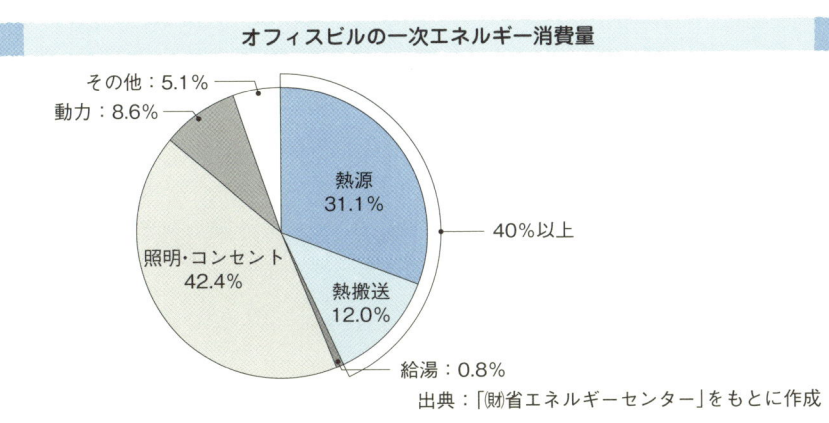

オフィスビルの一次エネルギー消費量

- 熱源：31.1%
- 熱搬送：12.0%
- 給湯：0.8%
- 照明・コンセント：42.4%
- 動力：8.6%
- その他：5.1%

（熱源＋熱搬送で40%以上）

出典：「(財)省エネルギーセンター」をもとに作成

3-2 空調設備と環境問題

環境問題の概要と都市部の環境問題

> **Point**
> ●人口増加に伴ってエネルギー不足がより深刻化しています。
> ●都市部ではヒートアイランドやストリートキャニオンなどの環境問題を解決していかなければなりません。

環境問題と人口問題

環境問題の筆頭に挙げられる議題に地球温暖化があります。

また、ほんの200年ほど前の**1800年の世界人口は約10億人**だったのが、**現在は70億人**を超えています。そして**今世紀の半ばには90億人**を突破すると予測されています。人口が増えることで深刻な**食料不足**、**水不足**、そして**エネルギー不足**が予測されていますが、日本の食料自給率は概ね、40％、エネルギー自給率は4％という現状です。

省エネなども含めて環境問題に絡むビジネスが盛んな昨今ですが、空調設備についても省エネタイプのものを選んで使うのが当たり前になってきています。

都市部の環境問題

都市部が周辺地域と比較して高温になる現象を**ヒートアイランド**といいます。原因としては図に示すようにさまざまなものが考えられます。

東京の平均気温は、ここ100年の間に3℃上昇しているともいわれ、東京湾の埋め立てによる臨海副都心の開発で高層ビルなどが建てられ、海風が遮られてしまったことも東京のヒートアイランドが加速した原因のひとつといわれています。

また都市部の環境問題としては、ヒートアイランドに加えて、建物の過密化や高層化などによって建物と建物の谷間で都市内部の汚染空気が滞留してしまう**ストリートキャニオン**という現象が起こりやすい傾向もあります。

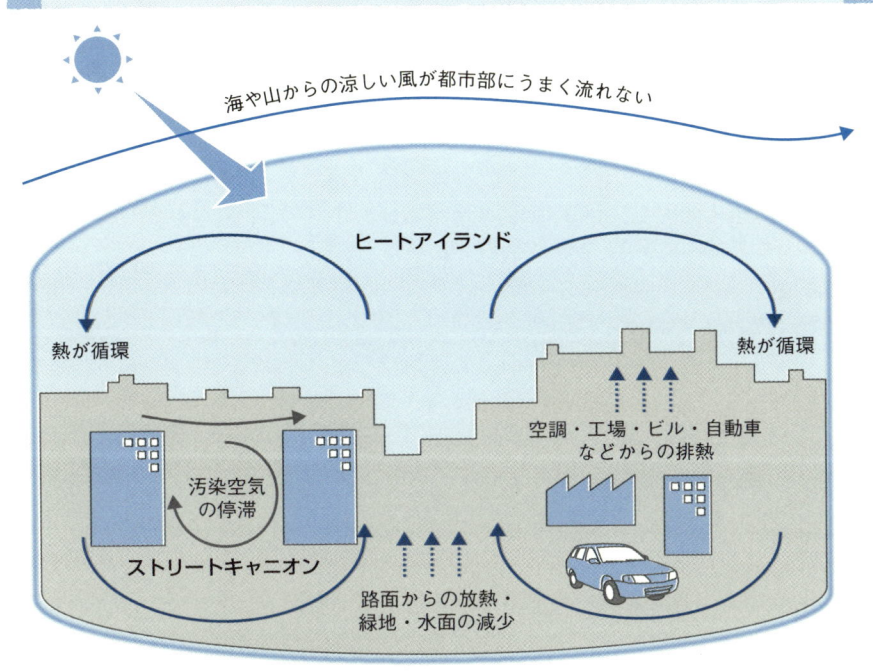

ヒートアイランド・ストリートキャニオン

海や山からの涼しい風が都市部にうまく流れない

ヒートアイランド

熱が循環　　　　　　　　　　　　　　　熱が循環

汚染空気の停滞

ストリートキャニオン

空調・工場・ビル・自動車などからの排熱

路面からの放熱・緑地・水面の減少

ヒートアイランド・ストリートキャニオン対策の一例

都市部に海や山からの風を導く都市計画。省エネによるエネルギー消費の削減や地中熱利用などで大気中に熱を捨てない。屋上緑化や壁面緑化、アスファルトやコンクリート舗装から保水性舗装への見直しなど。

3-3 太陽光の利用
身近な省エネと太陽光の利用

> **Point**
> ● まずは身近に始められそうな省エネについて考えてみましょう。
> ● 太陽光を利用した発電に太陽光発電があります。十分な発電量を得られる場合は電気を売ることもできます。

身近な省エネ

まずは、一般住宅で始められる身近な省エネについて考えてみましょう。一般住宅では冷蔵庫、照明器具、テレビ、エアコンの四つの家電の消費電力量が全体の40％を占めるといわれていますので、特にこれらの家電の使い方には注意が必要です。

家電全体としては、つけっ放しにしないでこまめにスイッチを切る、待機電力をカットするコンセントを使用するなどが省エネに有効といえます。また、効率の悪い家電製品については、省エネ基準達成率の高い家電に買い替える方が長期的に見て省エネな場合もあります。

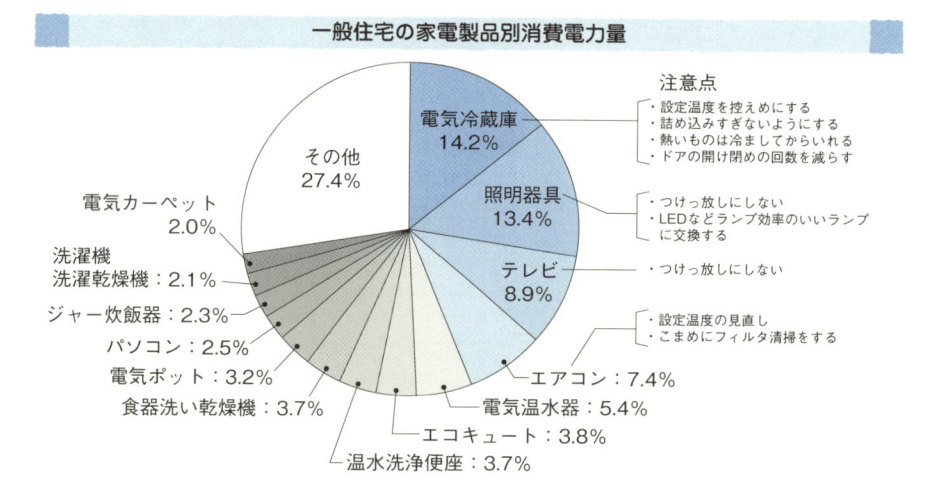

一般住宅の家電製品別消費電力量

- その他 27.4%
- 電気冷蔵庫 14.2%
- 照明器具 13.4%
- テレビ 8.9%
- エアコン：7.4%
- 電気温水器：5.4%
- エコキュート：3.8%
- 温水洗浄便座：3.7%
- 食器洗い乾燥機：3.7%
- 電気ポット：3.2%
- パソコン：2.5%
- ジャー炊飯器：2.3%
- 洗濯機 洗濯乾燥機：2.1%
- 電気カーペット 2.0%

注意点
- 電気冷蔵庫
  - 設定温度を控えめにする
  - 詰め込みすぎないようにする
  - 熱いものは冷ましてからいれる
  - ドアの開け閉めの回数を減らす
- 照明器具
  - つけっ放しにしない
  - LEDなどランプ効率のいいランプに交換する
- テレビ
  - つけっ放しにしない
- エアコン
  - 設定温度の見直し
  - こまめにフィルタ清掃をする

出典： 経済産業省　総合エネルギー調査会　省エネルギー基準部会（第17回）資料「トップランナー基準の現状等について」（平成23年12月26日）
※ 資源エネルギー庁平成21年度民生部門エネルギー消費実態調査（有効回答 10,040件）および機器の使用に関する補足調査（1,448件）より日本エネルギー経済研究所が試算

太陽光の利用（太陽光発電）

　太陽光発電（ソーラー発電）を簡単に説明すると、ソーラーパネル（太陽電池モジュール）で太陽エネルギーを直流電流に変換して、パワーコンディショナでさらに交流電流に変換するシステムです。一般住宅で採用される例もありますし、工場や地方自治体などで管理する大規模な太陽光発電もあります。

　十分な発電量を得るためには、概ね、南向き30°の角度でソーラーパネルを設置して、付近に樹木や建物による日陰とならない日照条件と、ソーラーパネルの設置面積を確保する必要があります。設置条件が整っていても発電量は天候に左右されますし、夜間の発電はできません。設置には専門家の意見を聞いた上での検討が必要です。一般的には、電力会社から供給される電力と併用して採用されることが多く、発電によってつくられた電力で電気料金を節約することを目的に導入されることが多いシステムです。

　長所としては十分な発電量を得られる場合は電力会社に電気を売ることができ、設置に関して国や地方自治体からの助成金制度の利用ができるなどがあります。短所としては設置に関するイニシャルコストが高くなる傾向があります。

太陽光発電

3-4 太陽熱の利用
水式・空気式ソーラーシステム

> **Point**
> ● ソーラーシステムには水式と空気式があります。
> ● 水式は給湯、床暖房、冷暖房に利用され、空気式はソーラーウォールや集熱パネルで暖められた空気を室内に取り込みます。

水式ソーラーシステム

　ソーラーシステムには水式と空気式があります。**水式ソーラーシステム**では集熱器と蓄熱槽の間を不凍液などの熱媒を循環させ、蓄熱槽で熱交換を行ってお湯をつくります。つくられたお湯は給湯や床暖房などに利用します。

　水式ソーラーシステムのシンプルなシステムとしては給湯のみの利用ですが、近年では給湯＋床暖房や、専用の吸収式冷凍機を導入することで給湯＋冷暖房を行うことも可能です。

　ソーラーシステムは比較的イニシャルコストが安く、**エネルギーの変換効率も高い**ことから、一般住宅、工場、病院、学校、ホテル、温水プールなどさまざまな建物や施設で利用されています。ただし、太陽熱の利用は天候に左右されるので、補助熱源を用いるなどの対策を取るのが一般的です。

水式ソーラーシステム（給湯＋床暖房）

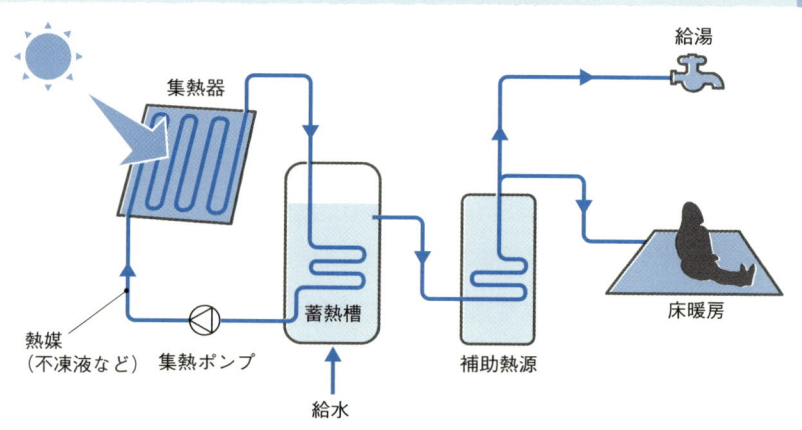

集熱器／熱媒（不凍液など）／集熱ポンプ／蓄熱槽／給水／補助熱源／給湯／床暖房

空気式ソーラーシステム

空気式ソーラーシステムは太陽熱で暖められた空気を室内に取り込むシステムです。取り込む方法にはさまざまなものがありますが、一例としては**ソーラーウォール**や**屋根に集熱パネルを設置する方法**があります。

●ソーラーウォール

ソーラーウォールの構造はシンプルです。小さな孔があいた専用のソーラーウォールパネルを外壁に設置します。パネル表面で暖められた空気は孔を通過し、ファンで室内に送られます。シンプルな分、施工性、メンテナンス性も良く、暖房費の節約になる優れたシステムです。

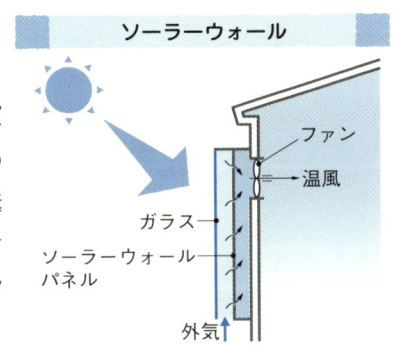

ソーラーウォール

●屋根に集熱パネルを設置する方法

ガラス付きの集熱パネルなどで集めた高温の空気を送風機ユニットで床下に送り、室内に循環させるシステムです。床下のコンクリートに蓄熱させることで、より効率の良い暖房効果を得ることができます。

屋根に集熱パネルを設置して温風を取り込む

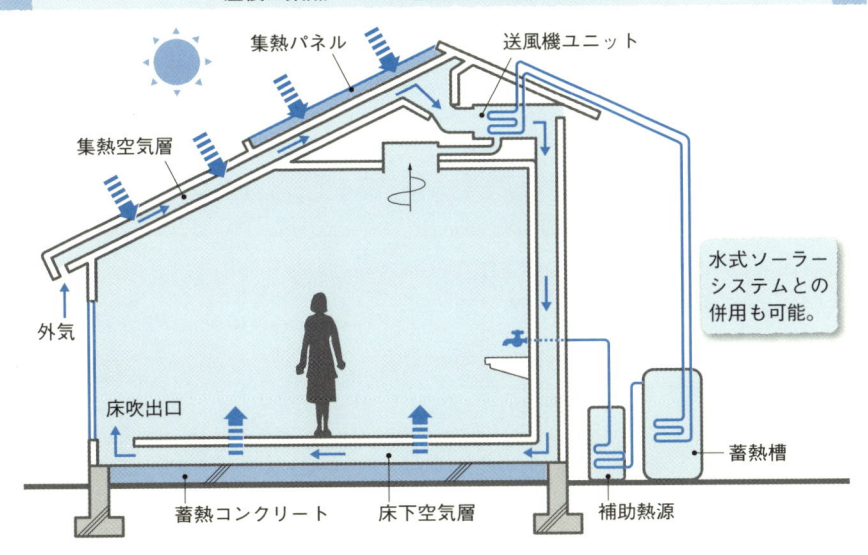

水式ソーラーシステムとの併用も可能。

3-5 パッシブソーラー

パッシブソーラーと太陽光を利用するパッシブシステム

> **Point**
> ●機械の動力を使わずに太陽熱を利用するパッシブソーラーや太陽光を利用するパッシブシステムの概要を把握しましょう。

パッシブソーラーとは

パッシブソーラーとは建物自体の構造や間取りなどを工夫して、ファンやポンプなどの**機械の動力を使わずに太陽熱を利用するシステム**のことです。パッシブソーラーに対してファンやポンプなどの機械の動力を使用して太陽熱を利用するシステムを**アクティブソーラー**といいます。

機械の動力をまったく使わずに快適な室内環境を維持するのは難しい面もありますが、これらのシステムが冷暖房の負荷を軽減する一助となるのは確かです。また、パッシブソーラーだけで十分な効果を得られない場合には補助的に動力を用いることもあり、これを**ハイブリッドソーラー**といいます。

以下にパッシブソーラーの一例を示します。

●ダイレクトゲイン

太陽からの日射熱（ダイレクトゲイン）をコンクリート、タイル、レンガなどの蓄熱体に蓄熱させて放熱によって部屋を暖めます。熱容量の大きい蓄熱体は温まるのに時間がかかりますが、温まるとなかなか冷めませんので、熱伝達時間の遅れを利用して夜間の暖房に利用することが可能です。

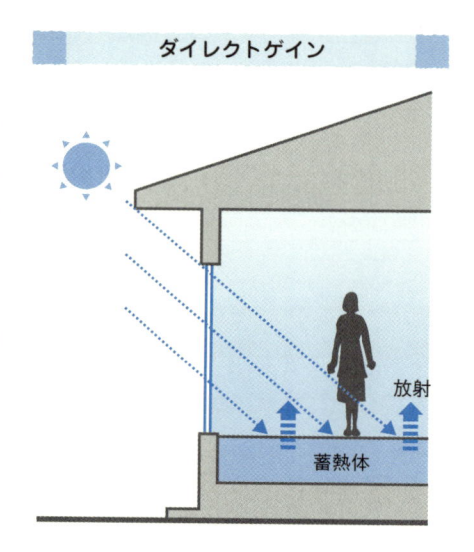

ダイレクトゲイン

放射
蓄熱体

●トロンブウォール

考え方としてはダイレクトゲインと似ています。窓ガラスの内側に表面を黒に塗装したコンクリートなどの蓄熱体（トロンブウォール）を設けて、蓄熱体から遅れて出る放射熱で夜間の暖房を行い、さらにガラスと蓄熱体の間で起こる対流を利用して室内に暖房効果を得る方法です。

トロンブウォール

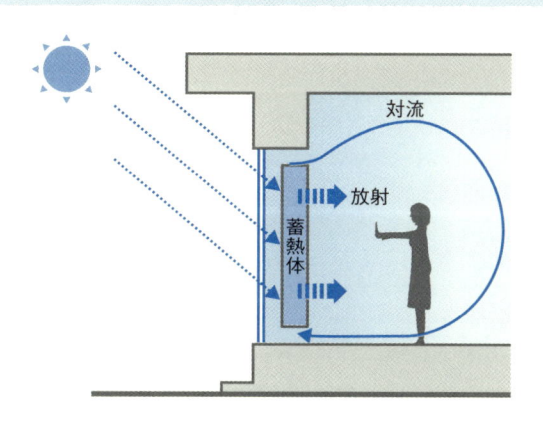

●付設温室

温室（サンルーム）で集めた熱を室内に取り込む方法です。付設温室は室外と室内の中間的な領域として利用されることが多く、夏は付設温室内が熱くなり過ぎることもあるので、一般に遮熱、換気、通風などの対策が必要です。

付設温室

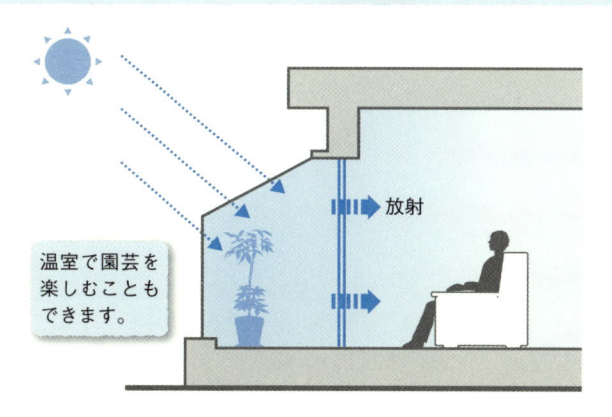

温室で園芸を楽しむこともできます。

3-5 パッシブソーラー

●エアサイクル

外壁を二重壁構造にして空気層を設け、夏は蓄冷（地冷熱）を循環させて遮熱すると同時に、棟などの建物上部の開口部から熱を逃がし、冬は蓄熱を循環させて熱を室内に取り込みます。

図のように地熱を利用する方法や、前述した付設温室などの集熱部からの熱を駆動力にする方法なども考えられます。

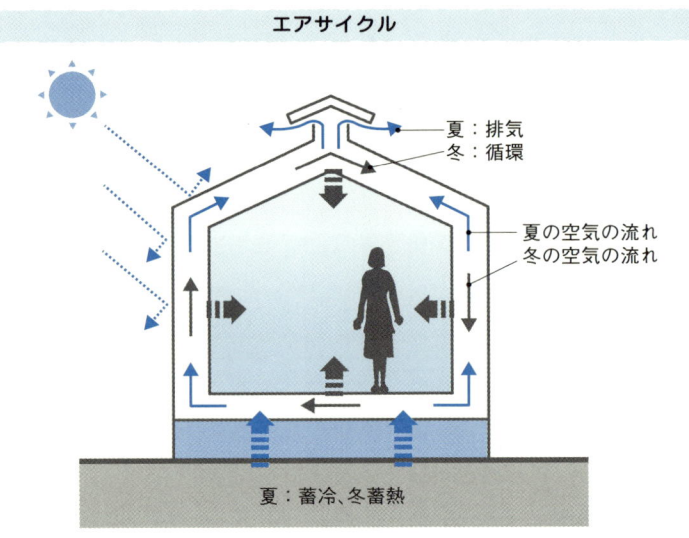

エアサイクル

夏：排気
冬：循環

夏の空気の流れ
冬の空気の流れ

夏：蓄冷、冬蓄熱

●ダブルスキン

ダブルスキンもエアサイクルと同様に温度差による自然換気を利用するシステムです。

外壁を二重のガラスで覆ってガラスとガラスの間に温室空間をつくり、夏は空間内の高温になった空気を上部の開口部から排気し、冬は開口部を閉じて空間内の熱を室内に取り込みます。

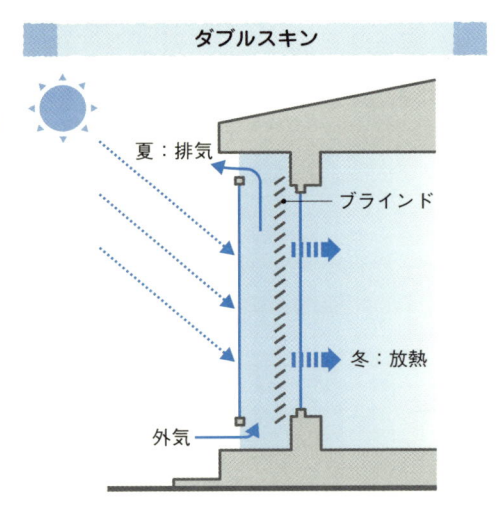

ダブルスキン

夏：排気
ブラインド
冬：放熱
外気

太陽光を利用するパッシブシステム

●ライトシェルフ

　ライトシェルフで太陽の直射日光を遮るのと同時に、直射日光を拡散させて室内の奥まで光を導く方法です。特に間口が狭くて奥行きのある建物や、学校の教室などで有効です。

ライトシェルフ

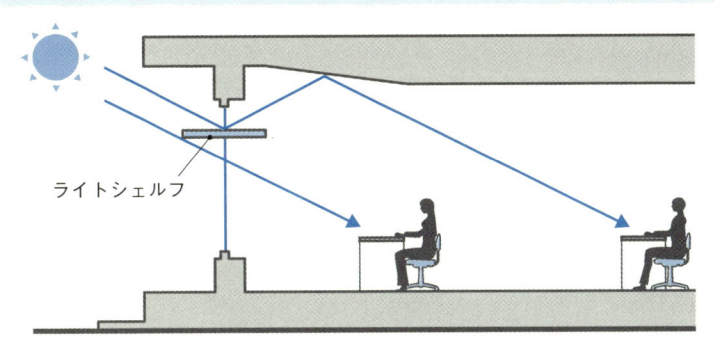

●ライトコート

　ライトコートは光庭ともいわれ、採光が届きにくい建物の内部に吹き抜けとなる中庭を設けて、中庭に面した居室などに採光と通風を取り込みます。プライバシーを確保でき、開放的な空間を生み出すことができます。

ライトコート

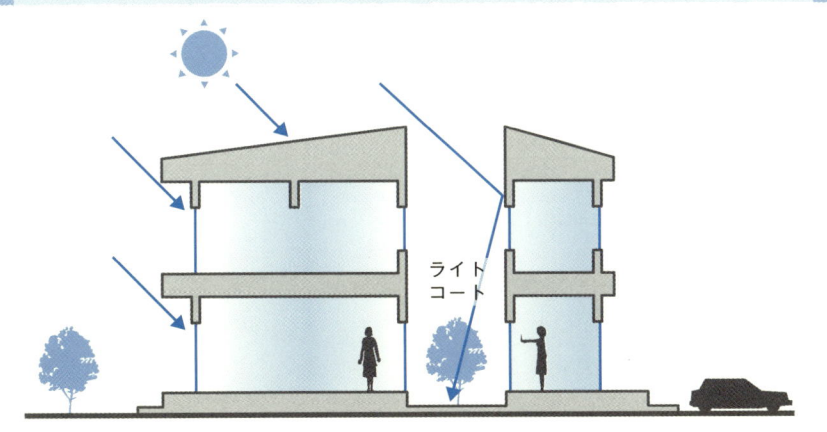

3-6 地熱・地中熱の利用
地熱発電と空調設備における地中熱の利用

> **Point**
> ● 地熱発電は天候や時間帯に左右されない発電です。
> ● 空調設備における地中熱利用としてはクールピット、クールチューブ、地中熱ヒートポンプシステムなどがあります。

地熱発電

　地熱発電ではマグマで熱くなった地下水から熱水と蒸気を汲み取って、タービンを回して発電します。

　日本は世界3位の地熱資源を保有する有数の火山大国でありながら、再生可能エネルギーである地熱を生かしきれていないというのが現状です。全国に18箇所ある地熱発電所の総発電量はわずかに全体の0.2％程度です。

　太陽光発電は基本的には太陽が出ていない夜間は発電できませんし、天候によって発電量は左右され、風力発電についても発電量は風任せですが、地熱発電は天候や時間帯に左右されずに安定した発電が可能です。

地熱発電のイメージ

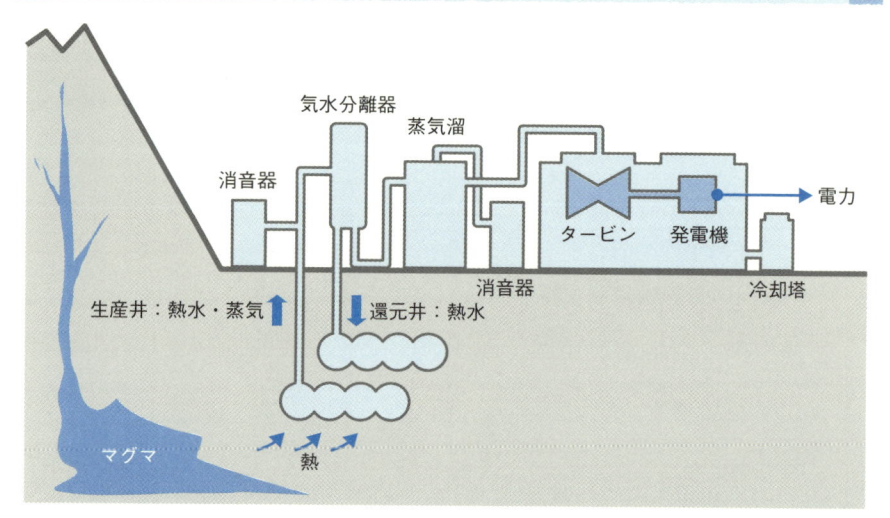

3-6 地熱・地中熱の利用

さまざまな地中熱利用

　地中は通年安定した温度を保っています。つまり、外気の気温と比較すると夏は冷たく、冬は暖かい性質を持っています。このような地中の性質を**恒温性**といいます。空調設備においては地中の恒温性を利用して冷暖房の負荷を軽減するなど、さまざまな省エネタイプの地中熱利用が行われています。

　なお、地熱と地中熱の違いについては、地熱は発電などに利用する火山近くの高温な熱利用ですが、地中熱はもっと身近な私たちの暮らす足元の地中の熱利用のことです。

●クールピット

　建物の地下に空間を設けて地中熱によって夏はあらかじめ冷やされ、冬はあらかじめ暖められた外気を室内に取り込むシステムを**クールピット**といいます。

　地中熱利用というと最新の熱利用システムのようにも思われますが、古くは**竪穴式住居**などでも地面を掘り下げて地中熱を利用していましたので、先人達は地中の恒温性を体験的に知っていたようです。

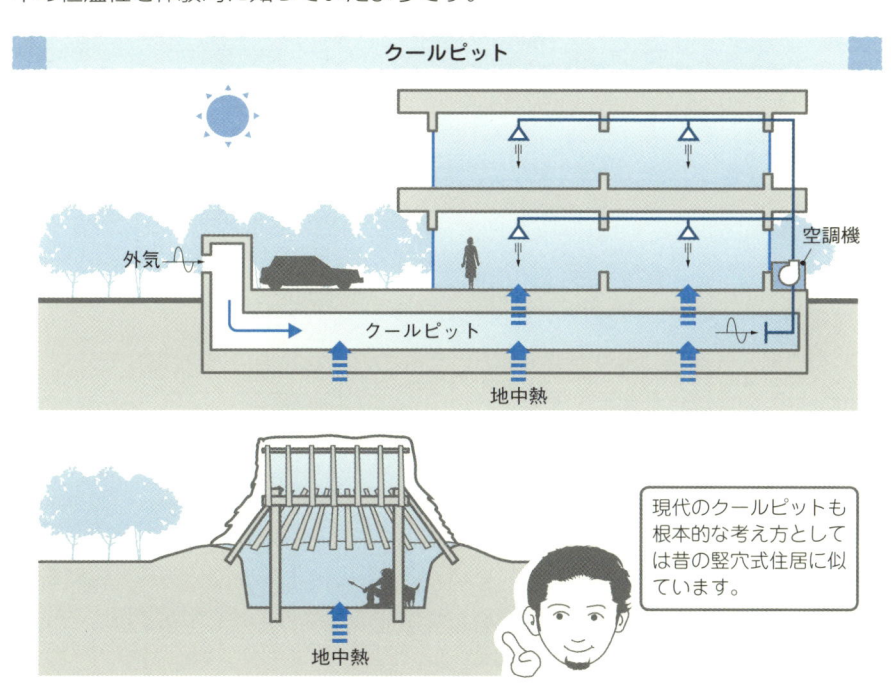

クールピット

現代のクールピットも根本的な考え方としては昔の竪穴式住居に似ています。

第3章　省エネに考慮した空調設備

● クールチューブ

　前述したクールピットと考え方としては同様ですが、**クールチューブ**では地中に配管（クールチューブ）を埋設して配管内を通る外気と地中との間で熱交換をし、夏は予冷、冬は予暖された外気を室内に取り込みます。

　クールチューブの埋設深さは、クールチューブの総延長などによっても違ってきますが、一般に2～3mでも十分な地中熱の効果を得られます。

　近年では単独の住戸だけではなく、複数の住戸にクールチューブを連結させた省エネタイプの分譲住宅などの販売例もあります。

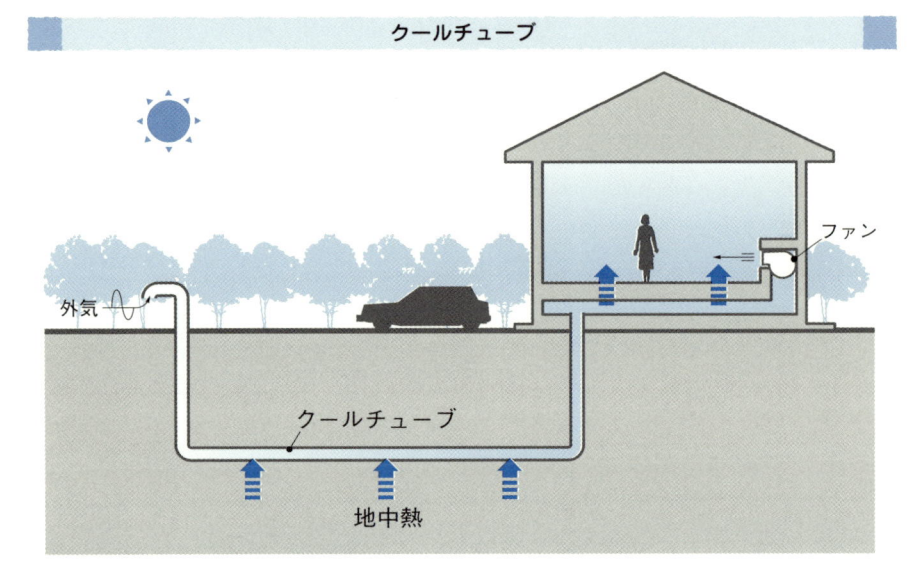

クールチューブ

● 地中熱ヒートポンプシステム

　冷房の場合は熱源の温度が低いほど、暖房の場合は熱源の温度が高いほどヒートポンプの効率が良くなります。

　例えば、空気を熱源とするヒートポンプの場合、冬場の冷たい外気を取り込んで、暖房に適した温度まで高くしようとすると、温度差がある分ヒートポンプの負荷が大きくなってしまいますが、地中熱ヒートポンプシステムの場合は、通年の温度差が少ない地中熱を熱源としているので、ヒートポンプの負荷を軽減することができます。結果として、消費電力やランニングコストを削減することができ、省エネ面で有利といえます。

地中熱ヒートポンプシステムでは、地中に樹脂製のU字形のパイプを埋設し、パイプ内の循環液と地中との間で熱交換をし、さらに地上のヒートポンプ本体の冷媒と熱交換をして冷暖房や給湯などに利用します。

　夏の冷房時は地中に放熱し、冬の暖房時は地中から吸熱して暖房を行います。通常の空調設備は冷房時に熱を空気中に排気しますが、地中熱ヒートポンプシステムでは地中に熱を逃がしますので、ヒートアイランドの要因になりにくい環境にやさしいシステムといえます。また、天候や時間帯に左右されずに利用できることも地中熱ヒートポンプシステムの長所です。

　短所としてはシステム導入のイニシャルコストが高いなどの問題点がありましたが、近年では国や地方自治体などからの補助金も受けられるようになり、今後の普及が期待されます。

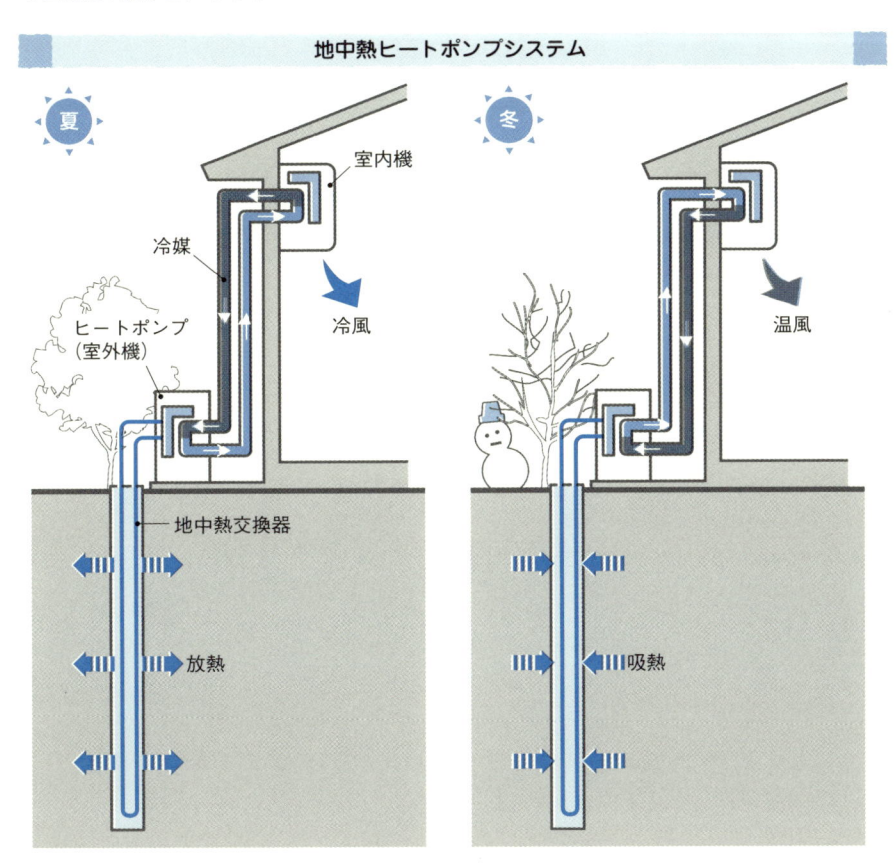

地中熱ヒートポンプシステム

夏／冬

室内機／冷媒／冷風／温風／ヒートポンプ（室外機）／地中熱交換器／放熱／吸熱

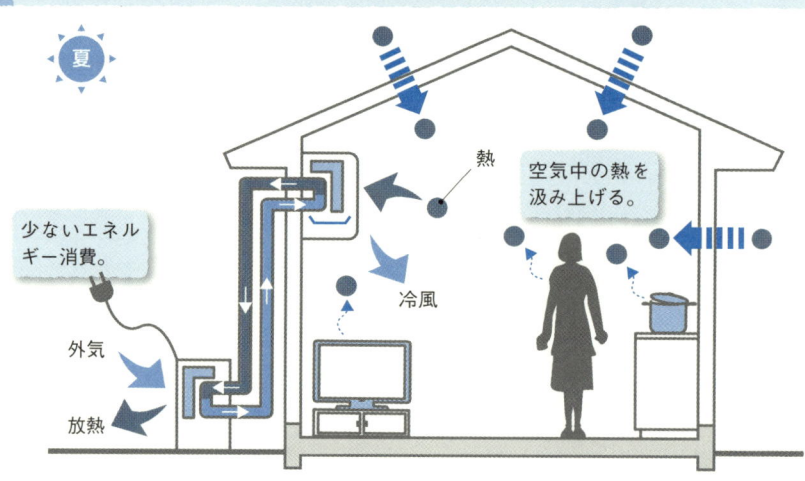

3-7 ヒートポンプの原理
熱交換のしくみ

> **Point**
> ●熱を汲み上げる技術をヒートポンプといいます。
> ●ヒートポンプは主に圧縮機・凝縮器・膨張弁・蒸発器で構成され、ヒートポンプサイクルによって冷暖房を行います。

ヒートポンプとは

　水が高い所から低い所に流れるように、熱も温度が高い方から低い方へ移動します。例えばカップに入れた熱いコーヒーも時間が経つと冷めてきますが、これはコーヒーの熱がその周りの低温側の空気の方へ移動しているからです。

　自然の流れに逆らって、低い所にある水を高い所に運ぼうと考えたとき、ポンプを使うことはイメージできるかと思いますが、ヒートポンプのイメージも同様です。つまり、通常の高い方から低い方へ移動する熱の性質に逆らって、低い方から高い方へ熱を汲み上げる技術のことを総じてヒートポンプといいます。

　ヒートポンプでは、まわりの熱を利用して、少ないエネルギー消費で、消費したエネルギー以上の大きな熱エネルギーに変換することが可能です。

ヒートポンプのイメージ

夏

少ないエネルギー消費。
外気
放熱
熱
冷風
空気中の熱を汲み上げる。

ヒートポンプの原理

家庭用のルームエアコンやオフィスビルなどのマルチユニット方式といった空気を熱源とするヒートポンプエアコンを例にその原理を説明します。

ヒートポンプエアコンには**室外機**と**室内機**があります。室外機には**圧縮機**と**熱交換器**（冷房時：凝縮器／暖房時：蒸発器）が内蔵されていて、室内機には**膨張弁**と**熱交換器**（冷房時：蒸発器／暖房時：凝縮器）が内蔵されています。

これらの主要機器の熱移動の媒体となるのが**冷媒**です。**冷房サイクル**の冷媒の流れを逆転させることで、熱交換器の凝縮器と蒸発器の役割も逆転して**暖房サイクル**となります。

冷房サイクルと暖房サイクル

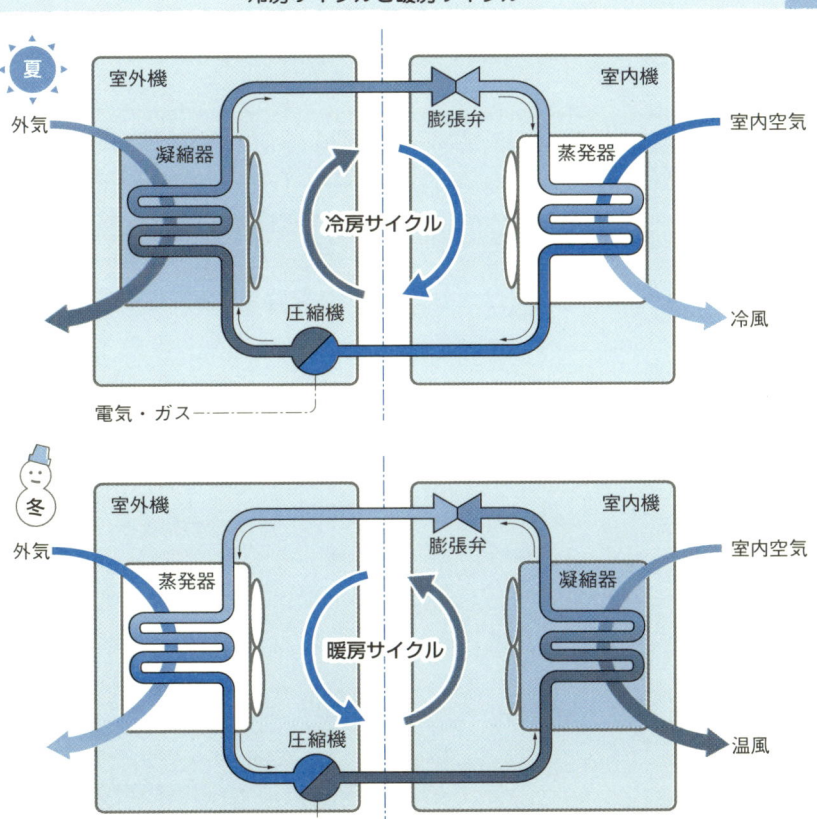

夏
外気 → 室外機（凝縮器） → 膨張弁 → 室内機（蒸発器） → 室内空気／冷風
冷房サイクル
圧縮機
電気・ガス

冬
外気 → 室外機（蒸発器） → 膨張弁 → 室内機（凝縮器） → 室内空気／温風
暖房サイクル
圧縮機
電気・ガス

3-7 ヒートポンプの原理

前ページではおおまかな冷・暖房サイクルが把握できたかと思いますが、次に冷房サイクルにおける各機器の働きと冷媒の変化を把握して、エアコンが部屋の空気を冷やすしくみを考えてみましょう。

●①圧縮（圧縮機の働き）

冷房を開始すると**圧縮機**が作動し、低温・低圧の気体の冷媒を圧縮します。気体を圧縮すると気体の温度は上がり、冷媒は**高温・高圧の気体**に変化します。

圧縮による冷媒の変化

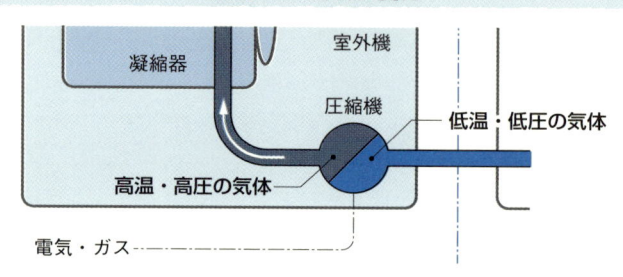

●②凝縮（凝縮器の働き）

圧縮機で高温・高圧の気体になった冷媒は**凝縮器**（熱交換器）に送られます。凝縮器では冷媒と屋外の空気との間で熱交換を行います。熱は高いところから低いところに移動しますので、**冷媒の熱が室外へ移動**し、冷媒は熱を放出したことによって高温・高圧の気体から**中温・高圧の液体**へと変化します。

凝縮による冷媒の変化

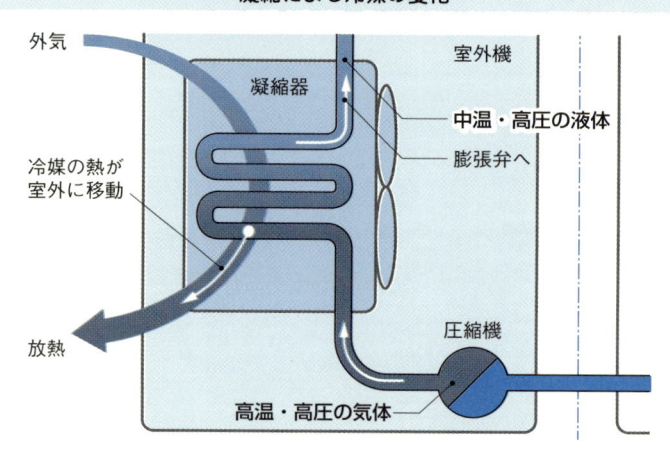

●③膨張（膨張弁の働き）

凝縮器で中温・高圧の液体となった冷媒は**膨張弁**に送られます。膨張弁では冷媒を減圧します。冷媒は減圧されることによって膨張して温度が下がり、**低温・低圧の液体**に変化します。

膨張による冷媒の変化

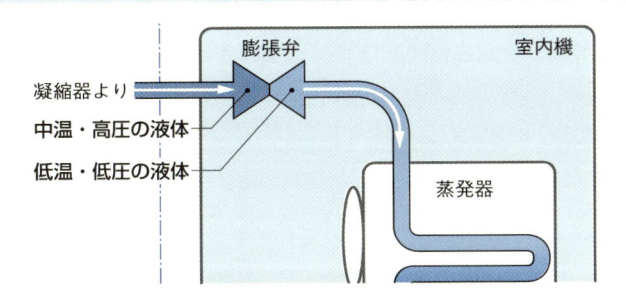

●④蒸発（蒸発器の働き）

膨張弁で低温・低圧の液体になった冷媒は**蒸発器**（熱交換器）に送られます。蒸発器では冷媒と室内空気との間で熱交換を行います。前述した通り、熱は高いところから低いところへ移動しますので、**室内の熱が冷媒**に移動して、冷やされた空気が冷風となります。冷媒は室内の熱を汲み上げたことで**低温・低圧の気体**に変化し、再び圧縮機へと戻ります。

蒸発による冷媒の変化

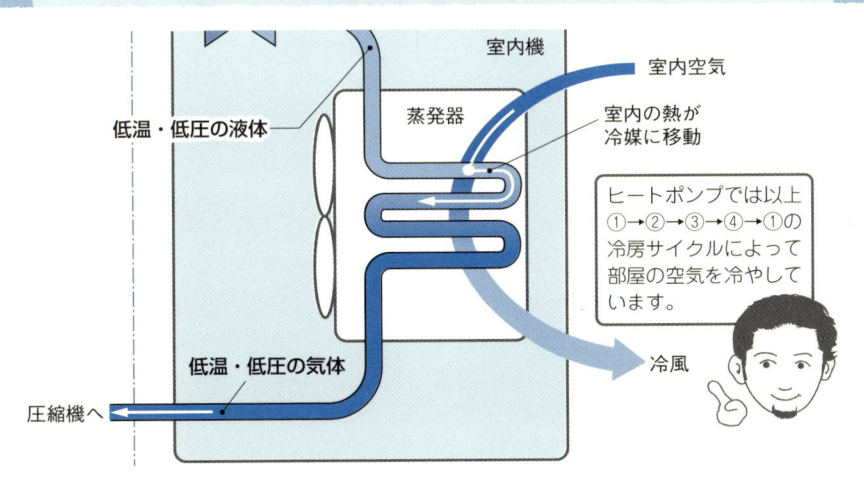

ヒートポンプでは以上①→②→③→④→①の冷房サイクルによって部屋の空気を冷やしています。

3-8 ヒートポンプの利用

さまざまなヒートポンプの利用例

Point
- ヒートポンプはさまざまな用途で利用されています。
- ヒートポンプはあらゆる熱を有効利用することが可能です。
- 一般住宅で普及したヒートポンプにエコキュートがあります。

さまざまなヒートポンプ

　ヒートポンプはもともとは製氷機、冷蔵庫、ショーケースなどといった冷凍・冷蔵の冷却の用途で利用されていた技術ですが、現在では技術が向上して空調の冷暖房、給湯、加熱、乾燥などさまざまな用途で利用されています。

　またヒートポンプは空気の熱を利用するだけではなく、地中、地下水、下水、河川、海水、氷雪、あるいは地下鉄や清掃工場の排熱など、あらゆる熱を有効利用することが可能です。

ヒートポンプの用途

冷却用途：冷蔵庫・製氷機・冷凍・冷蔵ショーケース・ターボ冷凍機・ヒートポンプ式自動販売機・チリングユニットなど

空調用途：家庭用ルームエアコン・業務用ルームエアコン・パッケージエアコン・ビル用マルチエアコン・ヒートポンプチラー・エコアイス・ターボ式冷凍機など

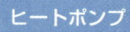

給湯用途：エコキュート・業務用エコキュート・業務用ヒートポンプ給湯器など

加熱・乾燥用途：ヒートポンプ式洗濯乾燥機・ヒートポンプ乾燥ユニット・ヒートポンプ式蒸気製造装置・ヒートポンプ式温水製造装置・ヒートポンプ融雪システムなど

エコキュート

ヒートポンプという言葉が広く一般的に知られるようになった要因としては、住宅などに普及した**エコキュート**の影響もあるようです。

エコキュートは空気の熱を汲み取るヒートポンプの原理でお湯をつくります。一般的にはオール電化の住宅に適したシステムで、割安な夜間の電力を利用して深夜に貯湯ユニットにお湯を蓄え、給湯や床暖房に利用するシステムです。

割安な夜間の電力利用で電気料金の節約になり、断水時に貯湯を非常用水として使うことができるなどの長所もあります。短所としては深夜にお湯をつくるので近隣への騒音配慮が必要で、使い方によっては湯切れの心配があります。また、外気の温度が低い冬場はヒートポンプの効率が低下する傾向もあります。

エコキュートの概要

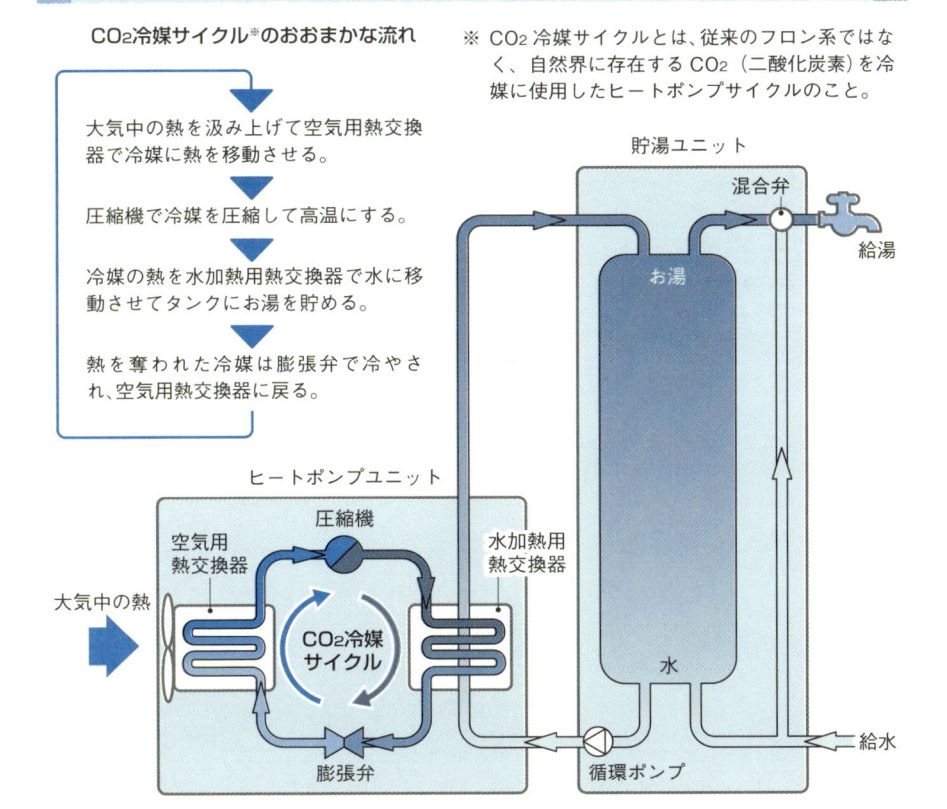

CO_2冷媒サイクル※のおおまかな流れ

1. 大気中の熱を汲み上げて空気用熱交換器で冷媒に熱を移動させる。
2. 圧縮機で冷媒を圧縮して高温にする。
3. 冷媒の熱を水加熱用熱交換器で水に移動させてタンクにお湯を貯める。
4. 熱を奪われた冷媒は膨張弁で冷やされ、空気用熱交換器に戻る。

※ CO_2冷媒サイクルとは、従来のフロン系ではなく、自然界に存在するCO_2（二酸化炭素）を冷媒に使用したヒートポンプサイクルのこと。

3-9 氷蓄熱式空調システム
蓄えた熱を空調に利用する

> **Point**
> ●氷蓄熱式では夜間に蓄熱槽に蓄えた熱を、日中の空調に利用します。
> ●ピークシフトやピークカットで蓄熱を利用します。
> ●代表的な氷蓄熱式空調システムの構成を把握しましょう。

氷蓄熱式空調システムとは

　氷蓄熱式空調システムでは割安な夜間の電力で、蓄熱槽に熱を蓄えておいて、蓄えた熱を日中の空調に利用する省エネタイプの空調システムです。

　蓄熱を利用することで熱源設備や受変電設備の容量を縮小でき、電力消費を軽減してランニングコストを削減することができます。具体的には**ピークシフト**や**ピークカット**運転によって蓄熱を利用します。

ピークソフトとピークカットのイメージ

ピークシフト

1日の空調時間の全域に蓄熱を利用。

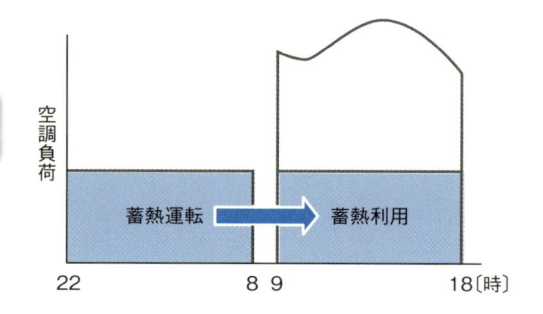

（グラフ：22時〜8時「蓄熱運転」→ 9時〜18時「蓄熱利用」）

ピークカット

1日の中の負荷が大きくなる時間帯に蓄熱を利用。

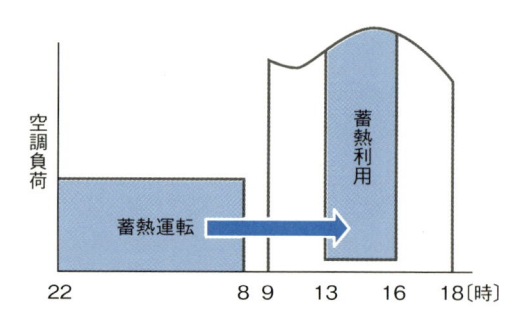

（グラフ：22時〜8時「蓄熱運転」→ 13時〜16時「蓄熱利用」、9〜18時）

氷蓄熱式空調システムの特徴

　蓄熱方式として氷蓄熱式以外に水蓄熱式がありますが、氷蓄熱式の方が蓄熱槽の容積を縮小できる、冷水の温度を低くできることからポンプの動力負荷を軽減できるなどの利点が多く、氷蓄熱式を採用する例が多くみられます。なお、一般に氷蓄熱式空調システムのことを通称**エコアイス**といいます。

　氷蓄熱式空調システムは昼間の空調負荷が大きくなる事務所ビル、学校、店舗などさまざまな建物や施設で利用されています。

氷蓄熱式空調システムの構成

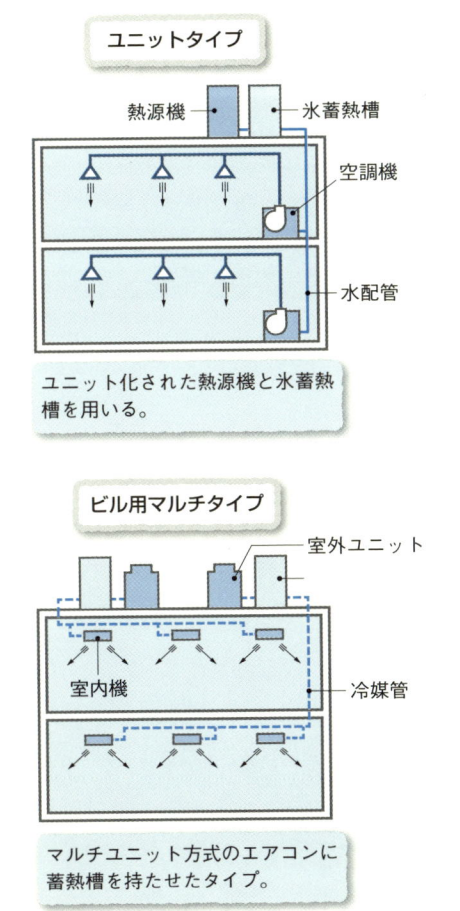

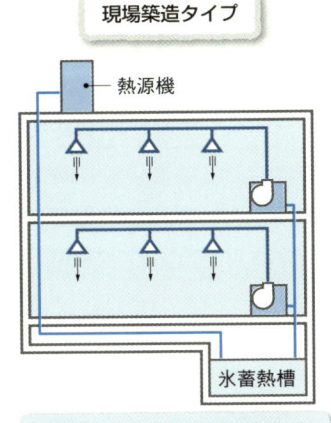

ユニットタイプ
熱源機／氷蓄熱槽／空調機／水配管
ユニット化された熱源機と氷蓄熱槽を用いる。

現場築造タイプ
熱源機／氷蓄熱槽
建物ごとに熱源機や氷蓄熱槽などを設計・施工するタイプ。

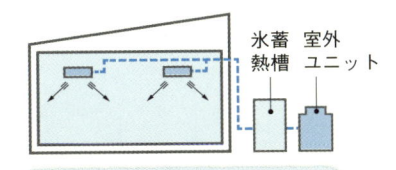

ビル用マルチタイプ
室外ユニット／室内機／冷媒管
マルチユニット方式のエアコンに蓄熱槽を持たせたタイプ。

パッケージタイプ
氷蓄熱槽／室外ユニット
小規模な事務所や店舗用などに小型化されたパッケージタイプで、エコアイス mini と呼ばれる。

3-10 コージェネレーションシステム

発電と同時に排熱を有効利用するシステム

> **Point**
> ●コージェネレーションシステムでは発電と同時に出る排熱を給湯や空調の冷暖房などに利用します。
> ●家庭用のエコウィルやエネファームもコージェネレーションです。

コージェネレーションシステムとは

　コージェネレーションシステム（CGS、以下コージェネ）とは、発電機でつくられる電気と発電の際に発生する排熱の2つのエネルギーを利用するシステムです。簡単に説明すると、発電時の熱エネルギーを捨ててしまうのはもったいないので、使えるものは有効に使いましょうということです。

　コージェネはエネルギーの**総合効率**を向上させる目的で導入されるシステムで、従来の電力会社からの発電・送電システムの総合効率は40％程度ですが、コージェネ導入で70～90％程度の総合効率を期待することができます。

CGSと従来の発電・送電システムの総合効率

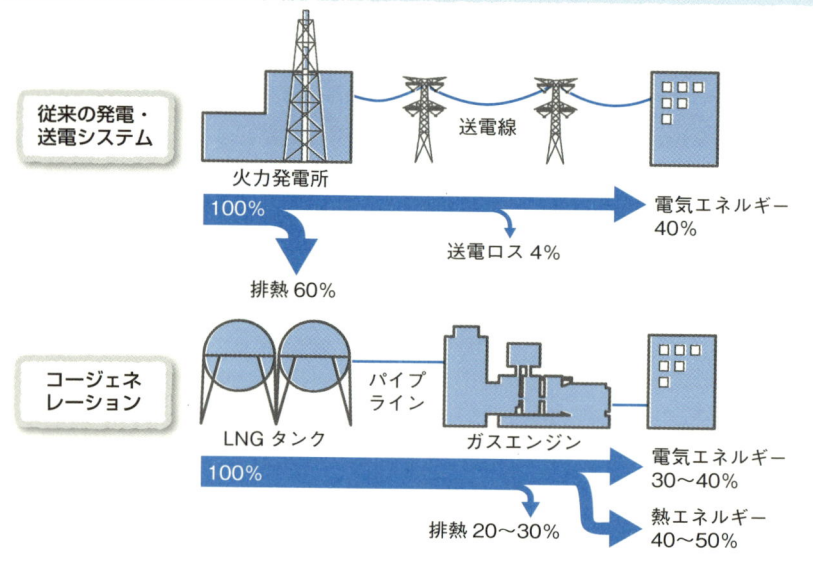

従来の発電・送電システム
- 火力発電所 100％
- 送電線 送電ロス 4％
- 電気エネルギー 40％
- 排熱 60％

コージェネレーション
- LNGタンク 100％
- パイプライン
- ガスエンジン
- 電気エネルギー 30～40％
- 排熱 20～30％
- 熱エネルギー 40～50％

コージェネレーションシステムの特徴

　従来は建物で使用する電力を電力会社から購入していましたが、コージェネを導入することで建物内で発電と熱エネルギーを回収できますので、大規模な工場などでは大幅に電力量などの削減を期待できます。ただし、導入のイニシャルコストやその後のメンテナンスを考えて、どの程度、コージェネの省エネ効果のメリットを受けられるかといったことを考える必要は当然あります。

　コージェネでは主にガスエンジン、ガスタービン、ディーゼルエンジンなどの原動機を駆動させて発電させるものや、蒸気ボイラと蒸気タービンを用いるものなどがあります。いずれも発電と同時に排熱を給湯や冷暖房に利用します。

　ガスエンジンは都市ガスやLPガスなどのガスを燃料とします。排熱が450℃〜600℃と高温で熱回収が容易です。また、排ガスが比較的クリーンな特徴があります。

　ガスタービンは都市ガスやLPガスといったガスと、重油・軽油・灯油といった油のどちらの燃料でも使用できます。排熱は450〜550℃と比較的高温で蒸気回収が容易です。

　ディーゼルエンジンは重油・軽油・灯油を燃料とします。排熱は450〜500℃と比較的低いですが、発電効率に優れています。地方の工業や農林水産業などの産業分野での導入実績が豊富です。

CGSの構成（ガスエンジンの例）

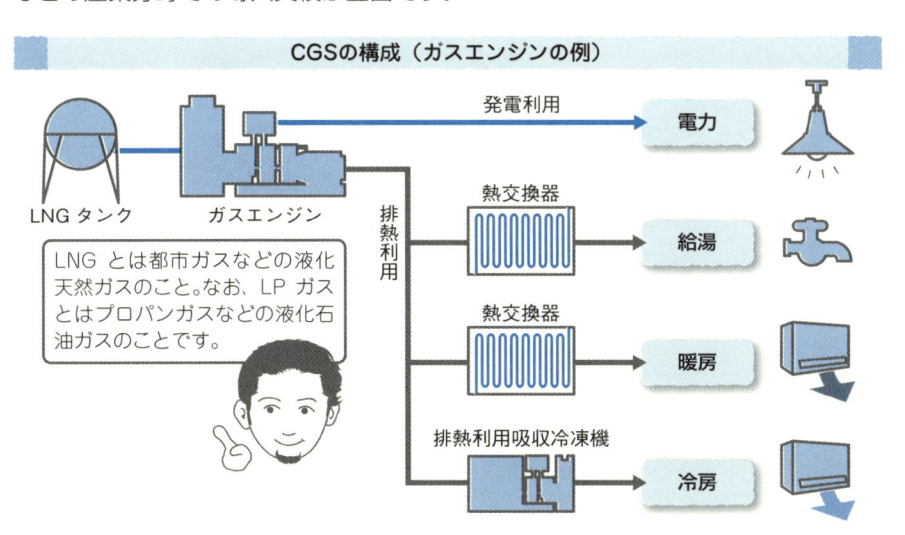

LNGタンク　ガスエンジン　排熱利用　熱交換器　発電利用 → 電力
　　　　　　　　　　　　　　　　　　熱交換器 → 給湯
　　　　　　　　　　　　　　　　　　熱交換器 → 暖房
　　　　　　　　　　　　　排熱利用吸収冷凍機 → 冷房

LNGとは都市ガスなどの液化天然ガスのこと。なお、LPガスとはプロパンガスなどの液化石油ガスのことです。

3-10 コージェネレーションシステム

家庭用のコージェネレーションシステム

産業用途で採用される大規模なコージェネもありますが、近年では家庭用に小型化されたエコウィルやエネファームといった小規模なコージェネもあります。

● エコウィル

エコウィルは都市ガスやLPガスといったガスを燃料にガスエンジンで発電をして、発電の際の排熱を利用してお湯をつくり、貯湯ユニットに蓄えて給湯や床暖房などに利用するシステムです。

長所としてはコージェネによる電気料金の節約と排熱の利用の他にも湯切れの心配がないなどがありますが、発電についてはお湯をつくる短い時間での発電なので、電力会社から供給される電力の補助的な役割と考えてよいでしょう。また、ガスエンジンを使うので、近隣への騒音対策も必要です。

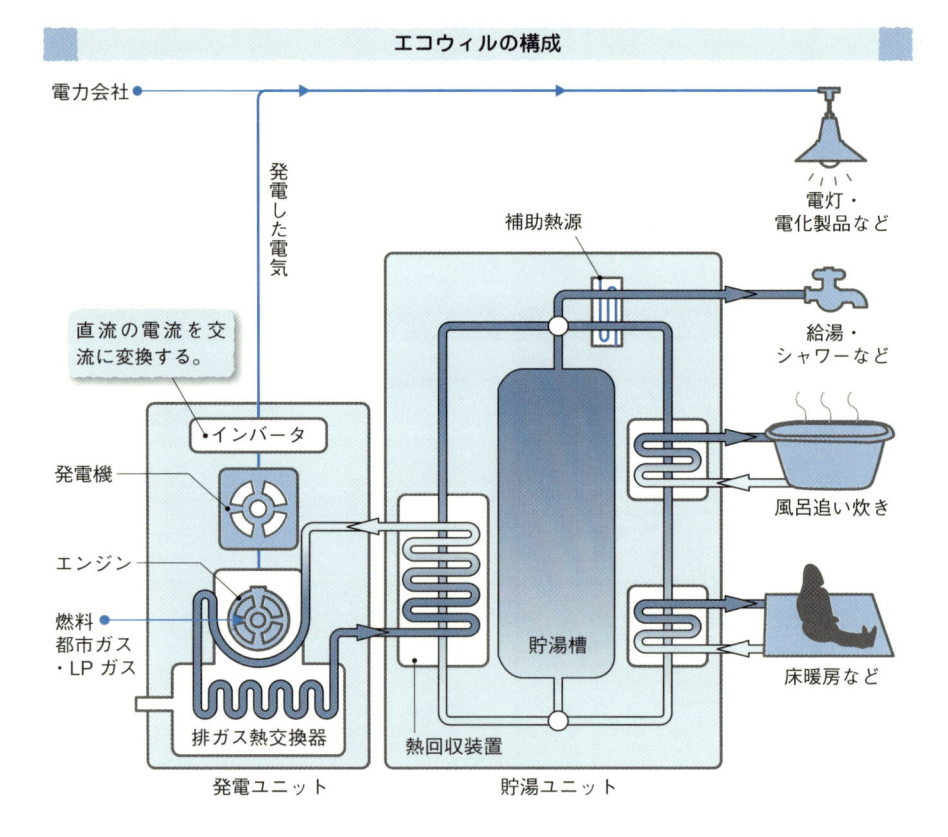

エコウィルの構成

3-10 コージェネレーションシステム

●エネファーム

　エネファームは燃料電池によって発電を行います。都市ガスやLPガスに含まれる水素を取り出し、空気中の酸素と化学反応させることによって発電するしくみで、基本原理としては図に示すように水の電気分解の逆反応です。排熱はエコウィルと同様に貯湯ユニットに蓄えて給湯や床暖房などに利用します。

　燃料電池による発電のため、騒音がほとんどなく、CO_2の排出量を抑えることができます。その他の長所としては概ねエコウィルと同様で、短所としてはイニシャルコストがエコウィルと比較してやや高くつきます。

エネファームの発電原理と構成

燃料電池の発電原理

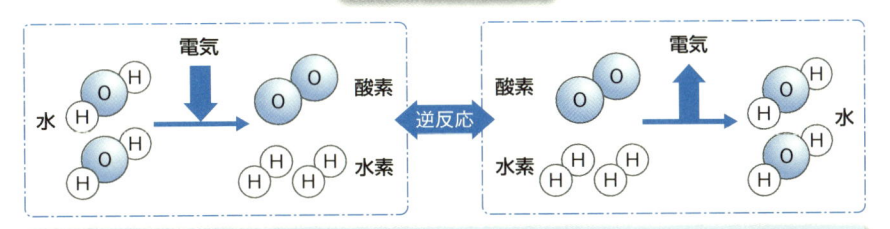

水(H_2O)に電気を加えると酸素(O_2)と水素(H_2)に電気分解される。この逆の反応で酸素と水素を化学反応させるとによって電気が発生する。

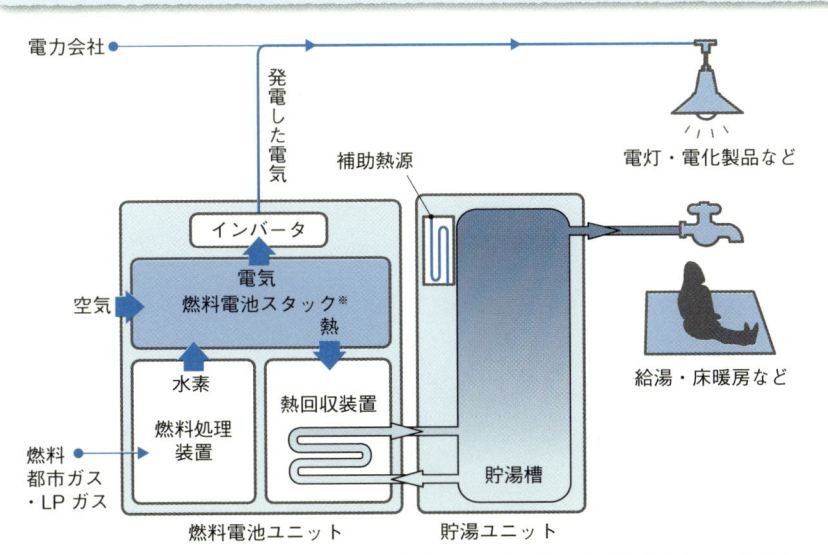

※燃料電池スタックとは、空気中の酸素と燃料処理装置で取り出された水素の化学反応を利用して直流の電気をつくる装置のこと。

3-11 タスク・アンビエント空調
限られた空間を快適にする空調システム

> **Point**
> ● 人が長く滞在する作業域となる空間をタスク域といい、タスク域以外の空間をアンビエント域といいます。
> ● タスク・アンビエント空調の概要を把握しましょう。

タスク・アンビエント空調とは

　従来の空調は空間全体を均一に快適にしようというものでしたが、オフィスなどの居住者が長く滞在する**タスク域**と比較的滞在時間の短い**アンビエント域**を分けて空調を行い、タスク域を効率的に空調することで、全体として省エネを図ろうというのが**タスク・アンビエント空調**です。

　仕事の形態などにもよりますが、オフィスビルなどのデスクワークなどでは、1日の大半をデスク周辺のタスク域で過ごすこともあり得ますので、タスク域を重点的に快適にすることは肝心です。アンビエント域については通過するだけであったり、あるいは天井付近などは手の届かない空間ですので、必要以上の快適性を求める必要がないといえますが、あまりに極端な温度差に設定するようなことはしません。

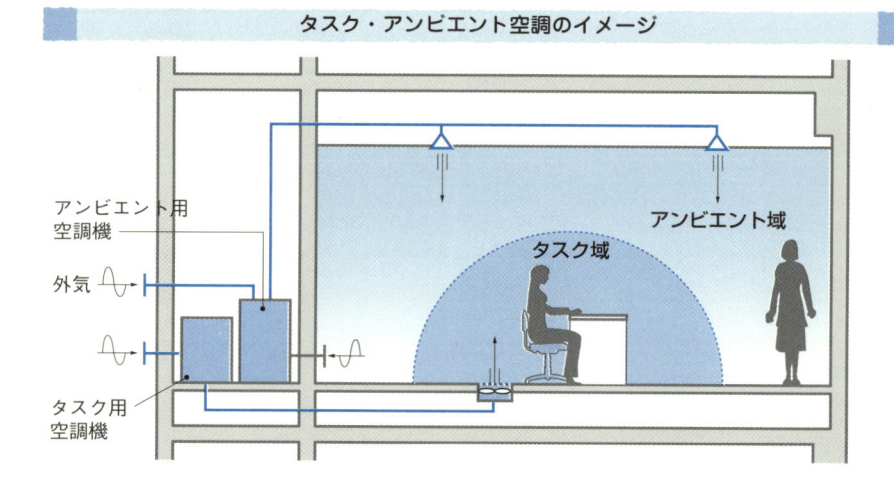

タスク・アンビエント空調のイメージ

アンビエント用空調機
外気
タスク用空調機
アンビエント域
タスク域

●タスク・アンビエント空調の特徴

　人が快適と感じる温冷感には若干の個人差がありますが、タスク・アンビエント空調ではタスク域の空調を個人の好みに合わせて設定できる**パーソナル空調**なので、個人差による不快感を解消できます。また、照明設備にも**タスク・アンビエント照明**という考え方がありますが、人感センサーと連携させてタスク域に人がいない場合はアンビエント域の空調と照明はそのままに、タスク域の空調と照明を同時に停止するなど省エネも可能です。

タスク域の空調と照明を人感センサーと連動

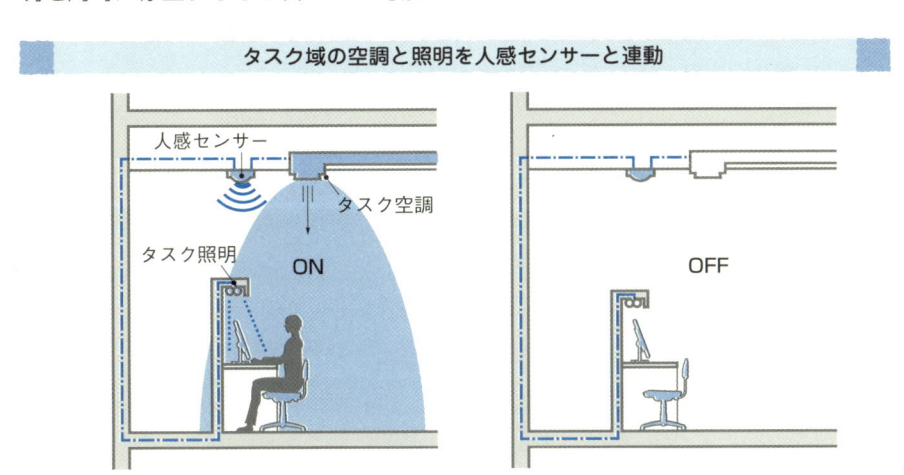

　タスク域の空調については床や天井からの吹出しや、机やパーティションに吹出口を設けるなど、さまざまな方法があります。

タスク域の吹出し方法の例

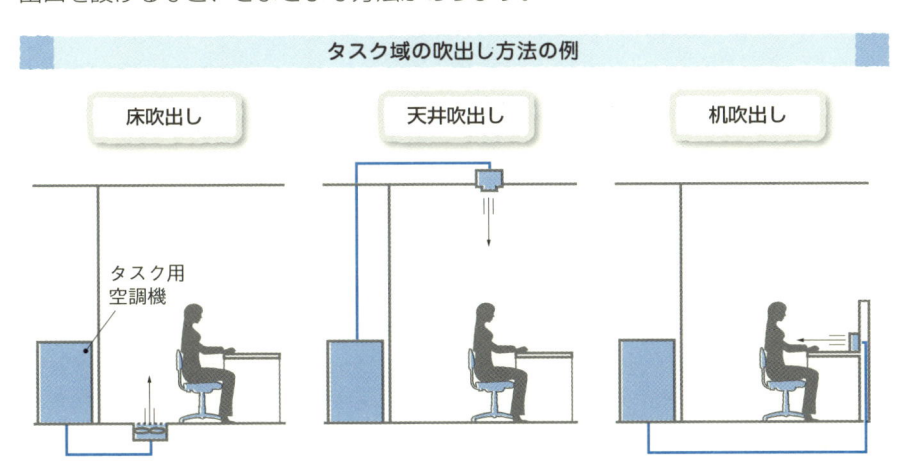

床吹出し　　　天井吹出し　　　机吹出し

3-12 床吹出し空調方式
空間を上下に分けて考える空調システム

Point
- 居住域が快適な温度域になるように空調を計画します。
- 発熱量の多いオフィスビルなどでは、フリーアクセスフロアを利用した床吹出し空調方式を採用する例もあります。

■ 快適な温度域について

建物内部の空間を上下で分けて考えたとき、アトリウムや体育館などの天井の高い空間では、快適な温度域がずれてしまう場合があり、人が活動する**居住域**の快適性を保つのが難しくなります。いくら冷暖房をフル回転させても、快適な温度域が**非居住域**では意味がありませんので、空調においては空間の上下のゾーニングを考慮することも省エネに有効となります。

上下の温度分布

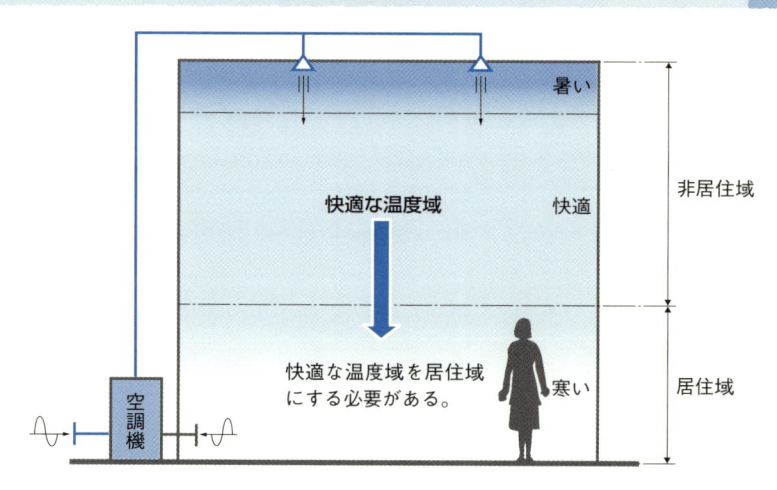

■ 床吹出し空調方式

パソコンなどOA機器による発熱量が多いオフィスビルなどでも居住域の快適性が損なわれる場合があります。

3-12 床吹出し空調方式

　近年オフィスビルなどではパソコンなどOA機器の配線を床下で行う**フリーアクセスフロア**などの**二重床**を採用するケースが増えていますが、**床吹出し空調方式**はこの二重床の空間を利用して、床から調和された空気を吹出し、居住域を快適な温度域にしようという空調方式です。

　考え方としては前述したタスク・アンビエント空調に似ていますが、床吹出し空調方式は、空間下部の人が活動する居住域と、空間上部の人の手の届かない非居住域に分けて空調制御します。居住域を効率よく空調し、非居住域には空調しないので、省エネ効果が期待できます。

　空調機から二重床の空間に調和された空気を送風し、フロアパネルに取り付けられた**床吹出しユニット**から人が不快と感じない緩やかな冷風を吹き出します。吹き出された空気は、OA機器や人体などからの熱によって暖められて温度差による浮力で上昇し、天井付近の吸込口から排出されます。

　図のように室内の空気を押し出して置き換えるような空調方式を**置換空調方式**ともいい、温度差による浮力によって汚染物質を換気することもできることから**置換換気方式**ともいいます。

床吹出し空調方式の概念図

3-13 ペリメータレス空調

混合損失とペリメータレス空調の概要

Point
- ペリメータレス空調ではペリメータゾーンをインテリアゾーンの温熱環境に近づけることが重要です。
- 代表的なペリメータレス空調を把握しましょう。

混合損失(ミキシングロス)とは

　オフィスビルなどの室内をインテリアゾーンとペリメータゾーンで分けて考えたとき、OA機器などによる発熱量が多いオフィスなどでは、冬でもインテリアゾーンに冷房が必要になる場合があります。しかし、ペリメータゾーンについては通常、冬は暖房が必要です。つまり、図のように同じ空間の中で冷房と暖房が混在するケースも考えられます。このような場合、ペリメータゾーンの暖房がインテリアゾーンの冷房負荷を大きくして、**混合損失(ミキシングロス)** が発生しやすくなるので、空調の計画に注意を要します。

混合損失(ミキシングロス)のイメージ

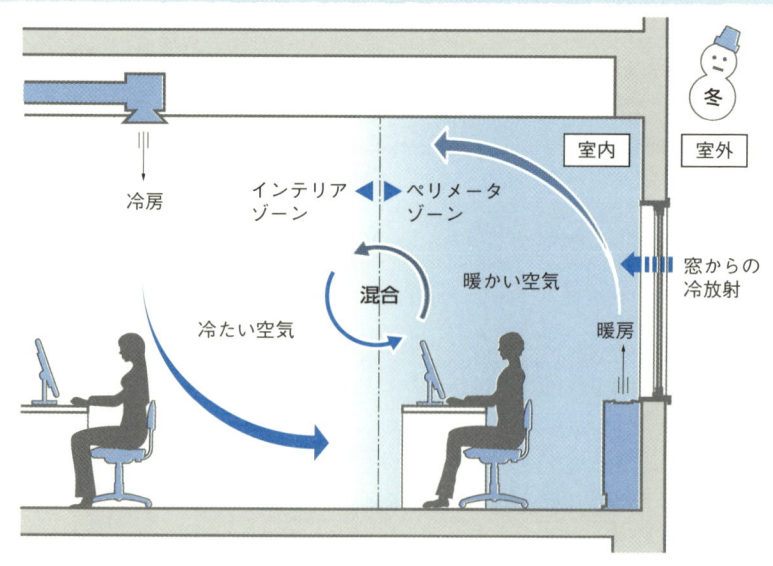

ペリメータレス空調とは

ペリメータレス空調は、ペリメータゾーンの熱負荷を排気や還気といった空気の流れで取り除いて、ペリメータに熱源を用いた空調設備を設置せずに、ペリメータゾーンをインテリアゾーンの温熱環境に近づけます。

双方の温熱環境を近づけることによって、混合損失の回避、コールドドラフト防止、温熱環境の改善、省エネ効果などが期待できます。

以下に代表的なペリメータレス空調の例を示します。

●エアバリアとエアフローウィンドウ

外気に面したガラス面とブラインドの間の空気の流れをつくるのが**エアバリア**、ガラスとガラスの間に空気の流れをつくるのが**エアフローウィンドウ**です。従来型のエアバリアは窓下側から空気を吹出し、天井側で吸込む方式が一般的ですが、近年ではより効率良くするために、夏は天井側の排気ファンから、冬は窓下側から排気する方法もあります。また、66ページの**ダブルスキン**もペリメータレス空調の代表的な例といえます。

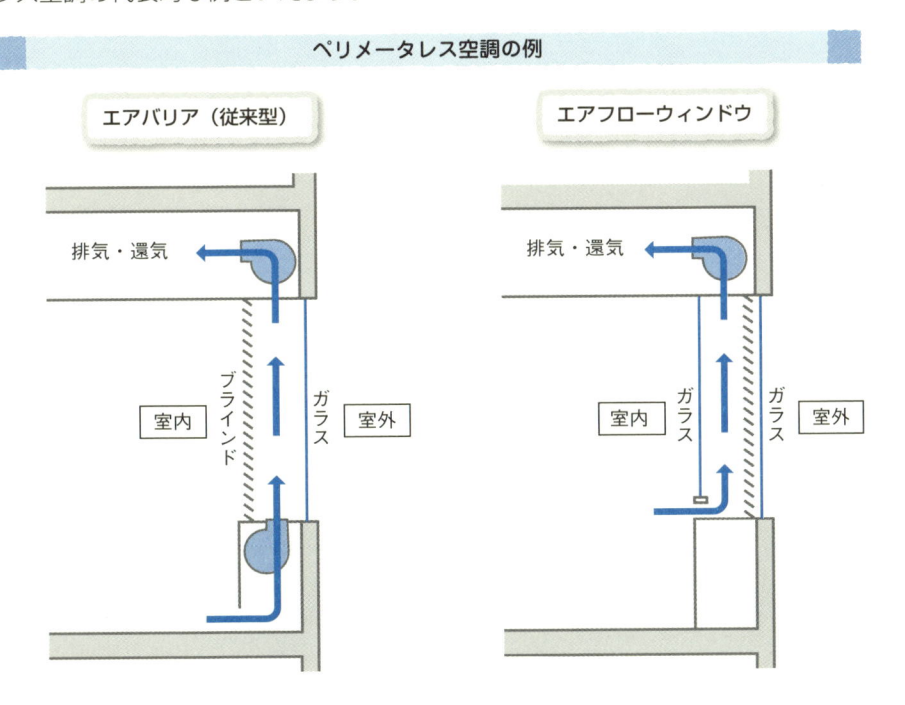

ペリメータレス空調の例

3-14 外気冷房・ナイトパージ
冷涼な外気を積極的に取り入れる空調システム

> **Point**
> ●冷涼な外気を建物に取り入れて、冷房負荷を軽減させようという空調方法に外気冷房やナイトパージがあります。
> ●外気冷房・ナイトパージの概要を把握しましょう。

外気冷房とは

　外気冷房は冬期や中間期（春・秋）に外気の温度が室内の設定温度よりも低い場合、冷涼な外気を取り入れて、冷房負荷を軽減させようという空調方法です。

　近年、照明器具などによる発熱量の多い店舗や、OA機器などによる発熱量が多いオフィスやサーバー室など、通年、冷房が必要とされる室内が多くなってきましたが、外気冷房はこのように通年、冷房が必要な室内に有効です。

　一般的に外気を利用できるのは4～6月と9～11月といわれていますので、年間で6ヶ月も利用期間が見込めるのですから、外気を積極的に取り入れることで冷房負荷を軽減し、省エネを図ることができます。

外気冷房

- 排気
- 還気／還気の制御。
- ダンパ
- 外気利用による冷風
- 外気／冬期、中間期の外気取り込み。
- 空調機／冷却コイル
- R 冷凍機／外気利用時に冷水を停止。

ナイトパージとは

冷涼な外気を積極的に取り入れる方法に**ナイトパージ**もあります。

コンクリートなどの建物は昼間の太陽の熱を躯体に蓄熱しますが、冷房が必要となる期間においては、この蓄熱効果が冷房負荷を大きくしてしまいます。

ナイトパージとは、夜間や早朝の外気が室内の温度よりも低い場合、冷涼な外気を建物に取り込んで、建物に蓄熱された熱をあらかじめ逃がしておき、翌日の空調の立ち上がりをよくして、冷房負荷を軽減します。

熱を排出して冷房負荷を軽減すると同時に、室内の汚染物質や悪臭などについても翌朝の始業時までに排出するようにすれば、利用者としてもスッキリとした気持ちで仕事に取り掛かれるというものです。

ナイトパージは内部発熱量の多い建物、断熱性や気密性の高い建物などで特に有効といえます。

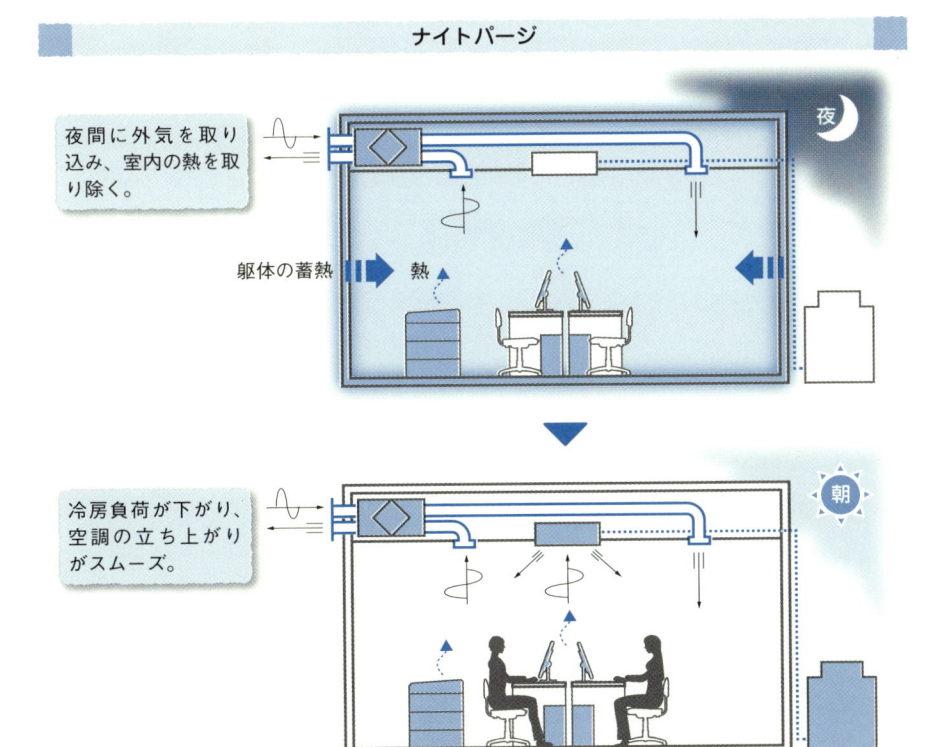

ナイトパージ

夜間に外気を取り込み、室内の熱を取り除く。

躯体の蓄熱　熱　夜

冷房負荷が下がり、空調の立ち上がりがスムーズ。　朝

3-15 地域冷暖房
エネルギーを地域全体で共有するシステム

> **Point**
> ●地域冷暖房はエネルギーを地域全体で共有しようという取り組みで、全国で140箇所以上で導入されています。
> ●地域冷暖房ではさまざまなエネルギーの有効利用ができます。

地域冷暖房とは

　個別の建物で給湯や冷暖房などのエネルギーを賄うよりも、できるだけ地域全体でエネルギーを共有した方が無駄なく効率的という考え方があります。**地域冷暖房**は集約したエネルギー供給プラントから蒸気、温水、冷水といった熱エネルギーを供給して、地域全体で共有しようという取り組みです。

　日本で初めて地域冷暖房が導入されたのは1970年に大阪の千里中央地区でした。現在ではみなとみらい21地区、東京スカイツリー地区など、全国140箇所以上で地域冷暖房の導入例があります。なお、東京スカイツリー地区は日本初の地中熱利用の地域冷暖房ということでも注目されました。

地域冷暖房

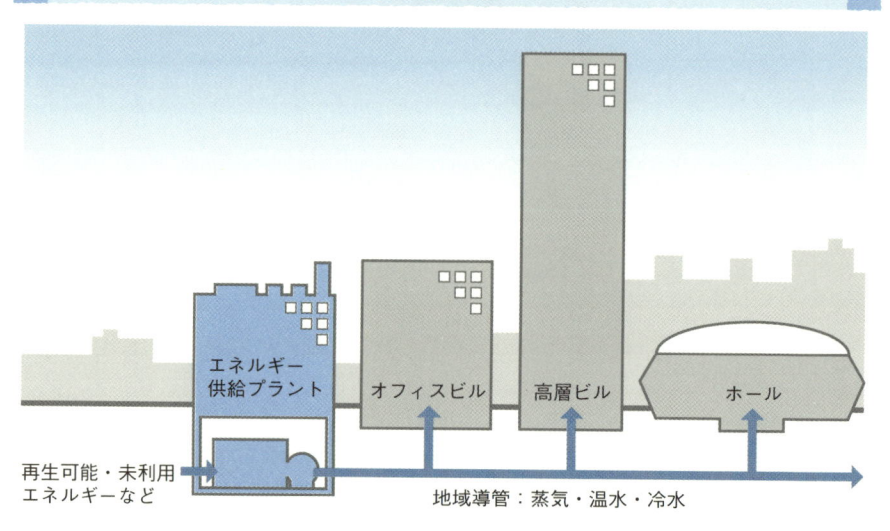

エネルギー供給プラント　オフィスビル　高層ビル　ホール

再生可能・未利用エネルギーなど

地域導管：蒸気・温水・冷水

地域冷暖房の長所

　地域冷暖房のエネルギー源としては個別の建物ではなかなか利用が難しい河川や海などの温度差エネルギーや、工場や変電所などの排熱エネルギーといった未利用エネルギーの有効活用も可能となりますし、雪氷熱などの地域特有のエネルギー利用の可能性も広がります。また、コージェネレーションとの組み合わせで熱と電気エネルギーの両方を地域に供給することも可能です。

　熱源を集約することで、地域冷暖房を利用する各建物には熱源設備や、冷却塔を設置するスペースが不要となるので、その分のスペースを有効利用できます。また、熱源を専門スタッフで一括管理できるという安心感もあります。

　地域冷暖房は地域全体で省エネ、大気汚染、ヒートアイランドといった環境問題への取り組みもできるため、今後のさらなる普及が期待されています。

地域冷暖房の長所

- 冷却塔などが不要 ▶ ヘリポートなど
- 冷却塔などが不要 ▶ 屋上緑化など
- 専門スタッフによる24時間体制の熱源の一括管理が可能。
- 熱源設備などが不要 ▶ 駐車場利用など
- エネルギー供給プラント
- 都市ガスなど
- 再生可能・未利用エネルギーなど
- 発電利用
- 熱利用
- コージェネレーションとの組み合わせで、発電による電気と熱利用も可能。
- オフィスビル
- 高層ビル

3-16 省エネルギーの指標

省エネ法の概要と省エネルギーの指標

> **Point**
> - 省エネに関する法律に省エネ法があります。
> - 空調設備と関係する省エネルギーの指標としては PAL、CEC、COP、APF などがあります。

省エネ法の概要

　環境問題などの影響で省エネに関する法律が制定されました。エネルギー使用の合理化に関する法律（**省エネ法**）は石油危機の影響を受けて1979年に制定され、何度かの法改正を経て現行の改正省エネ法に至っています。

　省エネ法の対象となるエネルギーは**燃料**、**熱**、**電気**です。燃料とはいわゆる化石由来の燃料全般のことで、熱とはそれら化石燃料を熱源としてつくられた蒸気、温水、冷水などのことです。電気とは化石燃料によってつくられる電気のことです。なお、太陽光、風力、地熱といった非化石燃料による熱や電気については省エネ法の規制の対象外となります。

　省エネ法の規制対象となる事業分野は**工場等**（工場またはその他の事業場）、**輸送**、**住宅・建築物**、**機械器具**の四つの分野です。工場、オフィス、小売店、飲食店、ホテルなどの事業場、貨物や旅客の輸送事業者、住宅や建築物の建築主・所有者・管理者、エネルギーを消費する機械の製造・輸入事業者などに対してさまざまな規制措置が課せられます。

　本書で規制措置の詳細については触れませんが、ごく一部その概要を示すと、例えば、工場等に該当する企業で、本社、工場、事業場、営業所などの企業全体のエネルギー消費量が年間1,500kℓ以上の場合は、特定事業者または特定連鎖化事業者といった指定業者となり、エネルギーの使用状況の定期報告などが義務づけられます。その他の分野でも規模などに応じてさまざまな規制措置や省エネに関する届け出や定期報告などが義務づけられます。また、機械器具の分野では省エネ型の製品をつくるように基準を設け、クリアするように課した**トップランナー制度**などもあります。

省エネルギーの指標

省エネに関する指標としてはさまざまなものがありますが、以下に空調設備と関係する代表的な指標の概要を示します。

●年間熱負荷係数（PAL：Perimeter Annual Load）

建物のペリメータゾーンの断熱性能を評価する指標となります。

$$PAL = \frac{屋内周囲空間の年間熱負荷〔MJ/年〕}{屋内周囲空間の床面積〔㎡〕}$$

●エネルギー消費係数（CEC：Coeffcient of Energy Consumption）

建物の設備に関する省エネ性能を評価する指標となり、空気調和設備、空気調和設備以外の換気設備数、照明設備、給湯設備、エレベーターの5種類がCECの対象です。PAL、CEC共に数値が小さいほど省エネ性能が高いといえます。

$$CEC = \frac{年間エネルギー消費量〔MJ/年〕}{年間仮想エネルギー消費量〔MJ/年〕}$$

●エネルギー消費効率（COP：Coeffcient of Performance）

省エネ法の規制対象となる機械器具は、トップランナー制度によってエアコンや冷蔵庫など、さまざまな製品に高効率化が求められるようになってきました。COPは成績係数ともいわれ、機器のエネルギー効率の指標となります。

$$COP = \frac{能力〔kW〕}{消費電力〔kW〕} \qquad 冷暖房平均COP = \frac{（冷房COP＋暖房COP）}{2}$$

●通年エネルギー消費効率（APF：Annual Performance Factor）

エアコンなどにおけるCOPは季節に応じた実際の運転状況が反映されていませんが、APFは通年のエネルギー消費効率を示したもので、より実際の使用状況に近い省エネ性を評価する指標といえます。COP、APF共に数値が大きいほど省エネ性能が高いといえます。

$$APF = \frac{1年間で必要な冷暖房能力の総和〔Wh〕}{期間消費電力量〔Wh〕}$$

Column

玄関ドアにも工夫が必要です

　建物に入ろうとしたとき、だいたいの場合、玄関ドアをくぐって建物の中に入ります。玄関ドアは意匠面で見ても建物の顔となる重要な部分ですし、機能面で見ても人を送り迎えする重要な部分ですが、空調設備に絡めて違った見方をすると、それは少し厄介な存在でもあります。

　人の出入りによってドアが開きますが、このとき外の冷たい空気や暖かい空気、湿気なども大量に室内に入ってきます。これではせっかく建物内を冷暖房してもドアが開く度に大きなエネルギーロスになってしまいます。また、吹き抜けのある高層ビルなどでは、玄関ドアから流入する外気による温度差や気圧差によって、吹き抜けで上昇気流が起こり、建物内のドアが引っ張られたり、逆に押されたりといったドラフト現象が起こることもあります。

　このように玄関ドアに何の工夫もない場合、大変なエネルギーロスになることもあります。特に多くの人が利用する建物では玄関ドアに工夫が求められますが、ここで、近年開発された「Passmooth（パスムース）」という新ゲートシステムについて触れたいと思います。

　パスムースはドラフト現象や、外気の流入を抑える省エネルギー性の高いゲートシステムで、二重自動扉構造になっています。扉と扉の間は風除室になっていて、どちらか一方の扉のみが開く構造になっているので、外気の流入を最小限に抑えることができます。

　普段何気なく通過している玄関ドアですが、空調のエネルギーロスのことを考えて玄関を通過する人は少ないと思います。少し違った見方で玄関ドアを見てみるのも面白いかもしれません。

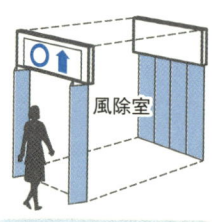

▶ 通行許可サインが点灯しているゲート前に進むと、入扉が開く。

▶ 風除室の中に進むと、入扉が閉まり、出扉が開く。

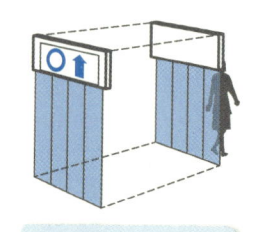

▶ 建物内に入館すると出扉が閉まり、通行が完了する。

参考：森ビル株式会社ホームページ

第4章

熱源機器とその他の構成機器

　これまでの第1章から第3章で、空調設備を学ぶ上での予備知識、代表的な空調方式、省エネに考慮した空調設備のことなどを中心に空調設備のおおまかな概要を学んできました。

　本章ではさらに空調設備への理解を深める意味で、主に単一ダクト方式の構成機器を中心に、ボイラ、冷凍機、冷却塔、空調機、ポンプ、送風機、ダクトなど各機器の詳細について学んでいきましょう。

4-1 単一ダクト方式の基本構成

単一ダクト方式の基本構成と熱源機器の組み合わせ

> **Point**
> - まずは単一ダクト方式の基本構成を把握しましょう。
> - 温熱源にはボイラなど、冷熱源には冷凍機などが使われます。
> - 代表的な熱源機器の組み合わせを把握しましょう。

単一ダクト方式の基本構成

まずは単一ダクト方式の基本構成を見てみましょう。温熱源となる**ボイラ**、冷熱源となる**冷凍機**、**冷却塔**、**空調機**、**ダクト**、**吹出・吸込口**などさまざまな機器で構成されているのがわかります。

単一ダクト方式の基本構成

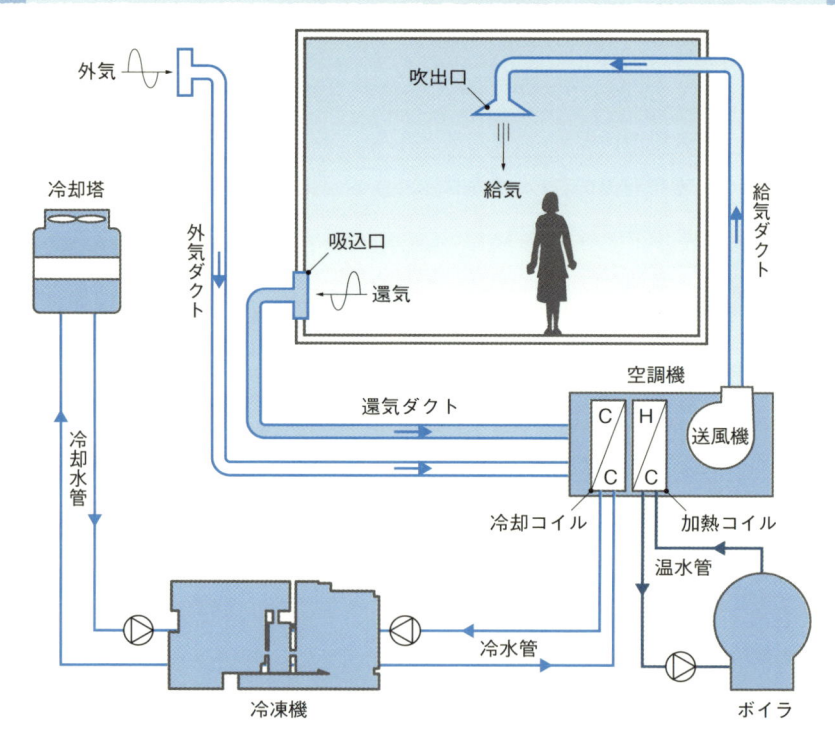

代表的な熱源機器の組み合わせ

単一ダクト方式のような中央熱源方式の空調設備の場合は、冷暖房のための冷水・温水・蒸気を取り出すために熱源機器を使いますが、この熱源機器の組み合わせの代表的なものを以下に示します。

熱源機器の組み合わせ

圧縮式冷凍機＋ボイラ

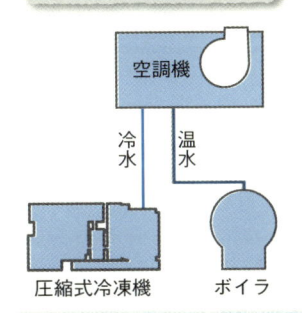

冷熱源に圧縮式冷凍機、温熱源にボイラを使う。圧縮式冷凍機（遠心式冷凍機など）で冷水を、ボイラで温水や蒸気を取り出す。

吸収式冷凍機＋ボイラ

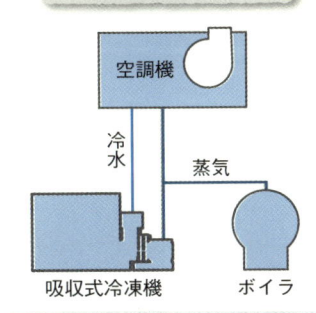

冷熱源に吸収式冷凍機、温熱源にボイラを使う。吸収式冷凍機で冷水を、ボイラで温水や蒸気を取り出す。

吸収式冷温水機

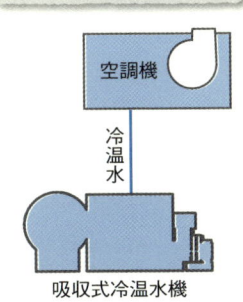

吸収式冷凍機とボイラの機能が一体となったタイプで、1台で冷温水を取り出す。冷温水発生機などともいわれる。

ヒートポンプ

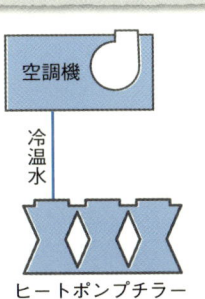

空気や水からの採熱によるヒートポンプで冷温水を取り出す。冷温水をつくるヒートポンプを一般に、ヒートポンプチラーという。

4-2 ボイラ

ボイラの種類と代表的なボイラの特徴と構造

> **Point**
> - ボイラの種類を把握しましょう。
> - 代表的なボイラとして炉筒煙管ボイラ、水管ボイラ、貫流ボイラ、セクショナルボイラの構造を把握しましょう。

ボイラの役割と種類

　家庭にある「やかん」で水を沸かすと蒸気とお湯を取り出すことができます。もちろん規模や構造などは違いますが、ボイラについても蒸気やお湯を取り出すことが主な使用目的なので、乱暴ないい方をすると、ボイラは巨大な「やかん」だとイメージするとわかりやすいでしょう。

　ボイラの使用目的による分類としては、蒸気を取り出すものが**蒸気ボイラ**、温水を取り出すものが**温水ボイラ**です。空調設備ではボイラによる蒸気や温水は空気を加熱するなどの役割があり、給湯設備にも使われます。また、ボイラを構造によって分類すると以下のような種類があります。

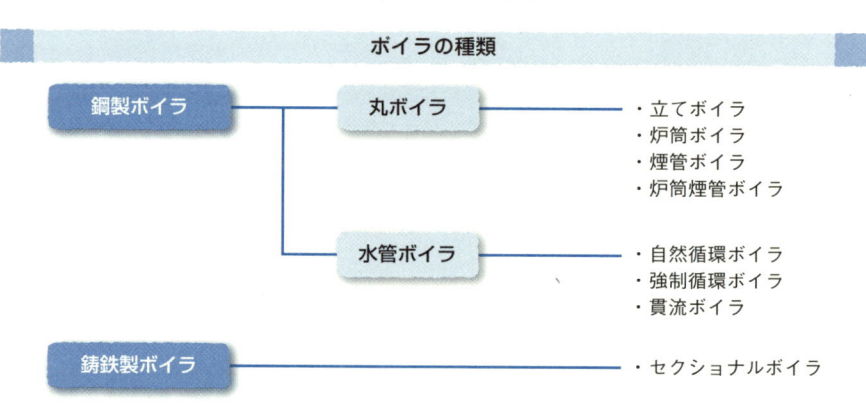

ボイラの種類

- 鋼製ボイラ
  - 丸ボイラ
    - 立てボイラ
    - 炉筒ボイラ
    - 煙管ボイラ
    - 炉筒煙管ボイラ
  - 水管ボイラ
    - 自然循環ボイラ
    - 強制循環ボイラ
    - 貫流ボイラ
- 鋳鉄製ボイラ
  - セクショナルボイラ

代表的なボイラの特徴と構造

　以降、代表的なボイラとして**炉筒煙管ボイラ**、**水管ボイラ**、**貫流ボイラ**、**セクショナルボイラ**の特徴や構造について学んでいきましょう。

4-2 ボイラ

●炉筒煙管ボイラ

炉筒煙管ボイラは丸ボイラの中のひとつです。丸ボイラとは読んで字のごとく、本体の形が丸い（円筒形）ので丸ボイラといいます。

丸ボイラ全体の特徴としては、水管ボイラと比較して構造がシンプルで比較的イニシャルコストも安いといえます。ボイラ内部の保有水量が多いので、蒸気を取り出すのにやや時間がかかりますが、反面、負荷変動時に安定した運転ができるなどの特徴があります。

炉筒煙管ボイラは、**炉筒と煙管から構成**されたボイラです。炉筒部分は波型の形状にするなど、熱を伝える表面積を増やす工夫がされています。煙管は煙（排ガス）を通す管で、炉筒を取り囲むように複数の煙管が配置されています。炉筒部分で燃焼したガスが複数の煙管を伝わって排出されるまでに、ボイラ内の水に熱を伝えて蒸気を取り出すしくみになっています。

炉筒煙管ボイラの構造

画像提供：株式会社 IHI 汎用ボイラ

前から見た断面イメージ

横から見た断面イメージ

●水管ボイラ

水管ボイラは**水ドラム、気水ドラム、複数の水管で構成**され、水が入った水管が伝熱部になって蒸気を発生させるしくみになっています。

水管ボイラの特徴としては丸ボイラと比較すると、伝熱面積を大きくすることができ、伝熱面積当たりの保有水量としては少ないので、熱効率に優れ、比較的早く蒸気を取り出せるという特徴があります。低圧で小容量のものから高圧で大容量のものまでさまざまな水管ボイラがあります。

内部の水の循環方式としては熱による自然対流で水が循環する**自然循環式**とポンプなどの動力で水を循環させる**強制循環式**があります。

水管ボイラの構造

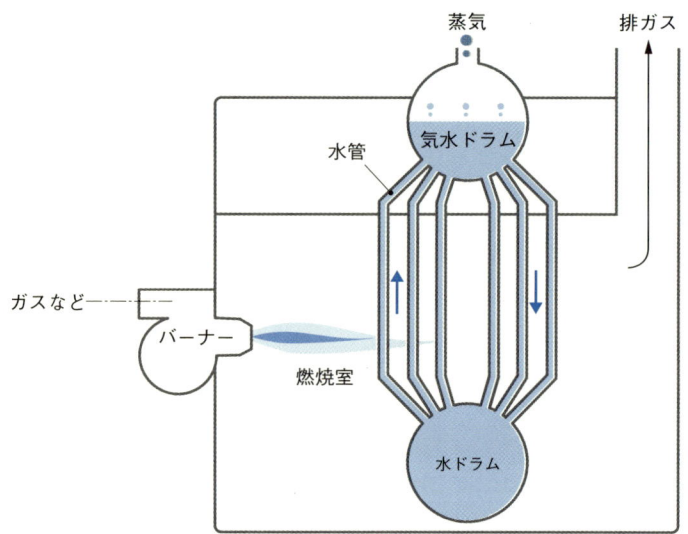

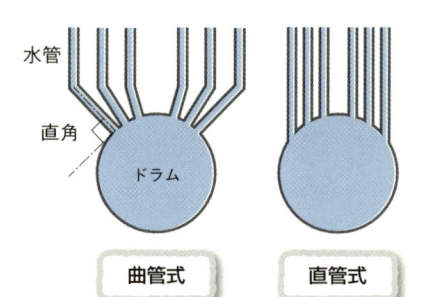

水管自体が曲がっているものを曲管式、真っすぐなものを直管式ともいいます。曲管式はドラムに対して直角に繋がれていますので、内部の圧力などに強い構造といえます。

●貫流ボイラ

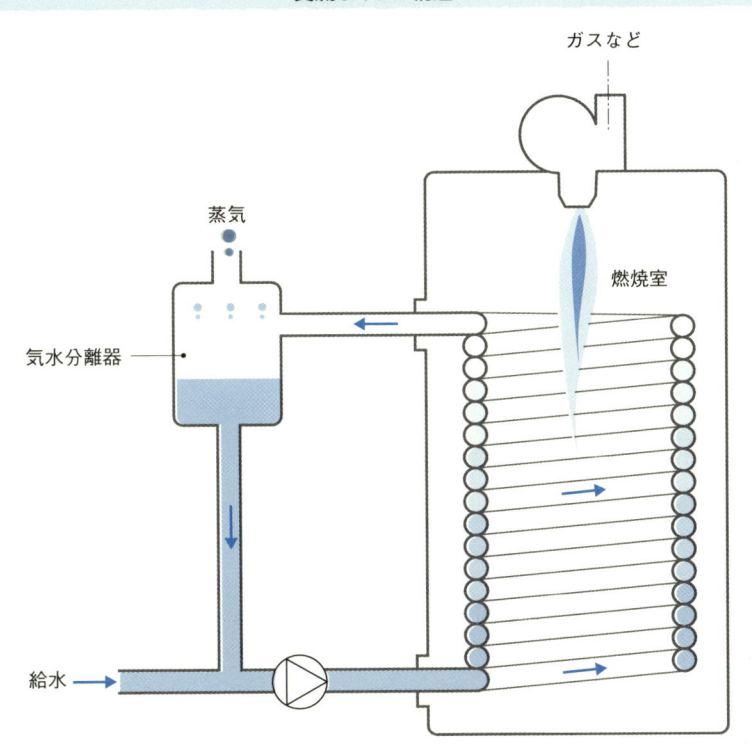

貫流ボイラの構造はシンプルで、管の一端から入った水が徐々に加熱されて、もう一端から蒸気を取り出すしくみになっています。

貫流ボイラも水管ボイラの一種ですが、**ドラムを持たずに主に管のみで構成**されています。ドラムを持つ水管ボイラよりもさらに保有水量は少なくてすむため、熱効率に優れ、素早く蒸気を取り出せます。また、主に管のみで構成されている構造上、ボイラ自体をコンパクトに設計することも可能で、小規模なものから火力発電所など大規模なものまで、さまざまな所で使われています。

水管ボイラ全体にいえることとしては、保有水量が少ない分、負荷変動によって圧力変動を起こしやすいので、給水量の調節など素早い制御が求められます。また、比較的小口径の管に水を通す構造上、管の詰まりや破損を防ぐ意味でも、不純物などのない適切に処理された給水が求められます。

貫流ボイラの構造

●セクショナルボイラ

　セクショナルボイラはいくつかの**鋳鉄製**の**セクション**をニップルで結合させた上で、外部からのボルト締めで組み立てられます。セクションを増減させることでボイラの能力を変更することができ、セクションが分割できることから、狭い所への搬入や、組み立て、解体にも便利です。

　その他、鋳鉄の性質として腐食に強いという特徴がありますが、強度面では鋼鉄よりも脆く、熱の不同膨張などによる割れを生じる恐れがあるため、最高使用圧力は蒸気の場合で0.1MPa（メガパスカル※）、温水の場合で0.5MPaを超える場合は鋳鉄製としてはならないといった決まりがあります。また、温水温度は120℃以下に限られています。

セクショナルボイラの構造

このようなセクションをいくつか連結させて組み立てます。

※ MPa（メガパスカル）は圧力を示す単位で、Pa（パスカル）は1㎡当たりにかかる圧力のこと。Paの1,000倍がkPa（キロパスカル）、kPaのさらに1,000倍がMPaとなる。

4-3 真空式・無圧式温水ヒータ

法的にはボイラではない温水ヒータ

Point
- 真空式温水ヒータや無圧式温水ヒータはボイラの一種ですが、法的にはボイラには該当しません。
- 真空式・無圧式温水ヒータの構造を把握しましょう。

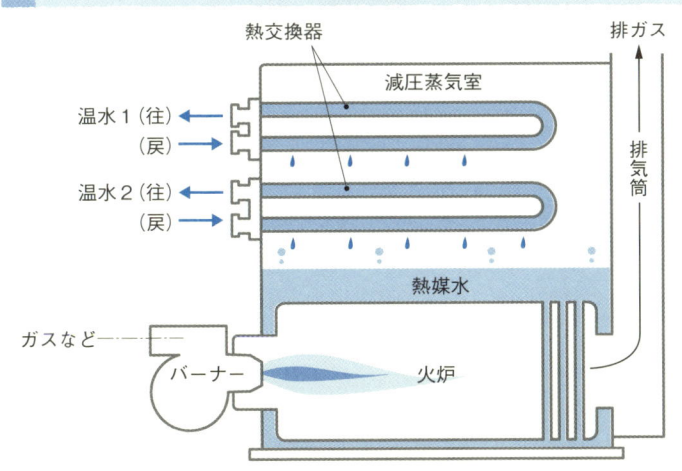

法的にはボイラではない温水ヒータ

セクショナルボイラの需要が性能などの面でやや伸び悩む中、それに代わる後継機ともいえるのが、**真空式温水ヒータ**や**無圧式温水ヒータ**です。これらのヒータは法的（労働安全衛生法）にはボイラには該当しないので、ボイラー技士などの資格なしで、誰にでも取り扱えるという利点があります。

●真空式温水ヒータ

真空式温水ヒータでは缶内を大気圧よりも減圧しているため、熱媒水を約80℃という低温で沸騰させることができます。このことによって素早く温水を取り出すことが可能になります。内部で発生した蒸気は熱交換によって凝縮されて熱媒水に戻り、再び蒸発を繰り返します。

真空式温水ヒータの構造

4-3 真空式・無圧式温水ヒータ

●無圧式温水ヒータ

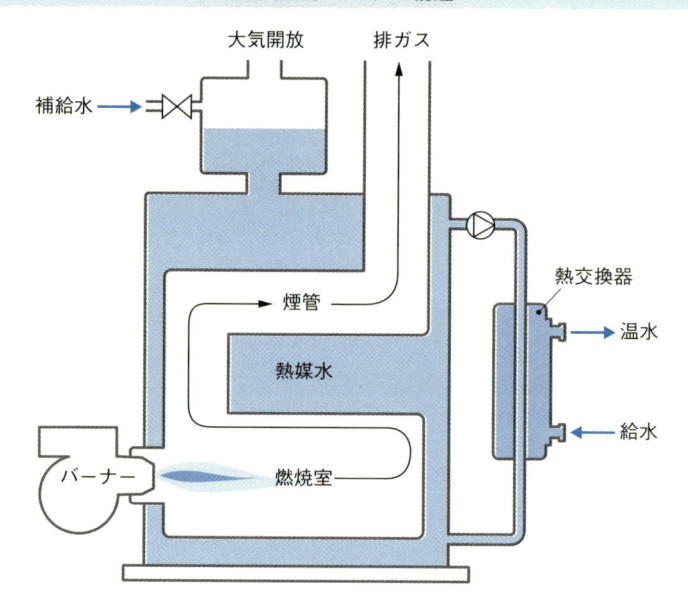

　無圧式温水ヒータは熱媒水が大気に開放されていて、缶体に圧力がかからない構造になっているので、前述したように法的にはボイラではありません。法的にボイラでないメリットとしては、取り扱いに免許が不要で、法定の定期検査や届け出についても不要となります。

　その他の特徴としては、ボイラなどの構造と違い、熱媒水が大気に開放されているので、異常な圧力などによる事故の恐れが少なく、比較的安全、かつ、構造がシンプルで扱いやすいといえます。また、熱媒水と温水が分離されているので衛生的な温水を取り出すことができます。

　温められた熱媒水を熱交換器に運び、熱媒水と水の間で熱交換をして温水を取り出すしくみになっています。

無圧式温水ヒータの構造

4-4 ボイラの適用区分

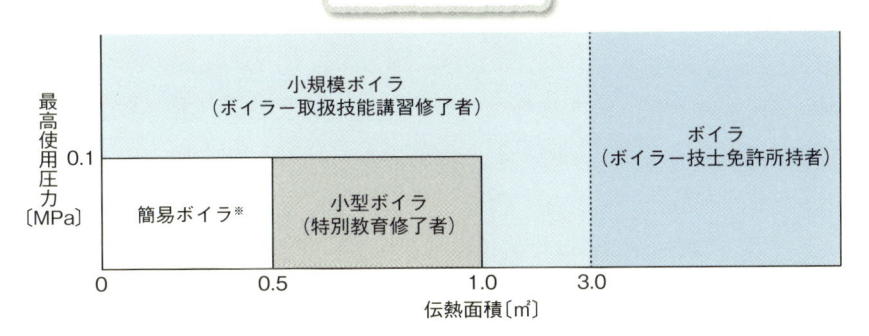

ボイラの適用区分と取り扱い

> **Point**
> - 法律上のボイラは簡易ボイラ、小型ボイラ、ボイラに分けられます。
> - 簡易ボイラ以外のボイラは、ボイラに関する特別教育、技能講習を修了した者、免許の所持者が取り扱います。

ボイラの法律上の適用区分

ボイラは規模や構造などから**簡易ボイラ**、**小型ボイラ**、**ボイラ**に区分され、簡易ボイラ以外は取り扱いに法規制を受けます。

小型ボイラの取り扱いは**小型ボイラー特別教育**を修了した者、小規模ボイラは**ボイラー取扱技能講習**を修了した者、その他の大規模なボイラは**ボイラー技士免許**の所持者が取り扱うことができます。免許には**二級・一級・特級ボイラー技師**があります。

図中の小規模ボイラとは法で扱われる用語ではありませんが、取り扱い資格などの区分上、小規模ボイラとしています。以下に圧力や伝熱面積などによる労働安全衛生法上のボイラの適用区分を示します。

ボイラの適用区分

蒸気ボイラの適用区分

最高使用圧力[MPa]	伝熱面積[m²] 区分
0.1以上	小規模ボイラ(ボイラー取扱技能講習修了者) / ボイラ(ボイラー技士免許所持者)(3.0超)
0.1以下	簡易ボイラ*(〜0.5) / 小型ボイラ(特別教育修了者)(0.5〜1.0) / 小規模ボイラ・ボイラ

※ゲージ圧力0.3MPa以下、かつ、内容積が0.0003 m³以下の蒸気ボイラを含む。

4-4 ボイラの適用区分

温水ボイラの適用区分

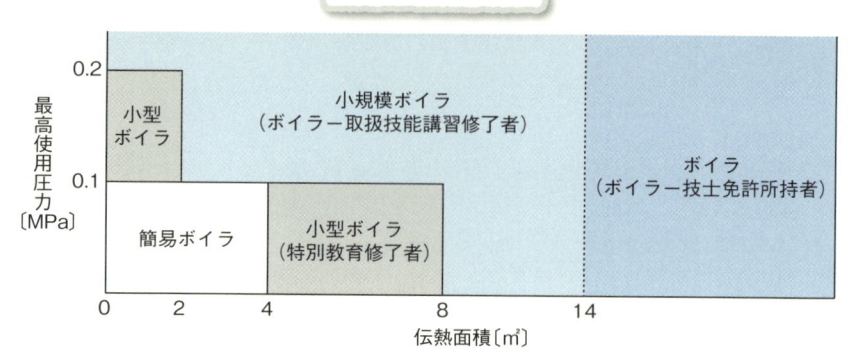

縦軸：最高使用圧力〔MPa〕（0.1, 0.2）
横軸：伝熱面積〔m²〕（2, 4, 8, 14）

- 小型ボイラ：伝熱面積 0〜4 m²、圧力 0.1〜0.2 MPa
- 簡易ボイラ：伝熱面積 0〜4 m²、圧力 0〜0.1 MPa
- 小型ボイラ（特別教育修了者）：伝熱面積 4〜8 m²、圧力 0〜0.1 MPa
- 小規模ボイラ（ボイラー取扱技能講習修了者）：伝熱面積 4〜14 m²（上部）、圧力 0.1〜0.2 MPa を含む領域
- ボイラ（ボイラー技士免許所持者）：伝熱面積 14 m² 以上

貫流ボイラの適用区分

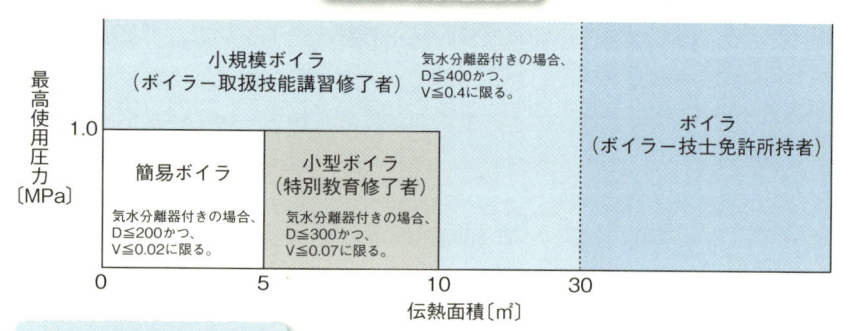

縦軸：最高使用圧力〔MPa〕（1.0）
横軸：伝熱面積〔m²〕（5, 10, 30）

- 簡易ボイラ：伝熱面積 0〜5 m²（気水分離器付きの場合、D≦200かつ、V≦0.02に限る。）
- 小型ボイラ（特別教育修了者）：伝熱面積 5〜10 m²（気水分離器付きの場合、D≦300かつ、V≦0.07に限る。）
- 小規模ボイラ（ボイラー取扱技能講習修了者）：伝熱面積 〜30 m²（気水分離器付きの場合、D≦400かつ、V≦0.4に限る。）
- ボイラ（ボイラー技士免許所持者）：伝熱面積 30 m² 以上

D：気水分離器の内径〔mm〕
V：気水分離器の内容積〔m³〕

※管寄せ及び気水分離器のいずれも有しない内容積が 0.004 m³ 以下の貫流ボイラーで、最高のゲージ圧力と内容積との積が 0.02 以下のものは簡易ボイラーに含まれる。

蒸気ボイラの胴の内径と長さによる適用区分

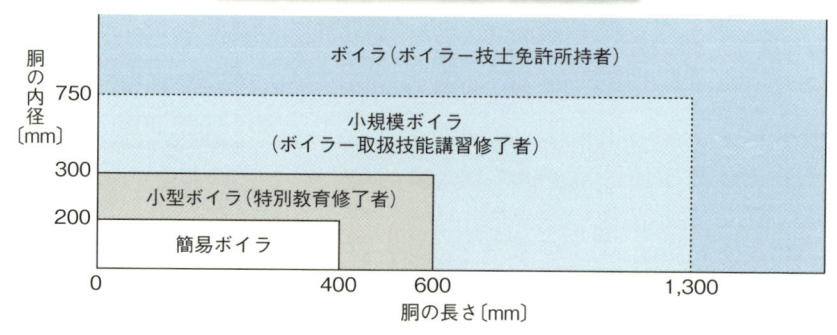

縦軸：胴の内径〔mm〕（200, 300, 750）
横軸：胴の長さ〔mm〕（400, 600, 1,300）

- 簡易ボイラ：胴の長さ 0〜400 mm、胴の内径 0〜200 mm
- 小型ボイラ（特別教育修了者）：胴の長さ 0〜600 mm、胴の内径 0〜300 mm
- 小規模ボイラ（ボイラー取扱技能講習修了者）：胴の長さ 〜1,300 mm、胴の内径 〜750 mm
- ボイラ（ボイラー技士免許所持者）：それ以上

※簡易ボイラ、小型ボイラの場合は、最高使用圧力 0.1 MPa 以下で使用する場合に限る。

蒸気ボイラに開放管またはゲージ圧力0.05MPa以下の
U形立管を蒸気部に取り付けたものによる適用区分

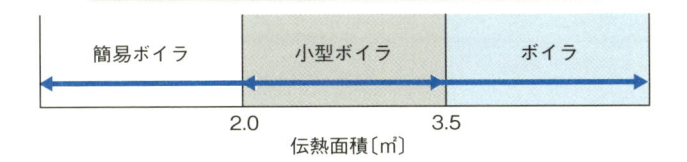

| 簡易ボイラ | 小型ボイラ | ボイラ |

2.0　3.5
伝熱面積〔㎡〕

ボイラの取り扱い

　ボイラは取り扱いを間違えると危険なので、法によってボイラの構造や取り扱い、燃焼の理論、事故防止や関係法令などの知識を身につけた者が取り扱うことが義務づけられています。簡易ボイラ以外のボイラは、**ボイラー取扱作業主任者**を選任して、その維持・管理が義務づけられます。各資格などが取り扱えるボイラの範囲をまとめると以下図のようになります。

　大規模なボイラなどは専用のボイラ室や区画された場所にボイラを設置しますが、ボイラの据付け位置や、可燃物との距離などには十分な注意が必要です。また、燃焼のために必要な空気量や内部の発熱を取り除く換気量についても、十分な設計・計画が求められます。

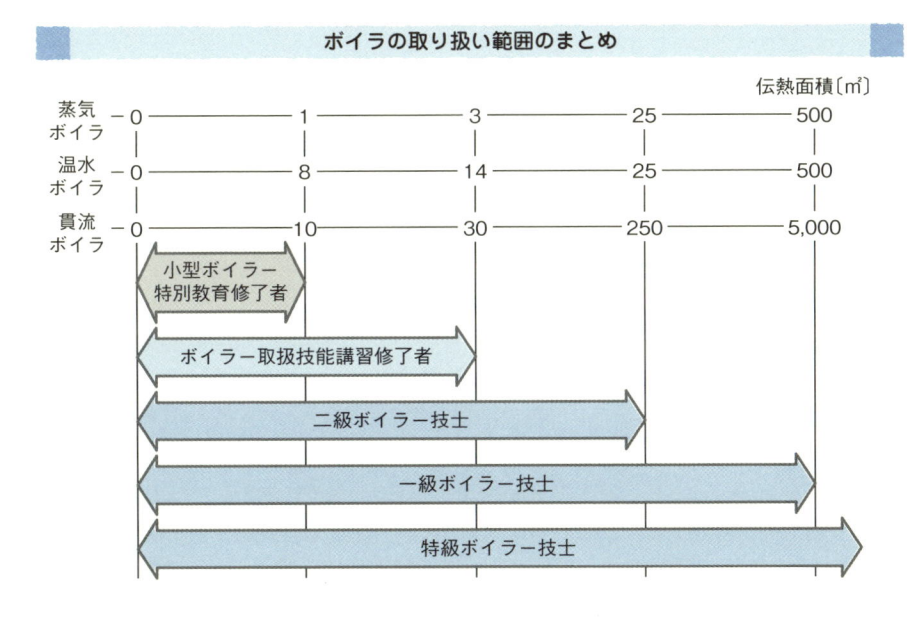

ボイラの取り扱い範囲のまとめ

伝熱面積〔㎡〕

蒸気ボイラ　0 — 1 — 3 — 25 — 500
温水ボイラ　0 — 8 — 14 — 25 — 500
貫流ボイラ　0 — 10 — 30 — 250 — 5,000

- 小型ボイラー特別教育修了者
- ボイラー取扱技能講習修了者
- 二級ボイラー技士
- 一級ボイラー技士
- 特級ボイラー技士

4-5 冷凍機の役割と冷媒

冷凍機の原理と冷媒の種類

Point
- 冷凍機の役割は空気や水などの温度を下げることです。
- 冷凍機に使われる冷媒には自然冷媒とフロン類があります。
- フロンガスには特定フロン、指定フロン、代替フロンがあります。

冷凍機の役割

　空調における冷凍機の役割は空気や水などの温度を下げることです。その原理は人の体が汗をかいて体表面を冷やす作用や、打ち水などによって水が蒸発するときに周りの熱を奪う作用と同じように、冷媒が蒸発するとき周囲のものから熱を奪うことを利用したものです。基本的にはヒートポンプと同じで、冷凍機を暖房の手段としても使えるようにしたものがヒートポンプといえます。

冷凍機の原理

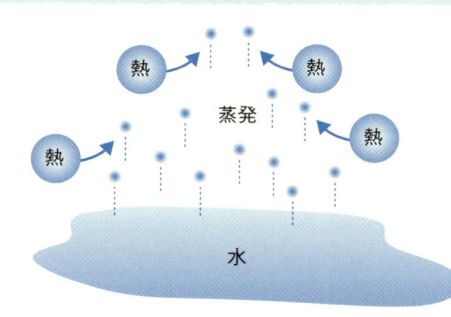

熱　熱　蒸発　熱　熱
水

冷媒の種類

　熱の運搬役となるのが冷媒です。冷媒の種類としては**自然冷媒**と**フロン**類に大きく分けることができます。

- **自然冷媒**

　自然冷媒とは人工的につくったものではなく、自然界に元々ある物質を冷媒とするものなので、環境に優しい冷媒といえます。

代表的なものに**アンモニア**、**二酸化炭素**、**水**などがあります。

自然冷媒の種類と特徴

種類	特徴
アンモニア（NH_3）	比較的広い温度域で使用できる冷媒ですが、毒性や可燃性があることが難点。空調、加熱、冷却などさまざまな用途で使用されます。
二酸化炭素（CO_2）	高い温度が取り出せる冷媒です。給湯、加熱、乾燥などヒートポンプの冷媒としても使用されます。
水（H_2O）	吸収式冷凍機の冷媒として使用されます。

● **フロン類**

フロン類は炭素、フッ素などから人工的につくられる化合物です。無色・無臭で不燃性を有し、安定して使用できることなどから普及していますが、温室効果ガス、オゾン層破壊などの観点から生産が法的に廃止、回収されていく傾向にあります。

フロン類の種類としては**特定フロン**、**指定フロン**、**代替フロン**があり、例えば指定フロン（HCFC）は、Hydro：水素、Chloro：塩素、Fluoro：フッ素、Carbon：炭素を意味します。

フロンガスの種類と特徴

種類	代表的な冷媒	特徴
特定フロン（CFC：Chloro Fluoro Carbon）	R11、R12、R113、R114、R115など	塩素を含み、オゾン層破壊の可能性が高い化合物で、1996年に全廃。
指定フロン（HCFC：Hydro Chloro Fluoro Carbon）	R22、R123、R141b、R142b、R225など	オゾン層破壊の可能性が比較的小さい化合物で、1996年から生産規制、2020年には全廃が予定されている。
代替フロン（HFC：Hydro Fluoro Carbon）	R32、R125、R134a、R152a、R404A、R407C、R410Aなど	現在、最も流通している冷媒で、塩素を含まず、オゾン層破壊の可能性はほとんどないとされているが、温室効果ガスとしての地球温暖化係数※は高い。

※ 地球温暖化係数：二酸化炭素（CO_2）を基準として、それぞれの温室効果ガスの温室効果の程度を示す値のこと。

4-6 圧縮式冷凍機

圧縮式冷凍機の冷凍サイクルとその他の概要

> **Point**
> ●圧縮式冷凍機は主に圧縮機、凝縮器、膨張弁、蒸発器で構成されます。
> ●圧縮→凝縮→膨張→蒸発→圧縮の繰り返しが冷凍サイクルです。
> ●圧縮式冷凍機には往復式・遠心式冷凍機などがあります。

圧縮式冷凍機の冷凍サイクル

冷凍機は**圧縮式**と**吸収式**に大きく分けられます。圧縮式冷凍機の冷凍サイクルはヒートポンプと同様ですが、ここで、もう一度整理してみましょう。

圧縮式冷凍機は主に**圧縮機**、**凝縮器**、**膨張弁**、**蒸発器**で構成されます。圧縮機で高温・高圧の気体に冷媒を圧縮し、これを凝縮器で凝縮させて気体から高圧の液体へと変化させます。高圧の液体は膨張弁で減圧されて低圧の液体となり蒸発器に送られます。蒸発器では低圧の液体が沸騰・蒸発して低温・低圧の気体となって再び圧縮機へと戻されます。この一連の循環が**冷凍サイクル**で、①**圧縮**→②**凝縮**→③**膨張**→④**蒸発**→①**圧縮**を繰り返して冷却を持続します。

圧縮式冷凍機の構成と冷凍サイクル

4-6 圧縮式冷凍機

圧縮式冷凍機の種類と特徴

　圧縮式冷凍機は圧縮機の冷媒の圧縮方法などの違いによって、**往復式冷凍機**、**遠心式冷凍機**などがあります。

　往復式冷凍機は**レシプロ冷凍機**ともいわれ、ピストンの往復運動で冷媒を圧縮します。小～中型の冷凍機で多く用いられ、比較的安価でありながら信頼性の高い冷凍機といえます。

　遠心式冷凍機は**ターボ冷凍機**ともいわれ、羽根車の回転で発生する遠心力で冷媒を圧縮します。大型の冷凍機で多く用いられ、往復式と比較するとやや高価な冷凍機といえます。

　圧縮式冷凍機は、冷媒を圧縮させるための電動機（モータ）の強力な動力が必要になるので、次ページの吸収式冷凍機と比較して、騒音や振動が大きくなる傾向にあります。また、冷凍サイクルの過程で高圧ガスがつくられることなどから、冷凍機の運転や保全管理にも注意を要します。

　往復式や遠心式冷凍機の他にもロータリー・スクリュー・スクロール冷凍機などの回転運動によって冷媒を圧縮する冷凍機もあります。家庭用のルームエアコンなどでは小型軽量化されたロータリー冷凍機が多く使われています。

　ちなみに冷凍機の圧縮機は英語でCompressorですので、圧縮機のことをコンプレッサーともいいます。なお、凝縮器は英語ではCondenser、膨張弁はExpansion valve、蒸発器はEvaporatorです。

4章　熱源機器とその他の構成機器

往復式・遠心式冷凍機

往復式（レシプロ）冷凍機

遠心式（ターボ）冷凍機

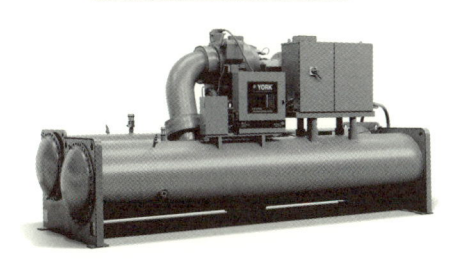

画像提供：ジョンソンコントロールズ株式会社

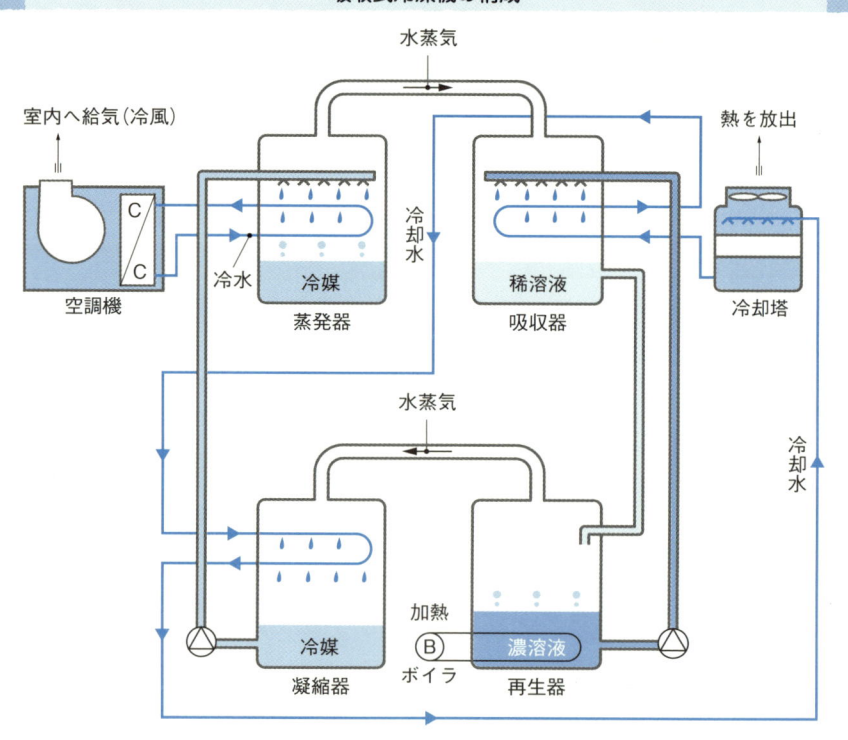

4-7 吸収式冷凍機

吸収式冷凍機の冷凍サイクルとその他の概要

> **Point**
> ●吸収式冷凍機は主に蒸発器、吸収器、再生器、凝縮器で構成されます。
> ●蒸発→吸収→再生→凝縮→蒸発の繰り返しが冷凍サイクルです。
> ●吸収式冷凍機には単効用の他に二重効用などもあります。

吸収式冷凍機とは

　前述した圧縮式冷凍機は冷媒を圧縮させるために機械的な動力が必要でしたが、吸収式では圧縮機が必要なく、機械的な動力をあまり使わずに化学的な冷凍サイクルで冷却を維持します。まずは構成の全体像を把握しましょう。

吸収式冷凍機の構成

室内へ給気（冷風）／水蒸気／熱を放出／冷水／冷媒／冷却水／稀溶液／空調機／蒸発器／吸収器／冷却塔／水蒸気／冷却水／加熱／冷媒／濃溶液／凝縮器／ボイラ／再生器

吸収式冷凍機の冷凍サイクル

吸収式冷凍機は主に**蒸発器**、**吸収器**、**再生器**、**凝縮器**で構成されていて、冷媒としては一般に自然冷媒の水が使われ、蒸発した水を回収する吸収液に臭化リチウム（LiBr）が使われます。

吸収式冷凍機の冷凍サイクルは①**蒸発**→②**吸収**→③**再生**→④**凝縮**→①**蒸発**を繰り返すことで冷却を維持しています。

●①蒸発（蒸発器の働き）

蒸発器の内部は真空に近い低圧になっているため、4～5℃程度で冷媒が蒸発します。このとき冷水から熱を奪って冷えた水は空調機などの冷水となります。

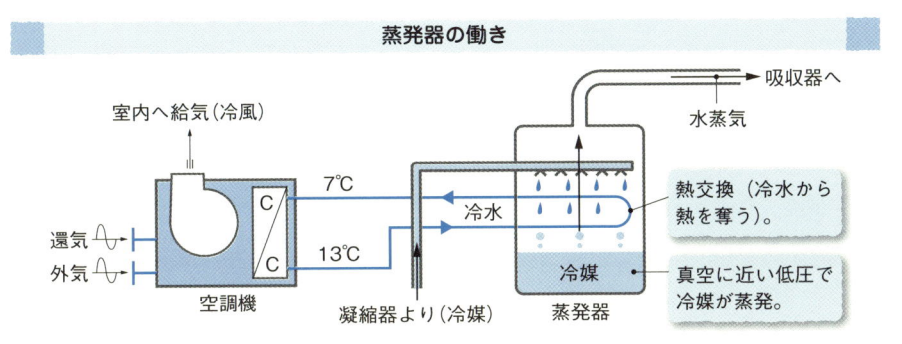

蒸発器の働き

- 室内へ給気（冷風）
- 還気／外気
- 空調機　7℃／13℃
- 凝縮器より（冷媒）
- 冷水
- 熱交換（冷水から熱を奪う）
- 蒸発器：真空に近い低圧で冷媒が蒸発。
- 吸収器へ　水蒸気

●②吸収（吸収器の働き）

吸収器では冷却塔からの冷却水に熱を与えます。このとき冷媒の水蒸気は吸収液に溶け込むので、吸収液が薄まり稀溶液になります。

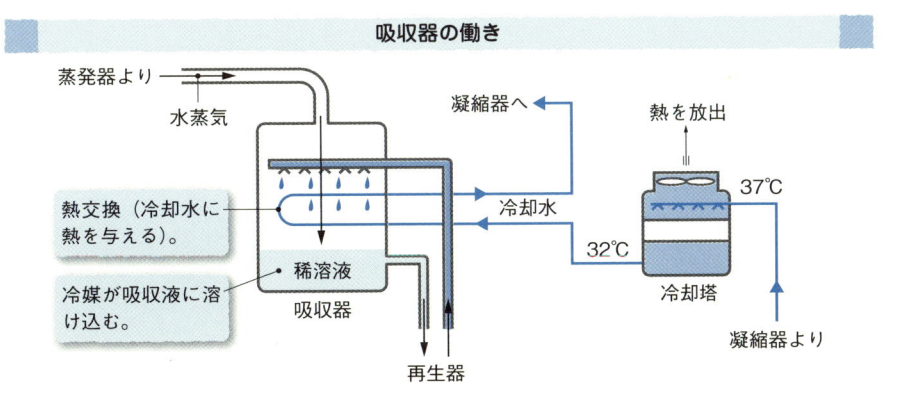

吸収器の働き

- 蒸発器より　水蒸気
- 熱交換（冷却水に熱を与える）。
- 冷媒が吸収液に溶け込む。
- 稀溶液
- 吸収器
- 再生器
- 凝縮器へ
- 冷却水
- 冷却塔　37℃／32℃　熱を放出
- 凝縮器より

●③再生(再生器の働き)

　再生器では吸収器で薄められた吸収液を加熱して吸収液と冷媒の水蒸気を分離させ、水蒸気は凝縮器へと送られます。このとき加熱によって吸収液の濃度が濃くなり濃溶液となります。この濃溶液は吸収器へと送られ稀溶液になり、再生器に戻るという循環を繰り返します。

再生器の働き

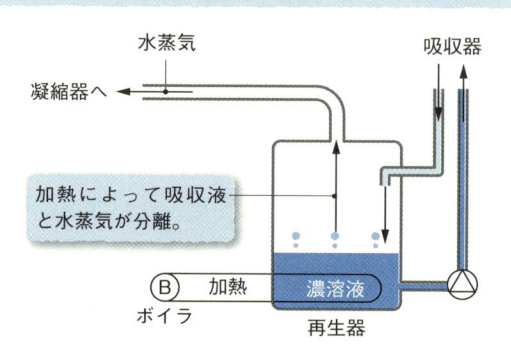

- 水蒸気 → 凝縮器へ
- 吸収器
- 加熱によって吸収液と水蒸気が分離。
- Ⓑ 加熱 ボイラ
- 濃溶液
- 再生器

●④凝縮(凝縮器の働き)

　再生器から送られてきた水蒸気は冷却水と熱交換することによって凝縮され液化して冷媒(水)に戻ります。冷媒は再び蒸発器へと送られ、熱を奪った冷却水は冷却塔に送られ、熱を放出します。

　以上の①蒸発→②吸収→③再生→④凝縮→①蒸発が吸収式冷凍機の冷凍サイクルです。

凝縮器の働き

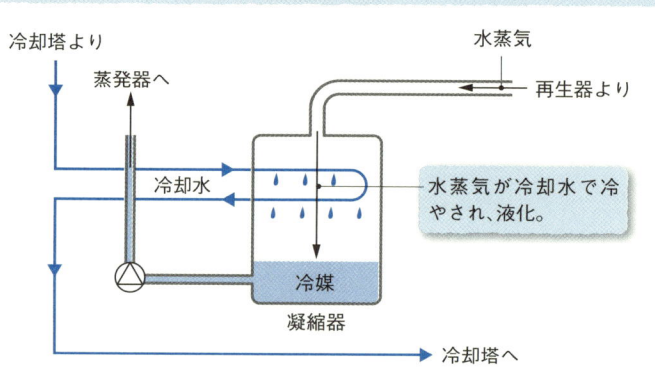

- 冷却塔より
- 蒸発器へ
- 水蒸気 ← 再生器より
- 冷却水
- 水蒸気が冷却水で冷やされ、液化。
- 冷媒
- 凝縮器
- 冷却塔へ

吸収式冷凍機の種類と特徴

吸収式冷凍機には**単効用**や**二重効用**などがあります。単効用はひとつの再生器を持ちますが、二重効用は高温と低温の二つの再生器を持っています。

二重効用の長所としては冷媒の蒸気の熱を再利用することで、吸収液の濃縮や冷媒の再生が効率化されます。また、単効用と比較して加熱に要する熱量を減らすことができるので、冷却塔を小さくすることができます。一般に単効用より二重効用の方が実用的で、冷暖房を同時に使用できるようにした直だき吸収式冷温水機なども二重効用の一種といえます。また、近年では三重効用もあります。

圧縮式と比較した吸収式冷凍機の特徴としては、圧縮機を持たない分、機械的な動力を減らせるので振動や騒音が小さくなりますが、ボイラなどの加熱による熱を放出する冷却塔は大きくなるといった特徴があります。

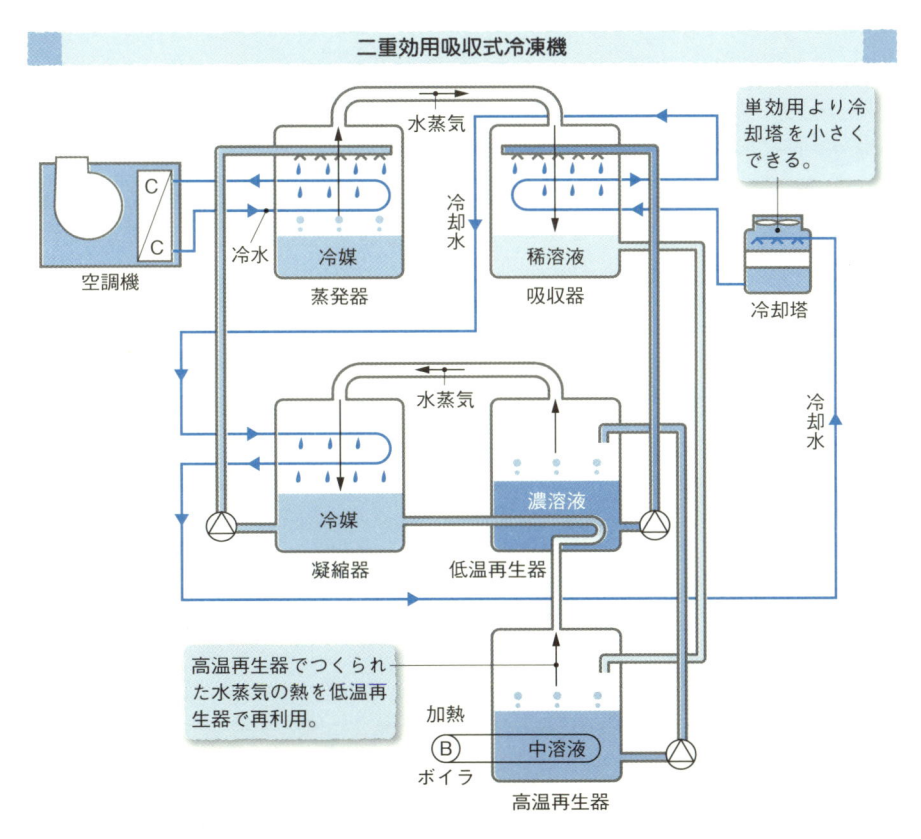

二重効用吸収式冷凍機

- 単効用より冷却塔を小さくできる。
- 高温再生器でつくられた水蒸気の熱を低温再生器で再利用。

（空調機、冷水、冷媒、蒸発器、水蒸気、冷却水、稀溶液、吸収器、冷却塔、濃溶液、凝縮器、低温再生器、加熱、ボイラ、中溶液、高温再生器）

4-8 冷却塔（クーリングタワー）

冷凍機の働きを助ける冷却塔

> **Point**
> - 冷却塔を冷却方法の違いで分類すると開放式と密閉式があり、開放式には向流型と直交流型があります。
> - 冷却塔は定期清掃や冷却水などの水質管理が肝心です。

冷却塔とは

　夏の猛暑から逃げ出したいと考えたとき、山奥の滝にでも出かけようかと思うことがありますが、冷却塔（クーリングタワー）の原理は外気による通風と水の蒸発による放熱によって冷却させるもので、自然界の滝の冷却効果と似たようなものです。

　ビルの屋上などに設置されていることが多く、冷却塔は冷凍機の働きを助ける重要な役割があります。圧縮式や吸収式冷凍機の凝縮器や吸収器で熱交換されて熱を帯びた冷却水をそのつど捨てていては不経済なので、再び冷やして冷却水として再利用するのが冷却塔の役割です。

　冷却塔の形状としては**丸型**や**角型**などがあります。

冷却塔の形状

丸型　　　角型

画像提供：三菱樹脂インフラテック株式会社

冷却塔の種類と構造

冷却塔の形状としては丸型や角型がありますが、冷却方法の違いから冷却塔を分類すると、**開放式**と**密閉式**に分けられます。なお、冷却塔は構造上、外気の湿球温度より低くすることはできないので、実用上、夏で5℃程度の水温低下を見込むことができます。

●開放式冷却塔

開放式冷却塔は外気と冷却水を直接触れさせることで冷却効果を得ます。要は自然界の滝の冷却効果に似た冷却方法です。

冷却水は冷却塔の上部からシャワー状に噴霧され、冷却水の一部は蒸発して残りの冷却水が冷やされるしくみになっています。なお、蒸発や送風によって冷却水が失われる現象を**キャリオーバー**といいますが、概ね、循環水量の1～2%程度はキャリオーバーで失われます。キャリオーバーや冷却水の濃縮による水質の悪化を見込んで冷却水の補給が必要になります。

開放式冷却塔には**向流型**と**直交流型**があります。向流型はカウンターフロー方式ともいわれ、上から落ちる冷却水に対して下から外気を当てる方法です。

開放式向流型冷却塔

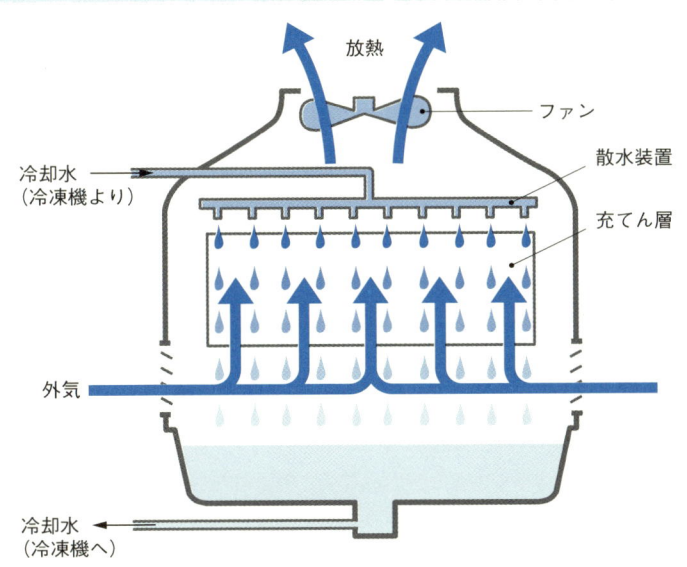

（放熱／ファン／散水装置／充てん層／冷却水（冷凍機より）／外気／冷却水（冷凍機へ））

4-8 冷却塔（クーリングタワー）

　開放式冷却塔の直交流型はクロスフロー方式ともいわれ、上から落ちる冷却水に対して直角方向から外気を当てる方法です。

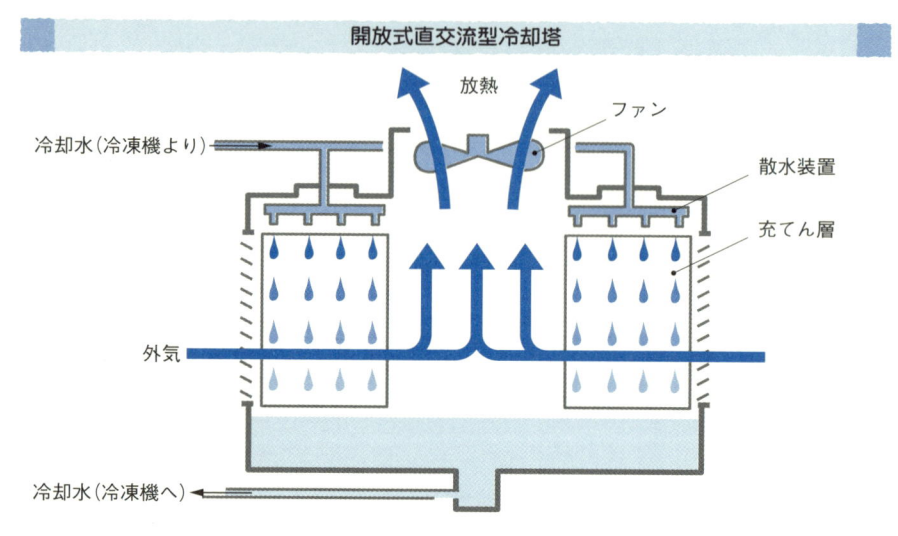

開放式直交流型冷却塔

（図：放熱、ファン、冷却水（冷凍機より）、散水装置、充てん層、外気、冷却水（冷凍機へ））

●密閉式冷却塔

　密閉式冷却塔は冷却水を密閉された管の中に通し、冷却用の散布水で管内の冷却水を冷やす方法です。冷却水が直接外気に触れないので衛生的です。

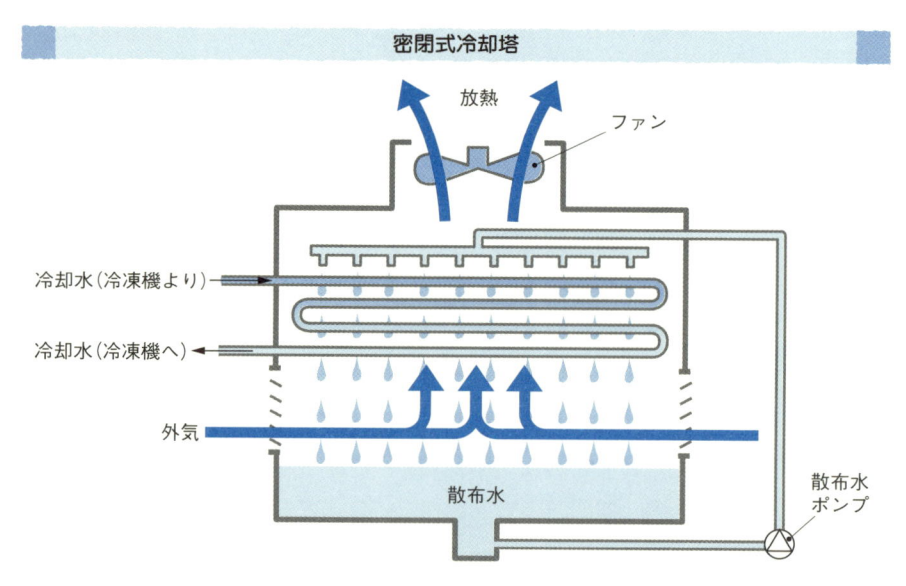

密閉式冷却塔

（図：放熱、ファン、冷却水（冷凍機より）、冷却水（冷凍機へ）、外気、散布水、散布水ポンプ）

冷却塔の取り扱い

冷却塔は定期的な清掃をしなければなりません。自然界の土壌や沼などに生息する**レジオネラ菌**は37～41℃程度が増殖に最適な水温とされていますが、冷却塔内はレジオネラ菌が増殖しやすい温度域に近いため、清掃を怠ると危険です。

冷却塔は定期清掃をした上で、レジオネラ菌の殺菌・増殖防止の意味で薬剤投与しますが、万が一に備えて空調の外気取入口や近隣住居の窓などから冷却塔を10m以上離す必要があります。

冷却塔の設置位置は、風通しのよい屋上などが適していますが、ファンや散水音といった騒音があるので、近隣との十分な距離を確保できない場合は防音対策も必要です。また、風向きなどにも十分な注意が必要です。

その他の注意点としては、特に開放式冷却塔の場合、冷却水と外気が直接触れる構造になっているので、大気中の有害物質が冷却水に入りやすい状態にあります。有害物質を取り込んだ上に冷却水が濃縮すると、冷却水の水質が悪化して冷却水管の中を腐食させたり詰まらせる原因にもなるので、定期的あるいは連続的に給水して冷却水をきれいに保たなければなりません。

レジオネラ菌

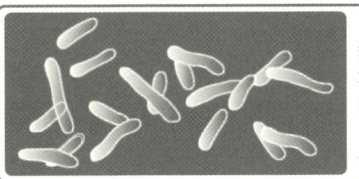

レジオネラ菌に感染すると、高熱、吐き気、頭痛などが起こり、症状が進行すると意識障害や呼吸困難など深刻な事態を引き起こします。レジオネラ菌と水温の関係は下図のようになります。

レジオネラ菌と水温

- 0～20℃：冬眠状態
- 20～45℃：活発に活動（37℃付近が増殖に最適）
- 45～50℃：増殖しない
- 50～60℃：徐々に死滅
- 60～100℃：死滅

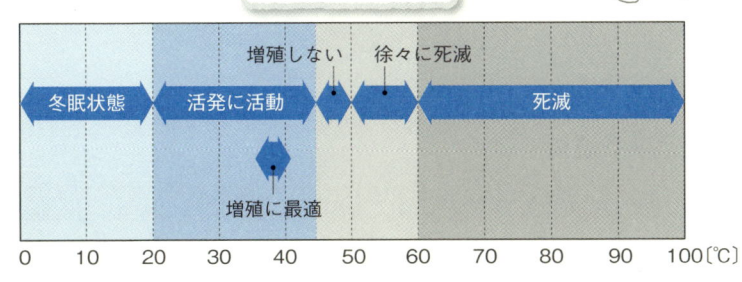

4-9 空調機

空調機（エアハンドリングユニット）の構成

> **Point**
> ●空調機はエアフィルタ、冷却コイル、加熱コイル、加湿器、送風機などで構成されています。
> ●各機器の主な役割を把握しましょう。

空調機とは

　空調機は空調設備の心臓部ともいえる装置で、外気や室内からの還気といった空気を集め、粉じんや埃などを除去し、温度や湿度を調整し、調和した空気を室内に送り届ける装置です。

　空調機は**エアハンドリングユニット**ともいわれ、ケーシングに各機器を組み込んでユニット化し、保守点検しやすい構造になっています。

空調機（エアハンドリングユニット）

画像提供：ダイキンMRエンジニアリング株式会社

空調機の構成

　ケーシングの内部は**エアフィルタ、冷却コイル、加熱コイル、加湿器、送風機（ファン）**といった機器で構成されています。

4-9 空調機

空調機の構成

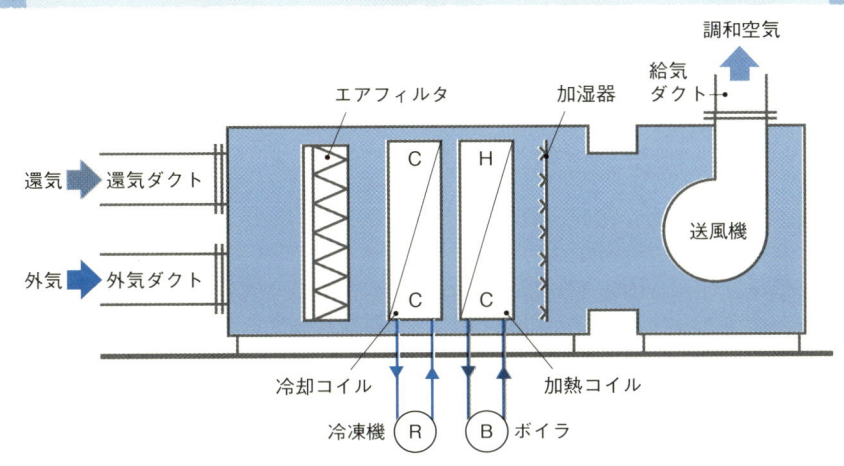

（図：空調機の構成。還気ダクト・外気ダクトから入り、エアフィルタ、冷却コイル（C）、加熱コイル（H）、加湿器、送風機を経て給気ダクトから調和空気として出る。冷却コイルは冷凍機（R）、加熱コイルはボイラ（B）に接続）

● エアフィルタ

　エアフィルタの役割は室内からの還気や外気からの新鮮空気に含まれている粉じんや埃などを除去して空気の清浄度を整えることです。粉じんなどを捕集する方法としては**ろ過式**、**粘着式**、**静電式**などがあります。

　ろ過式は綿、布、ガラス繊維などのろ材で粉じんなどを捕集する方法です。ろ材が乾燥しているので**乾式エアフィルタ**ともいいます。目が粗く捕集性能の低いものから、HEPA、ULPAフィルタ※といった性能の高いものまでさまざまなものがあります。粘着式は粘着性のあるろ材で粉じんなどを捕集する方法です。ろ材が油などに浸されていて湿っていることから**湿式エアフィルタ**ともいわれます。静電式は粉じんなどを帯電させて電気の力で吸引する方法です。

エアフィルタ

（図：還気と外気が混合空気となり、エアフィルタを通って冷却・加熱コイルへ送られる。エアフィルタ：粉じんや埃などを捕集。）

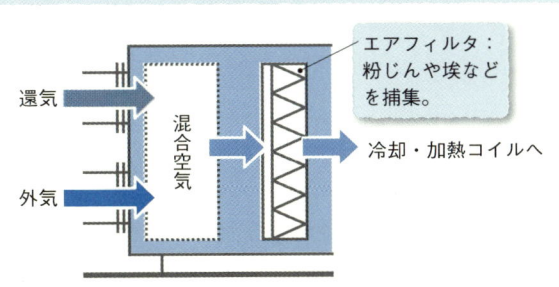

※　HEPAフィルタは粒径が 0.3μm の粒子に対して 99.97％以上の粒子捕集率、ULPAフィルタは粒径が 0.15μm の粒子に対して 99.9995％以上の粒子捕集率を持つ高性能なエアフィルタのこと。

●冷却・加熱コイル

　冷却・加熱コイルは熱交換器の一種です。空調機の場合、ひとつのコイルで冷温水の供給を受けて冷却・加熱コイルの役割を兼用する**冷温水コイル**を用いる場合が多いですが、ここではそれぞれの役割を分かりやすくするため冷却コイルと加熱コイルを分けて説明します。

　エアフィルタを通過した空気の温度と湿度を調整するのが冷却・加熱コイルの役割です。一般に**夏は冷却と除湿**、**冬は加熱と加湿**が必要になります。

　夏は冷却コイルに供給される冷水と空気との間で熱交換をして冷風をつくります。一般的な除湿の方法としては、冷却コイルと接触した湿り空気が結露してドレン水になり、これを捨てることによって除湿します。

　冬はボイラなどからの蒸気や温水と空気との間で熱交換をして温風をつくります。蒸気によって熱交換するものを蒸気コイル、温水によって熱交換するものを温水コイルといいます。加熱コイルでつくられた温風は加湿器で適度に加湿されます。加湿器の加湿方法としてはボイラで発生した蒸気を噴霧して空気に吸収させる方法や、水を電気ヒーターで加熱して水蒸気を発生させる方法などがあります。

冷却・加熱コイル

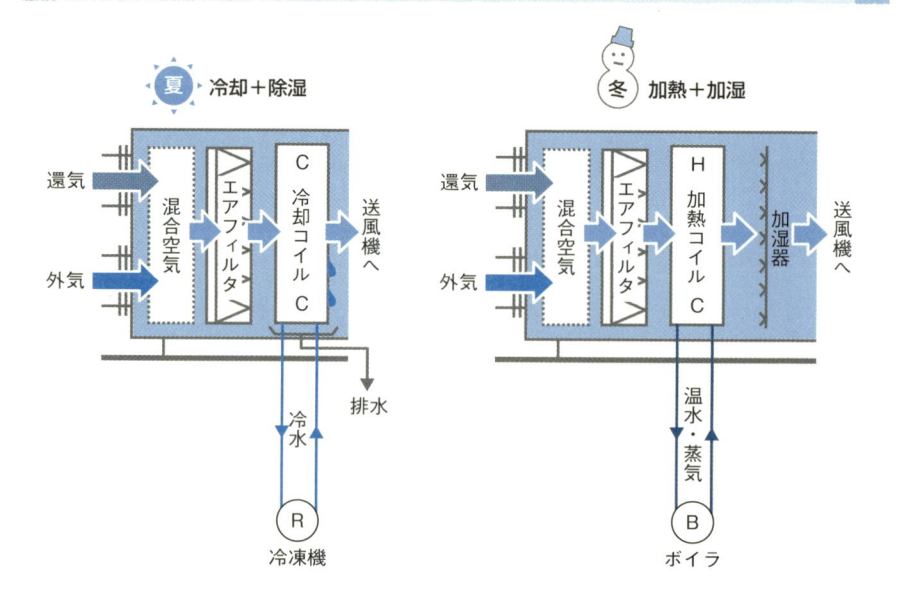

●送風機（ファン）

　調和された空気を最終的に室内へ送るのが送風機の役割です。送風機については次ページで詳しく触れますが、空調機に組み込まれる送風機としては遠心力で空気を送り出す**シロッコファン**、**リミットロードファン**、**ターボファン**といった送風機が使われます。

　送風機から送られた調和空気は給気ダクトを経由して吹出口から各室に送り届けられ、各室の吸込口から還気ダクトを経由して再び空調機へと戻ります。単一ダクト方式では還気と一緒に外気を取り込むことで換気効果を得ます。

　なお、風量を増加させる必要があるような場合、送風機2台を直列、あるいは並列運転させるようなことがありますが、同一のダクトで同一の性能の送風機を2台運転させても、1台の送風機から送られる風量の単純に2倍の風量にはなりません。

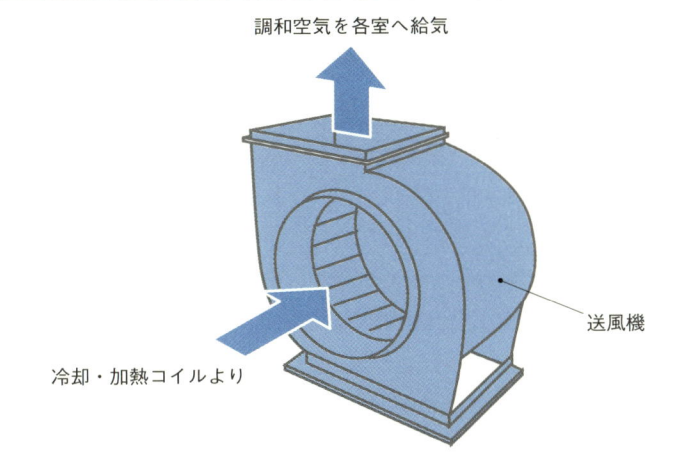

送風機

調和空気を各室へ給気

冷却・加熱コイルより

送風機

4-10 送風機
さまざまな送風機

> **Point**
> ●送風機には羽根車を回す軸と空気の流れの方向によって遠心式、軸流式、斜流式、横流式などがあります。
> ●各送風機のおおまかな特徴を把握しましょう。

送風機（ファン）の種類

　送風機はモーターの回転を利用して空気に運動エネルギーを与えて送り出します。送風機は空調機の中に組み込まれたり、ダクトの中継で使われたり、冷却塔に組み込まれたりといったように空調設備に欠かすことのできない装置です。

　使用目的は、より遠くへ空気を送り出すためであったり、撹拌、循環させるためであったり、放熱、換気のためであったりとさまざまです。

　送風機は羽根車を回す軸と空気の流れの方向によって、**遠心式**、**軸流式**、**斜流式**、**横流式**に大きく分けられます。

●遠心式

　遠心式の送風機は軸方向から空気が入り、軸に対して直角、つまり遠心方向に空気を送る送風機です。

遠心式の送風機の空気の流れ

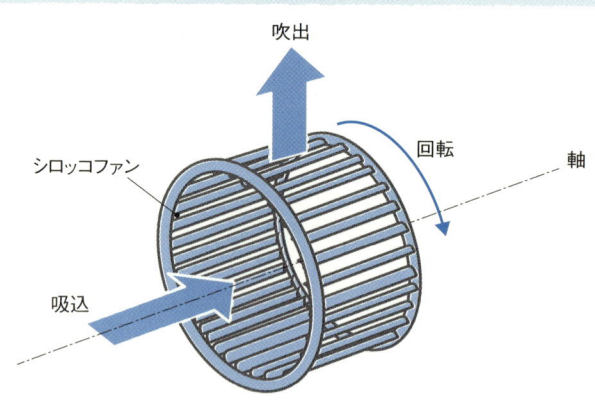

シロッコファン／吹出／回転／軸／吸込

4-10 送風機

遠心式の送風機の代表的なものに**シロッコファン**、**リミットロードファン**、**エアホイルファン**、**ターボファン**などがあります。

シロッコファンは回転方向に対して前向きな複数の羽根がついていますが、リミットロードファン、エアホイルファン、ターボファンは回転方向に対して後ろ向きの羽根がついていて、羽根の強度も高く、効率良く空気を送り出せるように設計されています。

シロッコファンは多翼送風機ともいわれ、空調や換気などで幅広く使われている送風機で、空調機（エアハンドリングユニット）に組み込まれる他にも、レンジフードファン、浴室などの天井扇などさまざまな用途で使われます。

リミットロードファンはシロッコファンとターボファンの中間的な性能の送風機です。運転動力にリミット性が備わっていて、風量が規定以上になっても軸動力に過負荷が起こらない特性があります。

エアホイルファンは飛行機の翼のような翼形の断面形状の羽根を持つ送風機です。騒音も少なく設計されています。

ターボファンは高速ダクトなどでも使われ、高効率な送風機です。

シロッコファンとターボファン

シロッコファン

回転方向に対して前向きの羽根がついている。

ターボファン

回転方向に対して後ろ向きの羽根がついている。

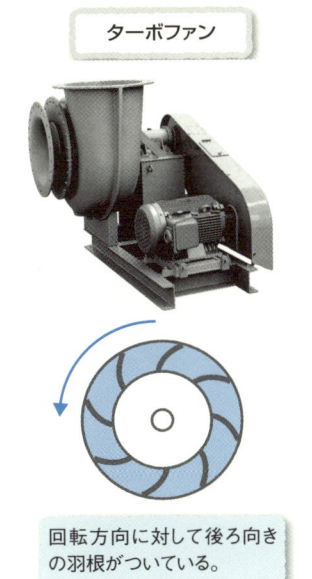

画像提供：セイコー化工機株式会社

4-10 送風機

●軸流式

軸流式の送風機は軸方向から空気が入り、軸方向に空気を送り出すタイプの送風機です。

軸流式の送風機の空気の流れ

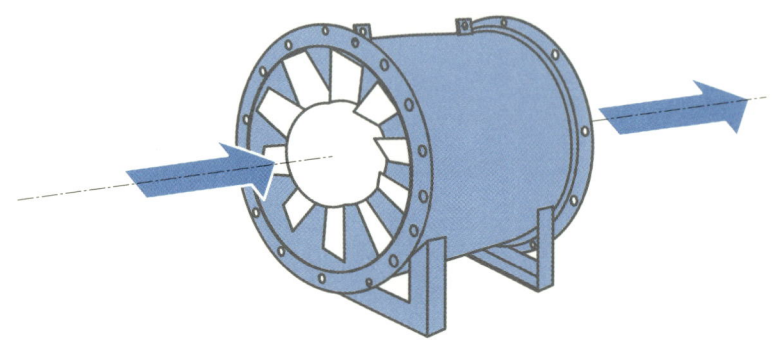

軸流式の送風機の分かりやすい例は、一般住宅などで見かけることが多い壁付けの**換気扇**です。プロペラファンともいわれます。

軸流ファンはケーシング、モーター、羽根車などで構成されていて、ケーシングの内部にモーターを取り付けた**電動機直動式**のものや、ケーシングの外にモーターを取り付けてベルトで羽根車を回転させる**ベルト駆動式**があります。ダクトの中継用や冷却塔の放熱用などでも使われる送風機で、小規模なものから大規模なトンネル内の吸排気などにも使われます。規模や用途に応じてさまざまなタイプの軸流ファンがあります。

換気扇　　　軸流ファン

画像提供：日本電興株式会社

●斜流式

斜流式の送風機は軸方向から空気が入り、軸に対して斜めに空気を送り出す送風機です。軸流式に似ていますが、遠心式と軸流式の中間的な構造といえます。

ケーシングによって空気の流れを軸流式と同様にすることも可能で、一般に騒音が少なくコンパクトで、ダクトファンとして多く使われています。

斜流式の送風機

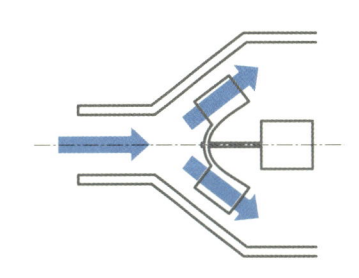

斜流ダクトファン

画像提供：三菱電機株式会社

●横流式

横流式の送風機は軸を巻き込むようにして空気が流れる送風機です。羽根車の形状から幅広く空気を送り出す用途に適していて、ファンコイルユニットやルームエアコンなどでも使われています。**ラインフローファン**や**クロスフローファン**といわれる送風機が横流式の代表的なものです。

横流式の送風機

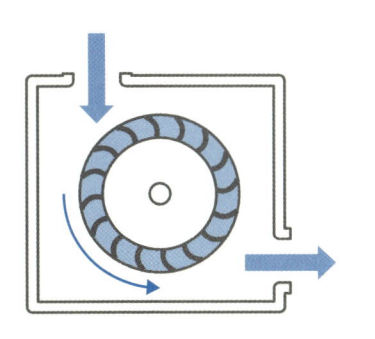

ラインフローファンケージング

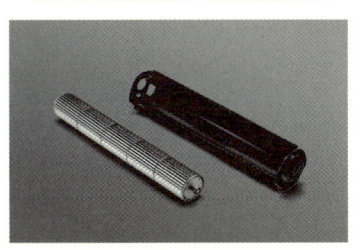

画像提供：株式会社 ナルコ恵那

4-11 ダクト
ダクトの形状と接続方法

> **Point**
> ●ダクトの形状としては角ダクト、丸ダクト、オーバルダクトなどがあります。
> ●ダクト同士の接続はさまざまな方法があります。

ダクトの形状

　前ページの送風機は空気を送るために必要な搬送装置ですが、送風機から送られた空気の通り道、つまり風道となるのがダクトです。

　単一ダクト方式の場合では、外気からの新鮮空気を取り入れるための外気ダクト、室内からの空気を空調機に戻す還気ダクト、空調機から調和された空気を送る給気ダクトなどが必要になります。他にも排煙用、換気用などでもダクトが必要になります。

　ダクトの形状としては**角ダクト**、**丸ダクト**、**オーバルダクト**などがあり、材質としては亜鉛鉄板製のものが多く使用されていますが、使用場所や耐湿性、耐食性などを考慮してガルバリウム鋼板製、ステンレス製、塩化ビニル製などもあります。

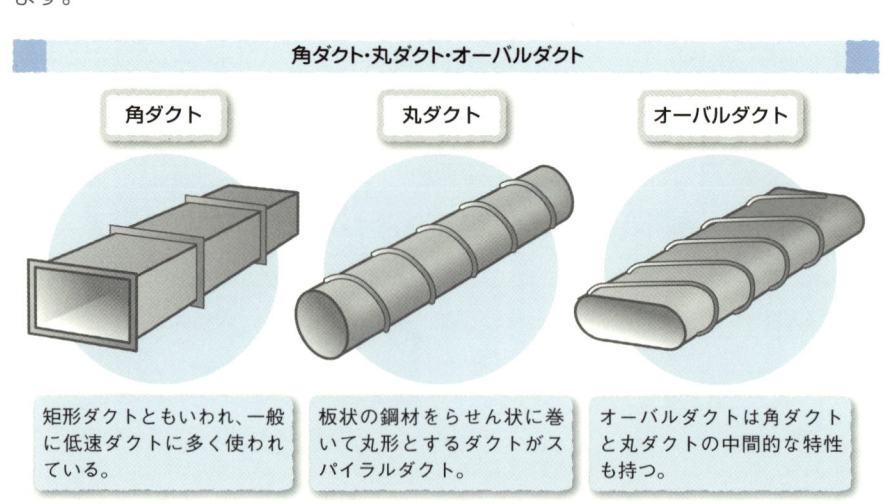

角ダクト・丸ダクト・オーバルダクト

角ダクト：矩形ダクトともいわれ、一般に低速ダクトに多く使われている。

丸ダクト：板状の鋼材をらせん状に巻いて丸形とするダクトがスパイラルダクト。

オーバルダクト：オーバルダクトは角ダクトと丸ダクトの中間的な特性も持つ。

130

ダクトの空気抵抗とアスペクト比

　例えば冷たいジュースを飲むときストローを使うことがありますが、ストローの断面は丸形になっているのが普通です。丸形は抵抗が少なくジュースが飲みやすいからです。ダクトについても同様の理屈で、丸ダクトが高速ダクトに適しているのは抵抗が少なく空気を運ぶことができるからです。

　角ダクトは丸ダクトと比較すると抵抗が多く、そのため低速ダクトに適しているということになります。断面の形状は正方形に近い方がよりスムーズに風を通すことができますが、天井高を確保する、あるいは狭い天井裏にダクトを通すなどを考慮すると、扁平な断面形状の方が収まりがよいということもあります。このようなことから角ダクトには**アスペクト比**が設定されていて、アスペクト比（長辺/短辺）を4以下にするようにします。アスペクト比は正方形で1ですので、値としては小さい方が抵抗が少なくなりますが、一般に1.5～2程度が理想的といわれています。

　なお、オーバルダクトは収まりのよい角ダクト、空気抵抗の少ない丸ダクトの利点を兼ね備えたダクトといえます。

アスペクト比

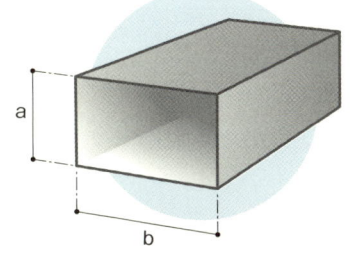

$$\text{アスペクト比} = \frac{\text{長辺（b）}}{\text{短辺（a）}}$$

ダクトの接続方法

●角ダクトの接続

　角ダクト同士の接続方法には**アングルフランジ工法**、**共板フランジ工法**などがあります。

　アングルフランジ工法は接続の強度が優れているので、高い強度を要する排煙ダクトなどで採用されることが多い接続方法です。

4-11 ダクト

　アンクルフランジ工法は高い強度を要するダクトの接続に採用されることがありますが、ボルト締めやリベットかしめなどを要するので、施工時間がかかり、価格としても高くなる傾向があるため、一般的な空調設備の接続ではあまり採用されません。

　一般的な空調設備のダクトの接続で多く用いられるのが、共板フランジ工法です。ダクトの四隅は専用の金物（コーナーピース）をはめ込んでボルトで締めることから、コーナーボルト工法ともいわれる接続方法です。

　最近では共板の強度や接続の精度も向上し、十分な強度を保てるようになってきています。アングルフランジ工法と比較するとフランジを取り付ける手間が省けるので、施工しやすく価格も安くなります。

アングルフランジ工法・共板フランジ工法

アングルフランジ工法
（ナット、パッキン、ボルト、リベット、アングルフランジ）

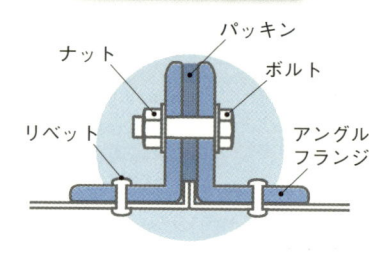

ダクト両端にアングルフランジをリベット、溶接などで固定した上で、アングルフランジ同士をボルト・ナットで固定する。

共板フランジ工法
（接合クリップ、共板フランジ、パッキン）

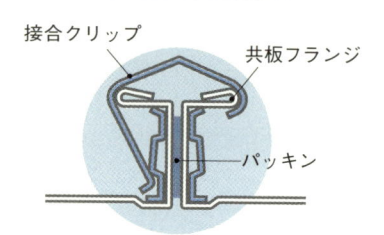

ダクトの四隅に専用のコーナーピースをはめ込み、ボルト締めして、共板フランジ部分を接合クリップで固定する。

●丸ダクトの接続

　スパイラルダクトなどの丸ダクト同士の接続方法には**フランジ継手工法、差込継手工法**などがあります。

　フランジ継手工法はスパイラルダクトにフランジカラーを差し込んで固定し、フランジ同士をボルト・ナットで固定する方法です。

　75～100Φ程度の小径のダクトには板状のプレートフランジ、200Φ以上の大径のダクトにはアングルフランジが使われ、高い強度を要する接続に適した工法といえます。

差込継手工法は専用の差込継手（ニップル）をスパイラルダクトに差し込んで固定し、外側からダクトテープなどを巻いて接続する方法で、フランジ継手工法と比較して施工しやすく価格も安くなります。

なお、オーバルダクト同士の接続は、スパイラルダクトの接続方法とほぼ同様です。

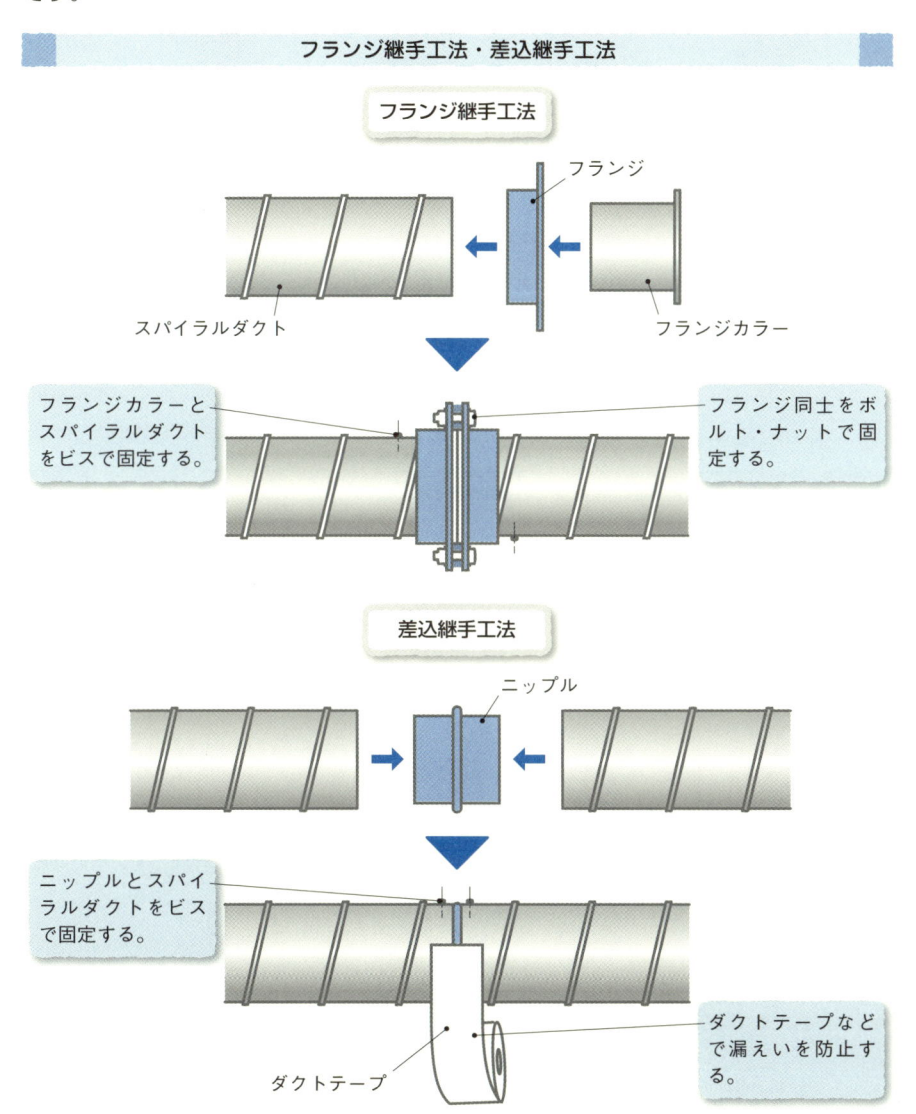

フランジ継手工法・差込継手工法

フランジ継手工法

- フランジ
- スパイラルダクト
- フランジカラー
- フランジカラーとスパイラルダクトをビスで固定する。
- フランジ同士をボルト・ナットで固定する。

差込継手工法

- ニップル
- ニップルとスパイラルダクトをビスで固定する。
- ダクトテープ
- ダクトテープなどで漏えいを防止する。

4-11 ダクト

変形に対応するダクトの例

　空調機から室内の吹出口まで真っすぐにダクトを通すのが理想的ですが、実際の施工ではダクトを途中で分岐したり、風の向きを変えたりする必要があります。変形に対応する継手などはさまざまなものがありますが、変形箇所が多い複雑なダクトルートは圧力損失や振動などに影響を与えますので、設計の段階からなるべく圧力損失の少ないダクトルートを検討することが肝心といえます。

　変形に対応する継手の一例としては図に示すように、ダクトの曲がりには**エルボ**や**Sカーブ**、サイズの違うダクトの接続には**ホッパー**や**レジューサー**、風を分岐させる**T管**や**Y管**、レジューサー（Reducer）の機能とT管・R管の機能を兼用した**RT管**や**RY管**などがあります。

変形に対応するダクトの例

角ダクト用

| エルボ | Sカーブ | ホッパー | 分岐ダクト |

丸ダクト用

| エルボ | S管 | レジューサー | T管 |
| Y管 | RT管 | RY管 |

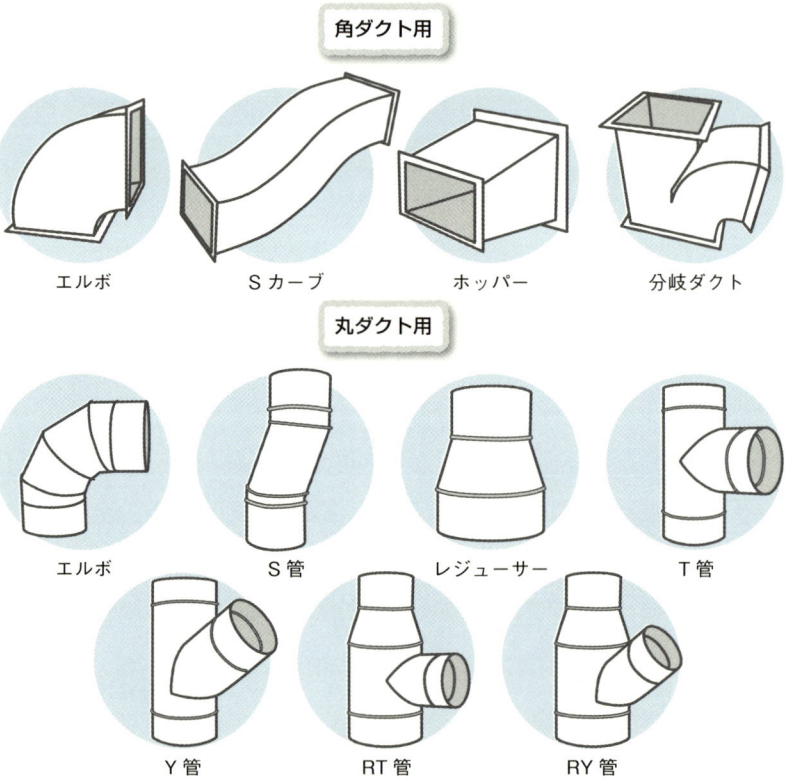

4-12 ダクトの施工

ダクトの施工上の注意点

> **Point**
> ●ダクトの騒音や振動を防止するためにたわみ継手や消音器などが使われています。
> ●その他、ダクトの施工上の注意点の概要を把握しましょう。

ダクトの振動と騒音

ダクトの目的は風を送ることですが、施工方法を間違えると空調機や送風機の振動や騒音がダクトを伝わって室内に届けられてしまうことになります。また、ダクト自体が振動して騒音を発生させることもあります。

以下にダクトの振動や騒音を遮る継手や消音器などを紹介します。

● **たわみ継手**

たわみ継手は空調機や送風機などとダクトの間に挿入し、機器からダクトへの振動などを遮る目的で使用されます。

材質としてはガラス繊維系、合成繊維系、ゴム系のものなどが使用され、繊維系の片面にアルミ箔を貼って不燃性能を有するものなどさまざまなたわみ継手があります。

たわみ継手

角ダクト用　　　　　丸ダクト用

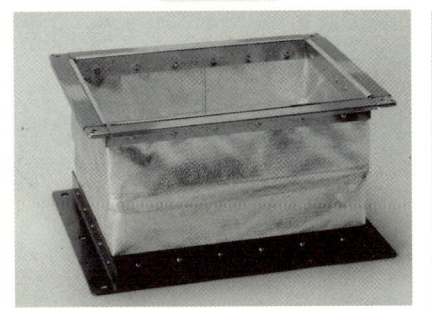

画像提供：株式会社タムラカントウ

4-12 ダクトの施工

●フレキシブルダクト

フレキシブルダクトはある程度、三次元に曲げることができるので施工性がよく、通常の継手では対応できないところや、狭い天井裏などで使われます。

金属製のものや合成繊維系のものなどがあり、ダクトの周りをグラスウールなどで被い、消音、保温、保湿性を持たせたものなどもあります。

フレキシブルダクト

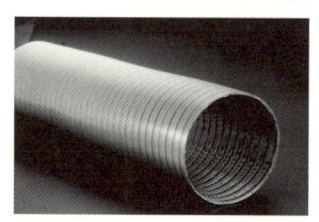

画像提供：株式会社オーツカ　製品名：ALW(ALW-S) Type

●消音器

空調機や送風機などからの騒音が室内に伝わらないようにするために、必要に応じて適所に設置されるのが**消音器**です。消音器は内部にグラスウールなどを充填して吸音機能を持たせたものです。

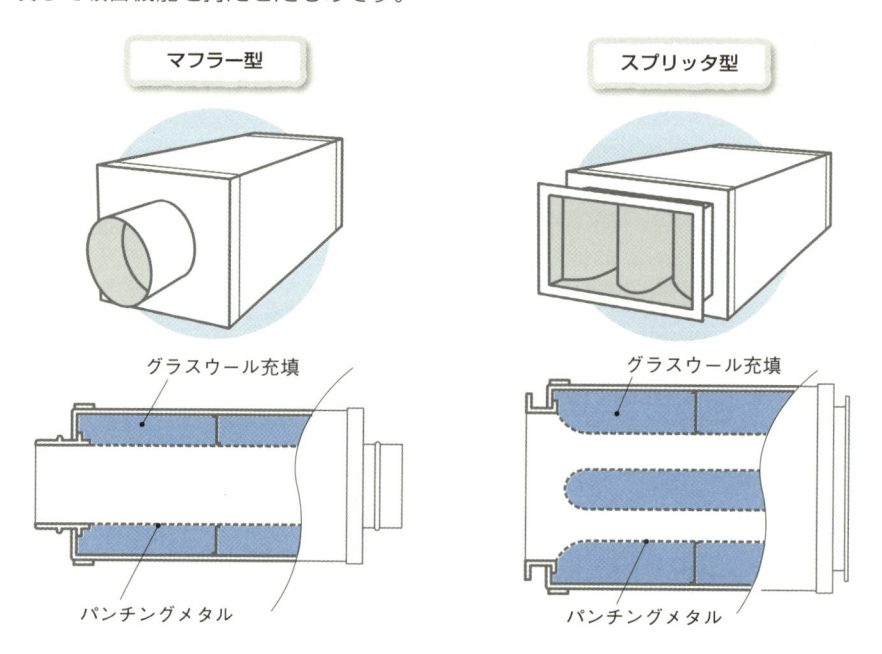

マフラー型　　　　　スプリッタ型

グラスウール充填　　グラスウール充填

パンチングメタル　　パンチングメタル

近年では**アクティブノイズコントロール（ANC）**という制御方法で消音する技術も開発されています。

音は山と谷の振幅を持つ音波で空間を伝わりますが、ダクト内を伝わる騒音に同じ振幅で逆位相の騒音をぶつけると、打ち消し合って騒音が低減します。このように音に音をぶつけて消音効果を得ようという技術がANCです。

ダクト内の騒音は中・低周波の騒音が支配的ですが、ANCは特にこの中・低周波の消音に効果を発揮します。

ANC消音装置の概要

ダクトと曲がりと拡大・縮小

●ダクトの曲がり

ダクトは空気抵抗を抑えるために急な曲がりを避け、なるべく抵抗が小さくなるように施工します。

例えば角ダクトの場合のダクト幅〔W〕と、曲がり半径〔R〕の関係は、以下図のようになります。なお、施工上やむを得ず急な曲がりとなるような場合は、内部に案内羽根（ガイドベーン）を用いるなどの対策がとられます。

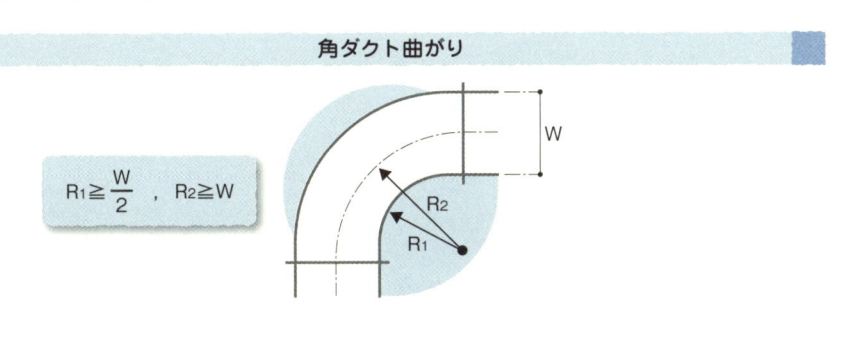

角ダクト曲がり

$R_1 \geqq \dfrac{W}{2}$, $R_2 \geqq W$

4-12 ダクトの施工

●ダクトの拡大・縮小の角度

　ダクトの断面の急激な変化は圧力損失の原因になり、空気の渦を発生させて騒音などの原因にもなりますので、なるべく変化させないことが望ましいですが、変化させる場合は**拡大させるときで15°以下**、**縮小させるときで30°以下**の角度でで緩やかに変化させます。

ダクトの拡大・縮小の角度

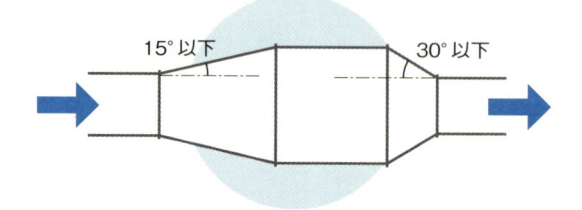

15°以下　　30°以下

ダクトの支持

　ダクトの支持方法は壁にL型や三角ブラケットで固定支持する方法や、天井（スラブ）から吊り支持する方法などさまざまですが、以下に角ダクトと丸ダクトの吊り支持の一例を示します。

●角ダクトの支持

　角ダクトの吊り支持の場合は、スラブに埋め込まれたインサート金物に吊りボルトをねじ込んで山形鋼などのアングルでダクトを支持します。必要に応じて振れ止めが施されます。

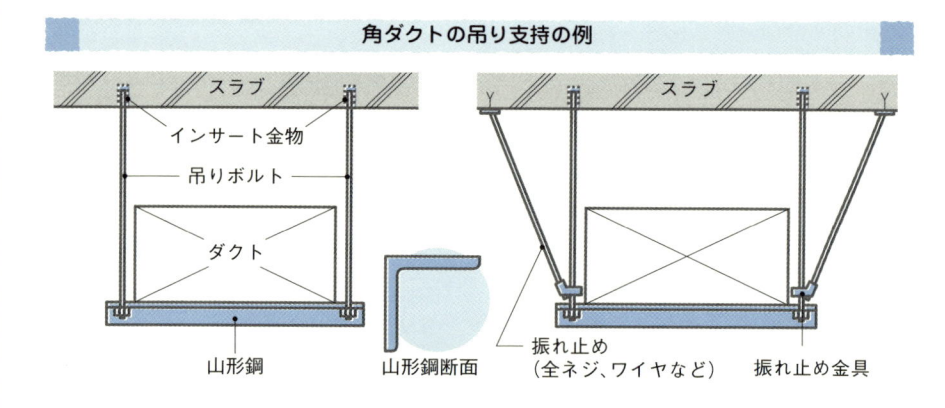

角ダクトの吊り支持の例

スラブ　インサート金物　吊りボルト　ダクト　山形鋼　山形鋼断面　振れ止め（全ネジ、ワイヤなど）　振れ止め金具

4-12 ダクトの施工

●丸ダクトの支持

丸ダクトの一点吊りの場合は吊りボルトに専用の吊りバンドなどでダクトを支持します。角ダクトと同様に必要に応じて振れ止めを施します。また、角・丸ダクト共にダクトからの振動を躯体に伝えないようにするために、防振ゴムなどが付いた専用の**防振吊り金具**で吊る場合もあります。

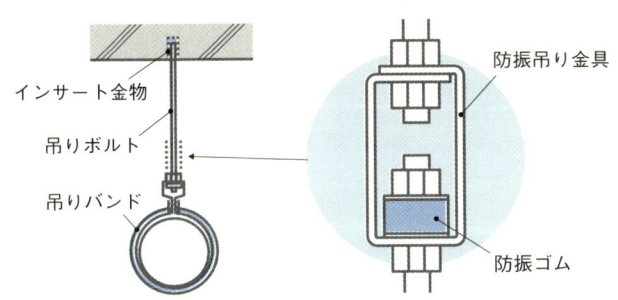

丸ダクトの吊り支持の例

壁貫通部の施工

ダクトが鉄筋コンクリートの壁を貫通する場合、躯体とダクトの隙間にはモルタルやロックウールなどを充填して保温やダクトの振動を躯体に伝えないようにします。振動を壁に伝えないという意味ではロックウールの方が効果的です。

防火区画を貫通するダクトについては、1.5mm以上の厚さの鉄板あるいは鉄網モルタルなどで被覆した短管で防火区画を貫通させ、ダクトと躯体の隙間にはロックウールなどの不燃材を充填します。

防火区画の貫通

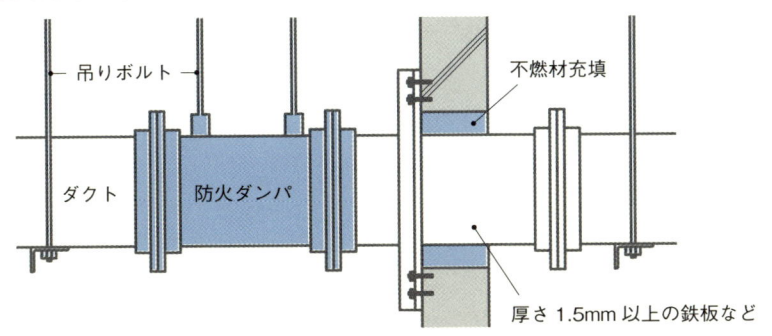

4-13 ダンパ

ダンパの種類と特徴

> **Point**
> ●ダクトルートには用途に応じてさまざまなダンパが使われます。
> ●代表的なダンパとしては、風量調整ダンパ、モータダンパ、逆流防止ダンパ、防火ダンパ、防煙ダンパなどがあります。

ダンパの種類と特徴

ダンパはダクト内を通過する風量の調整、閉鎖などの目的で使われます。用途に応じてさまざまなダンパがありますが、代表的なものを以下に示します。

●風量調整ダンパ（VD：Volume Damper）

ボリュームダンパともいわれ、ダンパ外部の手動ハンドルで羽根を動かして風量を調整します。

風量調節ダンパ（VD）

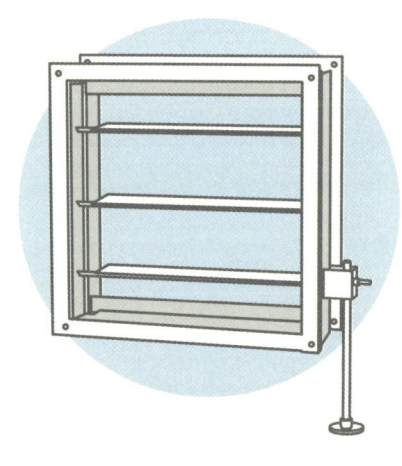

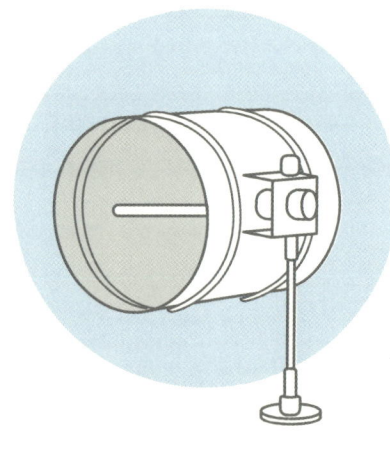

●モータダンパ（MD：Motor Damper）

ダンパ内の羽根をモータで動かして風量を調整します。モータ駆動により自動制御、遠隔操作が可能になります。

●逆流防止ダンパ（CD：Check Damper）

チャッキダンパともいわれ、ダクト内の空気の流れを一方向に固定して、反対方向から入る空気を遮断するダンパです。

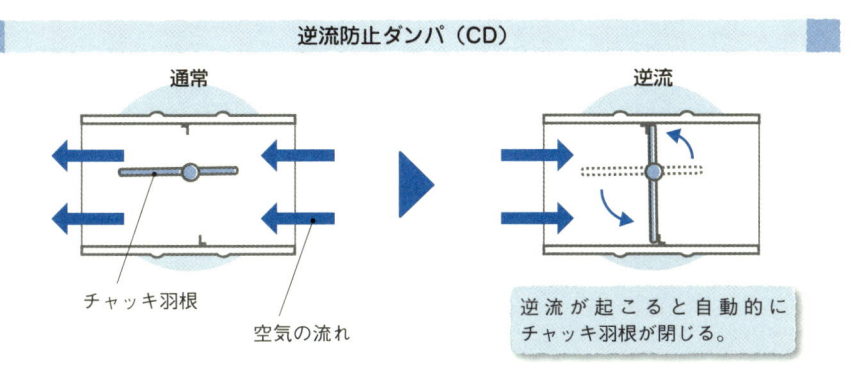

逆流防止ダンパ（CD）

通常／逆流
チャッキ羽根
空気の流れ
逆流が起こると自動的にチャッキ羽根が閉じる。

●防火ダンパ（FD：Fire Damper）

ファイヤダンパともいわれ、ダクトが防火区画を貫通する場合、火災時に他の区画への延焼防止などの目的で取り付けられるダンパです。**温度ヒューズ**が内蔵されていて、火災による温度上昇を感知して設定温度になるとヒューズが溶けて羽根が閉じる構造になっています。通常は風量調整、火災時は防火ダンパとして作動する風量調整防火ダンパ（FVD）などもあります。

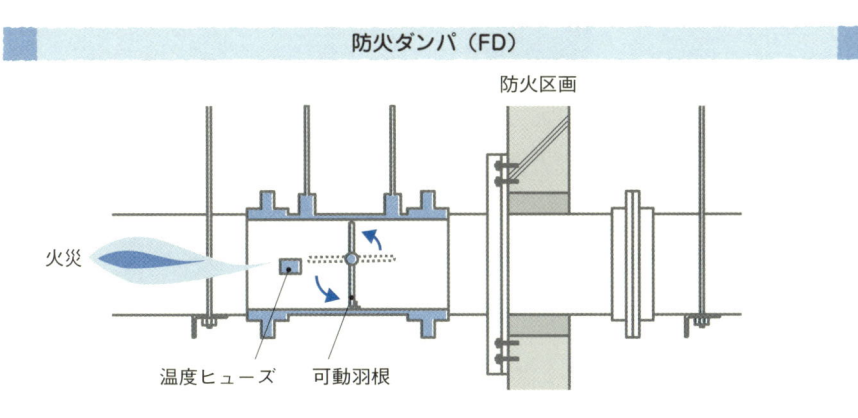

防火ダンパ（FD）

防火区画
火災
温度ヒューズ　可動羽根

●防煙ダンパ（SD：Smoke Damper）

煙感知器と連動して作動するダンパです。防煙ダンパと防火ダンパの機能を併せ持つ防煙防火ダンパ（SFD）などもあります。

4-14 吹出口・吸込口

吹出口の種類と特徴・吸込口の取り扱い

Point
- 吹出口にはアネモスタット型、ライン型、ユニバーサル型、ノズル型などがあります。
- 吸込口は埃、雨、虫などがダクト内に入らないように注意します。

吹出口の種類と特徴

空調機で調和された空気がダクトを通って最終的に**吹出口**から室内に届けられます。以下に代表的な吹出口とその特徴を示します。

● **アネモスタット型**

一般に**アネモ**と略して呼ばれ、天井に取り付けられます。**丸アネモ**や**角アネモ**などがあり、オフィスビルや商業施設など幅広く採用される吹出口です。

コーン状の羽根から放射状に気流が広がり、**中コーン**を上下させることによって気流の方向を調整することができます。

中コーンを上げると垂直方向に吹き出し、床まで暖かい空気を床まで届けたい暖房時に適した気流になります。中コーンを下げると水平方向に吹き出し、冷気を部屋全体に拡散させる冷房時に適した気流になります。なお、内部に温度センサーを内蔵して中コーンの動きを自動制御する**オート型**アネモもあります。

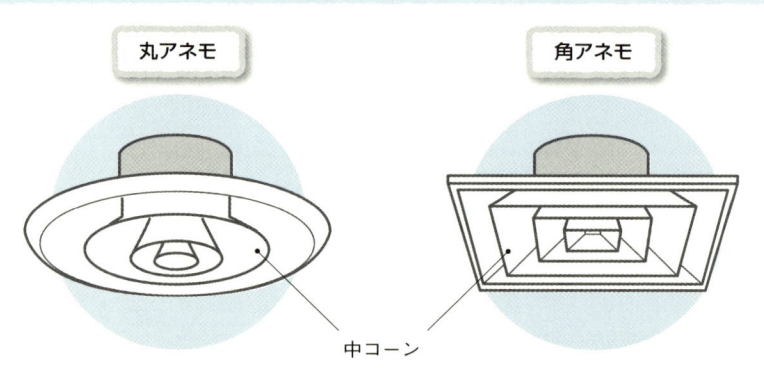

丸アネモ・角アネモ

丸アネモ　　角アネモ

中コーン

4-14 吹出口・吸込口

● **ライン型**

　一般に天井に設置されてライン状に幅広く空気を吹き出します。内部の風向ベーンによって吹き出し方向の自動調整や風量調整が可能なタイプもあります。

　ライン状に幅広く空気を吹き出せる特性上、ペリメータゾーンの使用にも適した吹出口といえます。

　吹出口が1本のシングルタイプや、2～4本の吹出口を持つタイプの選定もできます。

ライン型吹出口

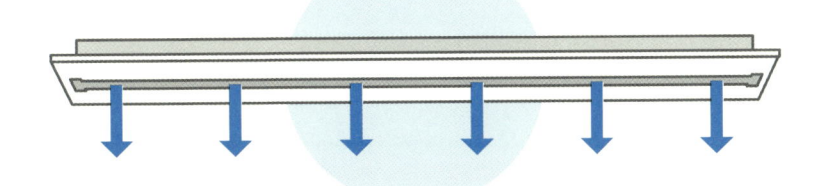

● **ユニバーサル型**

　ユニバーサル型は吹出口として使うこともできますし、室内還気用などの吸込口として使うこともできます。壁や天井に取り付けられます。

　面状に空気を吹き出し、格子状の縦・横の羽根（ベーン）を可動させて風向を変えることができます。機器内部にシャッターを取り付けて風量調整ができるタイプなどもあります。

ユニバーサル型

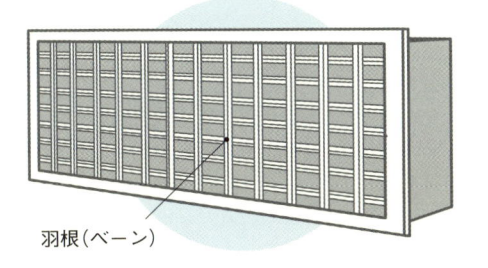

羽根（ベーン）

第4章　熱源機器とその他の構成機器

143

4-14 吹出口・吸込口

●ノズル型

ノズル型の吹出口は風を遠くまで送ることができるので、天井の高い劇場やホール、体育館や工場などでも多く使われています。室内の発熱量が多い厨房や工場などのスポット空調などで使われることもあります。

ノズルを調整することで吹き出し方向を調整することも可能で、コンパクトに設計されています。

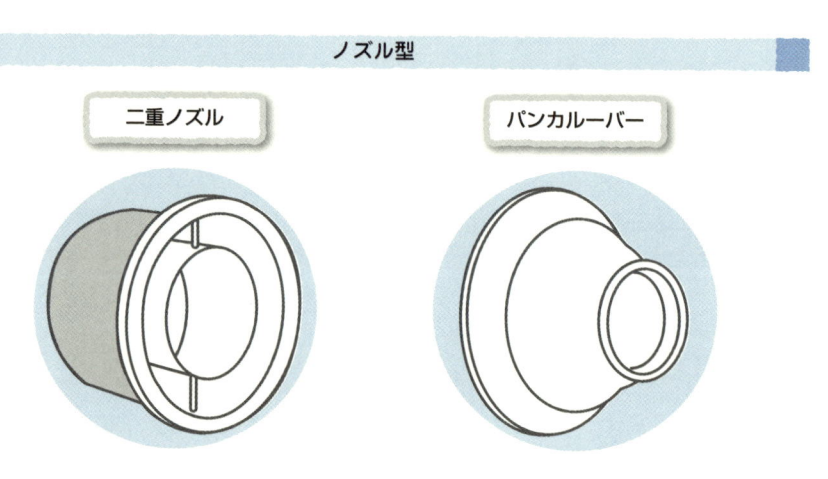

ノズル型

二重ノズル　　パンカルーバー

●床吹出口

床吹出し空調方式などで使われ、オフィスビルなどのフリーアクセスフロアで使われることが多い吹出口です。

機器内にファンを内蔵したものや、モータダンパを内蔵したものなどさまざまなタイプがあります。

床吹出口

吸込口の取り扱い

　ユニバーサル型のように吹出口と吸込口を兼用できるものがありますが、吸込口として使用する場合は風向調整の必要性がないので、羽根が可動しないタイプのものを選定するのが一般的です。

　室内の空気を空調機に戻す還気用の吸込口の場合は、室内の埃なども吸い込んでしまうので、フィルタを装着してダクト内になるべく埃などを取り込まないようにするなどの対策も肝心です。意匠面などを考慮して羽根ではなくパンチングメタルなどを取り付けた吸込口もあります。

　外気用の吸込口など外部に取り付ける吸込口の場合は、羽根に**水返し**がついたガラリなどで雨の流入を防ぎます。また、内部に防虫網を取り付けて虫、鳥、ネズミなどがダクト内に侵入するのを防ぐことも重要です。

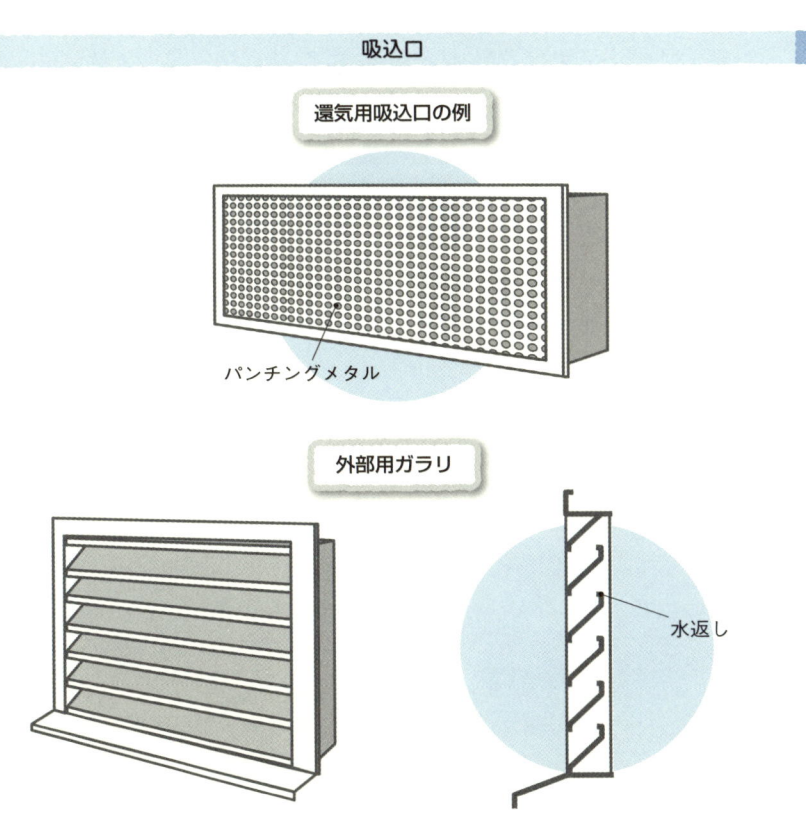

吸込口

還気用吸込口の例

パンチングメタル

外部用ガラリ

水返し

4-15 ポンプ
空調設備で使われる代表的なポンプ

Point
- 空調設備ではボリュートポンプ、タービンポンプ、ラインポンプ、オイルポンプなどが使われます。
- 各ポンプの概要を把握しましょう。

渦巻きポンプの特徴

空調設備においては冷水、温水、冷却水などをポンプで各機器に送る必要があります。

ポンプにはさまざまな種類がありますが、空調設備では羽根車を回転させて遠心力で液体を送り出す**渦巻きポンプ**が多く使われます。渦巻きポンプには**ボリュートポンプ、タービンポンプ**があります。

●ボリュートポンプ

ボリュートポンプはケーシングの中の羽根車を回転させて遠心力で圧力を高めて液体を送り出します。一般に低揚程に適したポンプです。

後述するタービンポンプは案内羽根がついていますが、ボリュートポンプには案内羽根がないのが特徴です。

ボリュートポンプ

画像提供:株式会社川本製作所

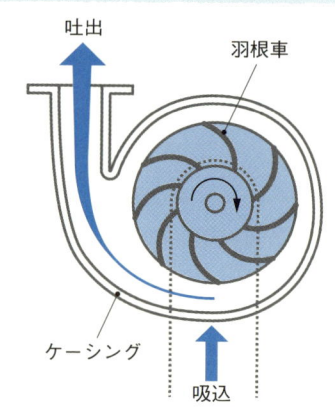

●タービンポンプ

タービンポンプは羽根車の周りに固定された**案内羽根**がついているのが特徴です。案内羽根によって効率的に圧力変換され、高揚程に適したポンプです。

羽根車の数がひとつのものを**単段タービンポンプ**、2段以上の複数になるものを**多段タービンポンプ**といいます。

多段タービンポンプは軸方向に羽根車を並べて、1段目の吸込口から入った液体が2段、3段と進むうちに圧力が高められて最後尾の羽根車から吐き出されるしくみになっています。

羽根車を大きくすると吐出圧力は高くなりますが、ポンプ自体も大きくなってしまいます。多段タービンポンプは径の小さな羽根車を複数並べることで、高い吐出圧力と小型化を可能にしたポンプです。

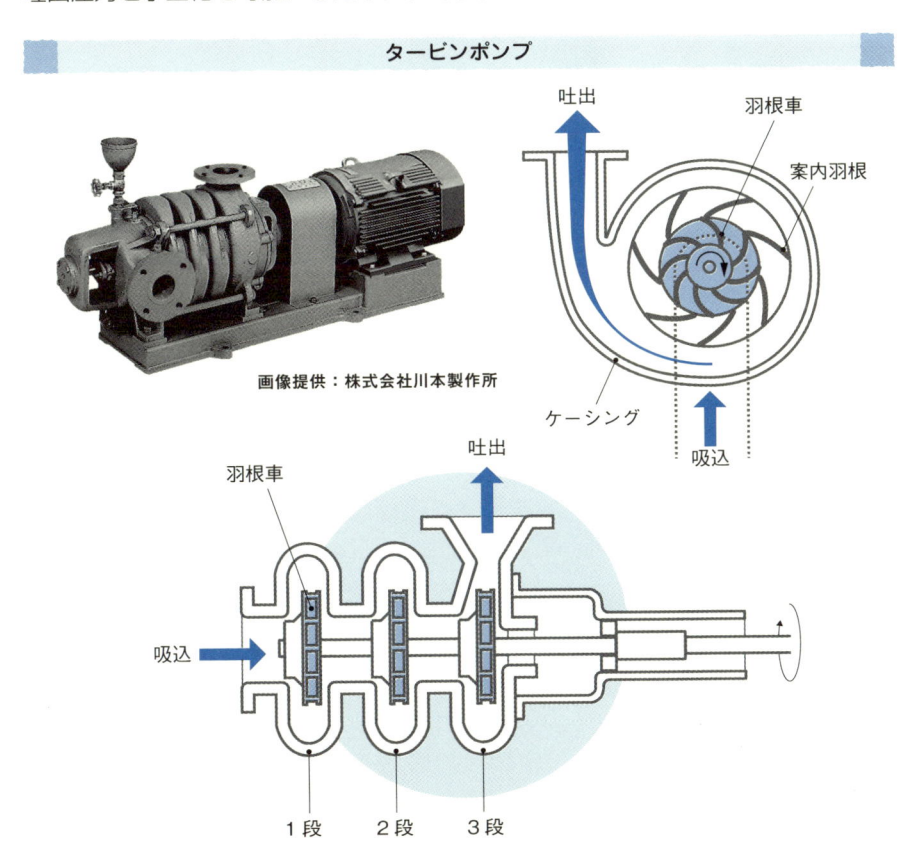

タービンポンプ

画像提供：株式会社川本製作所

その他のポンプ

●ラインポンプ

ラインポンプは一般に小型に設計されていて、吸込口と吐出口が配管と一直線になっているので、配管の途中に基礎などを用いずに繋ぐことができます。

冷温水循環用などに使用されます。

ラインポンプ

画像提供：株式会社川本製作所

●オイルポンプ（歯車ポンプ）

オイルポンプはボイラなどの燃料を運ぶポンプに使われます。燃料は回転する歯車とケーシングの間に挟まれて運ばれるしくみになっています。

オイルポンプ

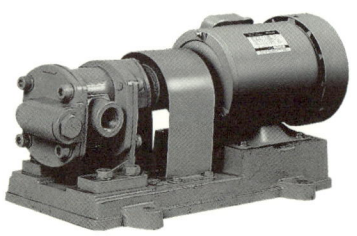

画像提供：株式会社川本製作所

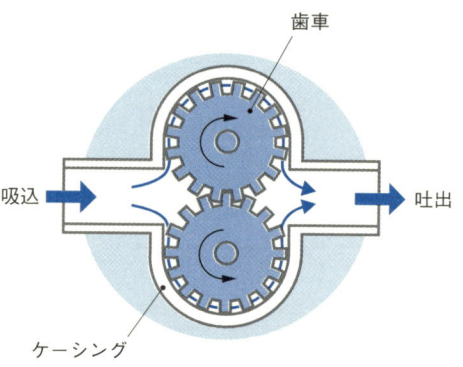

ポンプの据付け

ボリュートポンプやタービンポンプなどは一般に床置きとしますが、標準的な据付けとしては、高さ**300mm以上**のコンクリート製基礎を設け、その周囲には排水口を設けます。

ポンプの振動を躯体に伝えないようにするために、**防振架台**を設けるなどの対策も取られます。接続する配管には**防振継手**などを使い、ポンプの電動機（モータ）への電力供給の配管についても振動を吸収できる**金属可とう電線管**などが使われます。なお、柔軟性があり、曲げが比較的自由な管を総じて**可とう管**といいます。フレキシブルな管ということで**フレキ管**ともいわれます。このタイプの配管材は、空調、電気、給排水などさまざまな工事で使われます。

以下に防振架台を用いた防振基礎の一例を示します。

防振基礎

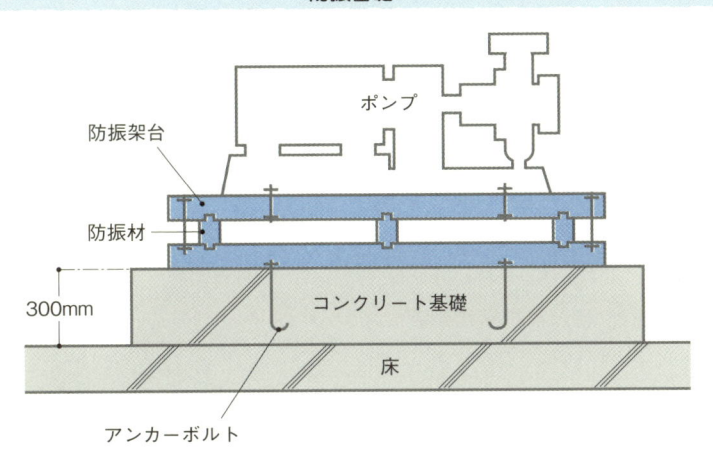

（図：ポンプ、防振架台、防振材、コンクリート基礎（300mm）、床、アンカーボルト）

4-16 配管材・その他関連部材
配管材の種類と継手・弁類

Point
- 空調設備の配管材には配管用炭素鋼鋼管、ライニング鋼管、銅管、ステンレス鋼管、架橋ポリエチレン管、ポリブデン管などが使われます。
- 配管の途中には継手や弁類なども使われます。

配管材

空調設備では管の中を流れる流体の性質や用途などを考慮してさまざまな配管材が使われますが、代表的なものとしては**配管用炭素鋼鋼管**、**ライニング鋼管**、**銅管**、**ステンレス鋼管**、**架橋ポリエチレン管**、**ポリブデン管**などがあります。

以下に各配管材の概要を示します。

●配管用炭素鋼鋼管

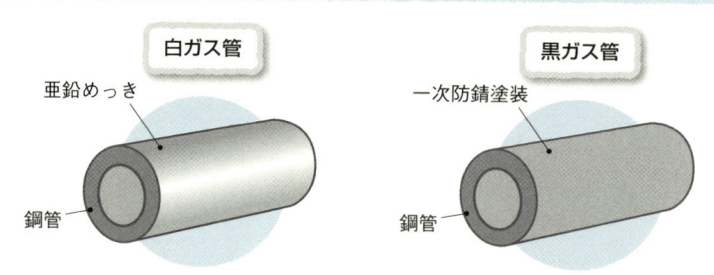

配管用炭素鋼鋼管は一般に**ガス管**ともいわれ、鋼管に亜鉛めっき処理をしたものを**白ガス管**、亜鉛めっき処理をしていないものを**黒ガス管**といいます。

白ガス管は冷温水管や冷却水配管に多く使用されています。蒸気配管には黒ガス管が使われます。

蒸気配管などでさらに圧力の高い配管には厚みのある**圧力配管用炭素鋼鋼管**が使われます。圧力配管用炭素鋼鋼管はスケジュール管ともいわれ、厚みによってスケジュール番号（10・20・30・40・60・80）がつけられた管です。番号の数値が大きいほど厚みがあり、使用圧力も高くなります。

配管用炭素鋼鋼管

白ガス管
亜鉛めっき
鋼管

黒ガス管
一次防錆塗装
鋼管

●ライニング鋼管

　ライニング鋼管は鋼管の内側に硬質塩化ビニルやポリエチレン粉体などをライニングしたものです。ガス管の内側に塩ビ管などを挿入して互いに接着した管と考えてよいでしょう。鋼管の強度と塩ビやポリエチレンの耐久性や耐食性を併せ持っていて、冷温水管などに使われます。

　なお、冷却水管などではライニング鋼管ではなく、一般に塩ビ管といわれる硬質塩化ビニル管も多く使われています。

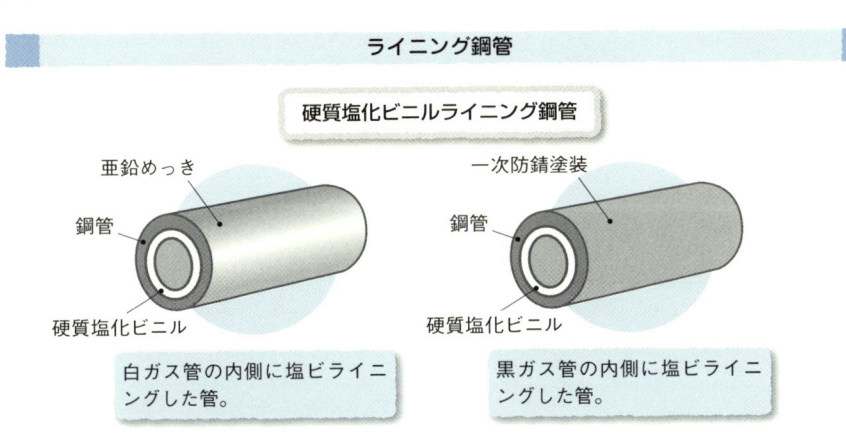

ライニング鋼管

硬質塩化ビニルライニング鋼管

- 亜鉛めっき
- 鋼管
- 硬質塩化ビニル

白ガス管の内側に塩ビライニングした管。

- 一次防錆塗装
- 鋼管
- 硬質塩化ビニル

黒ガス管の内側に塩ビライニングした管。

●銅管・ステンレス鋼管

　銅管は耐食性に優れた管で、空調設備で使用される銅管はりん脱酸銅管といって、りんを添加して酸素を除去した銅管が使われます。銅管は冷媒用配管としても馴染みのある管です。

　ステンレス鋼管は錆にくく耐食性、耐摩耗性に優れた管で、他の金属管と比較して肉薄で軽量なのが特徴です。

●架橋ポリエチレン管・ポリブデン管

　架橋ポリエチレン管は軽量で柔軟性があり、耐食性、耐衝撃性、耐寒性、耐熱性などに優れ、電気絶縁性にも優れているので、電食の影響を受けないといった特徴もあり、冷温水管に使用されます。

　ポリブデン管の材料特性としては架橋ポリエチレン管に似ています。近年、架橋ポリエチレン管やポリブデン管は、金属管に代わる新しい素材として普及してきました。

継手

●伸縮継手

　例えば鉄道の線路などは気温の変化による金属の膨張や収縮に対応するために継ぎ目が設けられています。空調設備の配管も同様で、冷温水管では内部の温度が高くなると管が膨張し、低くなると収縮しますので、どこかで伸縮を吸収しないと配管の破損などの原因にもなります。

　伸縮継手は配管に生じる軸方向の変位を吸収するもので、鋼管用のものとしては**スリーブ形**、**ベローズ形**などの伸縮継手があります。

ベローズ形伸縮継手

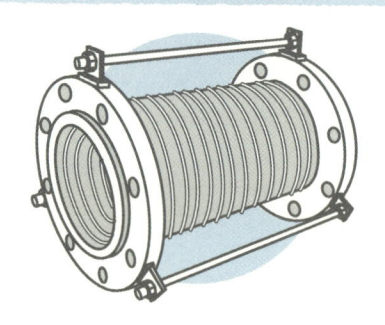

●防振継手

　ポンプなど振動の恐れがある機器と接続する配管は振動に対して柔軟に変位できなければ振動を吸収できません。このような場所に設けられるのが**防振継手**で、**合成ゴム**などの伸縮性のある素材が振動を吸収します。また、振動と同時に騒音を低減させる効果もあります。

防振継手

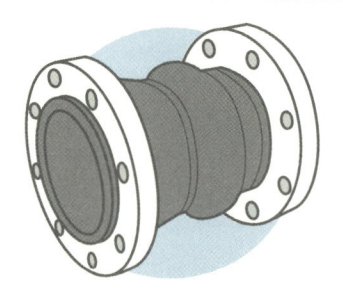

●フレキシブルジョイント

フレキシブルジョイントはある程度自由に変形する継手で、ステンレス製や合成ゴム製などがあります。

ファンコイルまわりなどで多く使われ、壁の配管貫通部やエキスパンションジョイントなど、配管の変位が予想される場所での継手としても使われます。

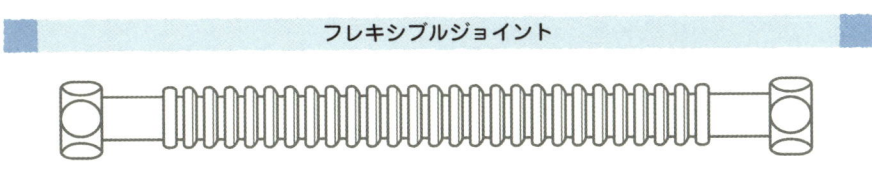

フレキシブルジョイント

弁類

配管内の流体を止めたり、流したり、調節したり、逆流を防ぐなどの目的で配管の途中につけられるのが弁類です。**仕切弁**、**玉形弁**、**バタフライ弁**、**逆止弁**など多くの弁類が用途に応じて使われ、手動のものから関連機器と連動した自動制御のものなどさまざまなものがあります。

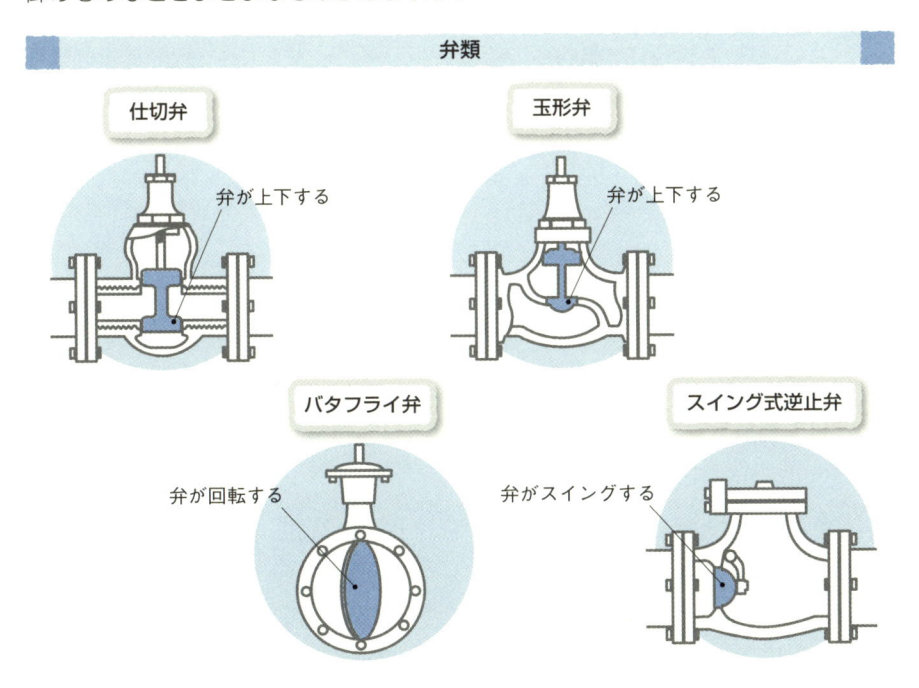

弁類

仕切弁 — 弁が上下する

玉形弁 — 弁が上下する

バタフライ弁 — 弁が回転する

スイング式逆止弁 — 弁がスイングする

4-17 配管の施工
配管の接続と支持方法

> **Point**
> ●配管の基本的な接続方法としては、ねじ込み接続、フランジ接続、溶接接続などがあります。
> ●配管の支持方法や還水方式の概要を把握しましょう。

配管の接続

　空調設備や給排水・衛生設備の配管を扱う工事のことを**管工事**といい、これらの配管を扱うには専門知識が必要なので、1・2級管工事施工管理技士といった有資格者が取り扱います。

　配管の接続は配管材によってさまざまな接続方法がありますが、基本的な接続方法としては**ねじ込み接続**、**フランジ接続**、**溶接接続**などがあります。

●ねじ込み接続

　ねじ込み接続は**雄ねじ**を**雌ねじ**にねじ込んで接続します。ねじの形状には**テーパねじ**と平行ねじがありますが、テーパねじが多く使用されています。

　管同士を接続する継手の例としては、曲がりには**エルボ**、分岐には**チーズ**や**クロス**、雄ねじ同士の接続には**ソケット**などさまざまなものがあります。

ねじ込み接続と継手の例

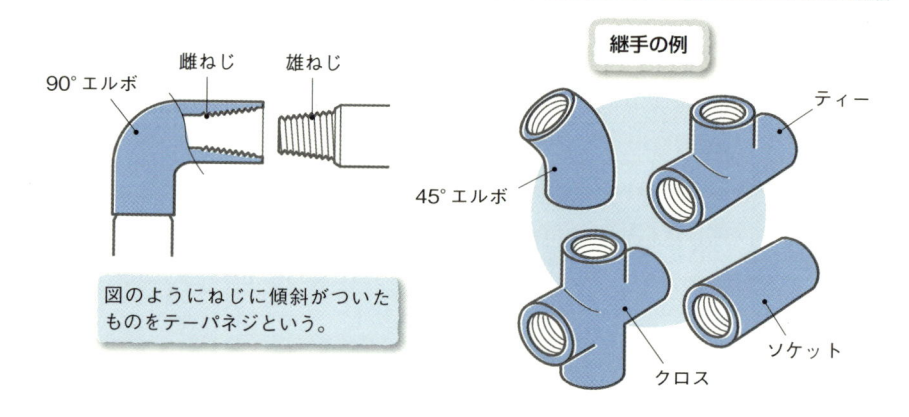

90°エルボ　雌ねじ　雄ねじ

図のようにねじに傾斜がついたものをテーパネジという。

継手の例
45°エルボ　ティー　クロス　ソケット

●フランジ接続

フランジ接続は、つば状のフランジにガスケットを挟み、ボルト・ナットで締め付けて固定する接続方法です。前節で触れた弁類（バルブ）などは本体とフランジが一体形成されたものも多いです。機器との脱着が行いやすいので、弁類やポンプまわりなどの接続で使われることの多い接続方法です。

なお、鋼管と銅管といったような異種管同士の接続については、防食処理を完全にしないと急速な腐食が起こりますので、**絶縁フランジ**によって接続します。

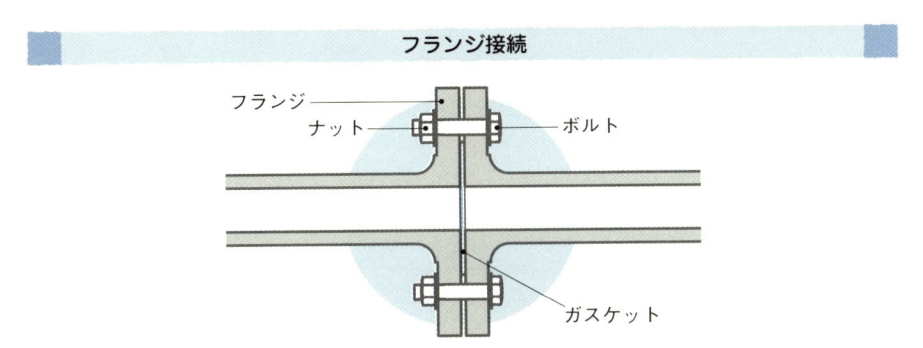

フランジ接続

（フランジ、ナット、ボルト、ガスケット）

●溶接接続

溶接接続は溶接によって配管同士や配管と継手などを完全に一体化させる接続方法です。確実に溶接が行えれば漏れなどの心配もなく、高温高圧の蒸気配管などで採用される接続方法です。

溶接方法としては下図のように**差込み溶接**（ソケットウェルド）と、**突合せ溶接**（バットウェルド）があります。

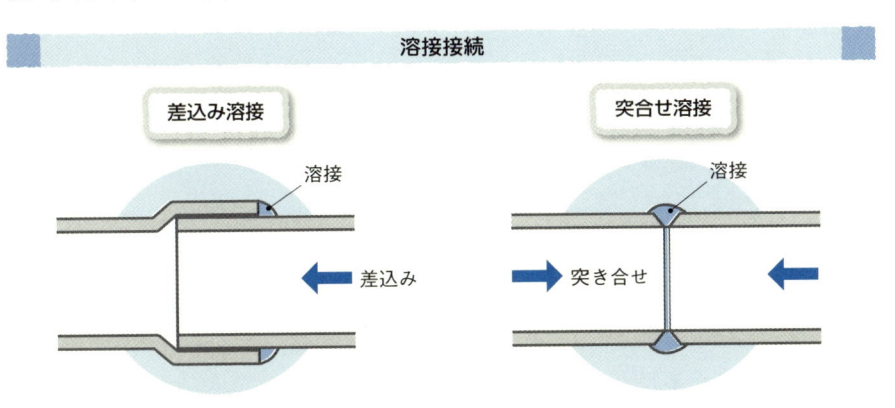

溶接接続

差込み溶接　　突合せ溶接

配管の支持方法

配管の支持方法は天井（スラブ）からの吊り支持、鉄骨を利用した吊り支持、三角ブラケットなどによる壁からの支持などさまざまで、支持に関する金物類も各メーカーから豊富に選択できます。

基本的には配管の重量に耐えられ、振動や地震時などにも耐えられる支持にする必要があります。ダクトの支持も同様ですが、吊り支持の場合は、地震時に共振しないように一定間隔で振れ止めを施します。

以下に横走管の支持の一例を示します。

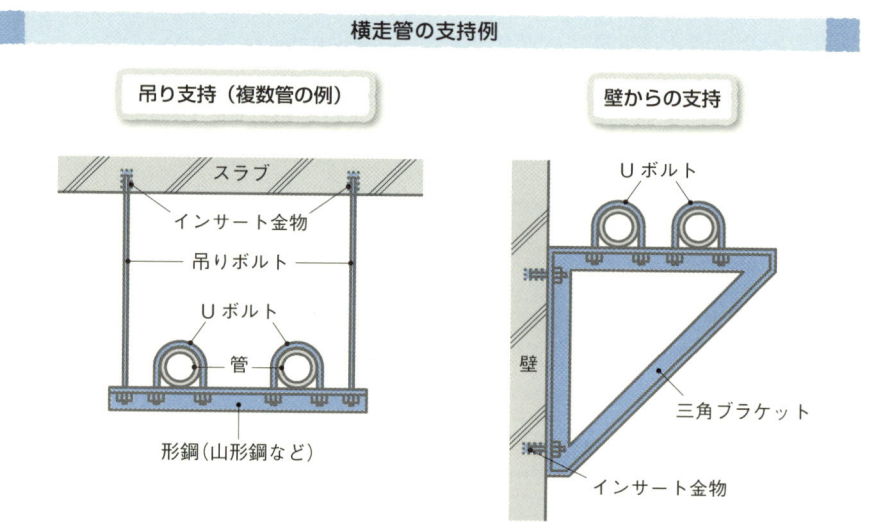

横走管の支持例

吊り支持（複数管の例）
- スラブ
- インサート金物
- 吊りボルト
- Uボルト
- 管
- 形鋼（山形鋼など）

壁からの支持
- Uボルト
- 壁
- 三角ブラケット
- インサート金物

●ローラー支持・伸縮継手の支持

冷温水管など熱による伸縮量の大きい配管を支持する例としては、配管を**ローラー**で受けるローラー支持が一般に多く採用されます。

伸縮量が大きい配管をすべて固定してしまうと伸縮したときの逃げ場がなくなってしまうので、固定支持する箇所以外はローラーで配管を軸方向にスライドさせる訳です。

伸縮したときの逃げ場になるのが**伸縮継手**で、伸縮継手は固定支持されて軸方向の変位を吸収します。なお、**ガイド**の役割は管の変位を軸方向に制限するもので、一定の間隔で適所にガイドが設けられます。

ローラー支持・伸縮継手の支持

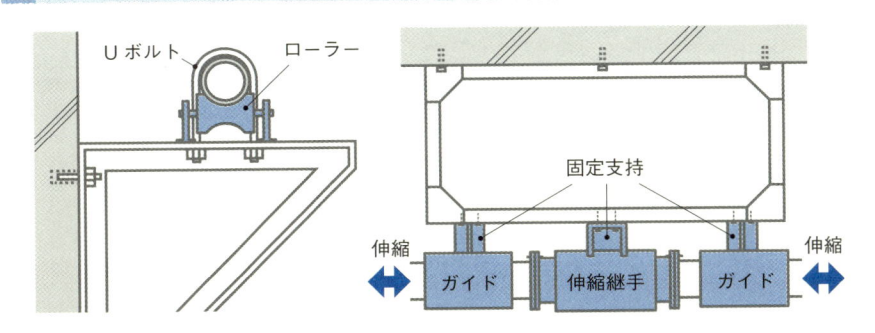

配管の還水方式

配管系統を考えたときに、機器からの還り管の接続方式の違いによって**ダイレクトリターン方式**、**リバースリターン方式**があります。

ダイレクトリターン方式は直接還水方式ともいわれ、ポンプから近い順に機器を接続する方法で、機器ごとの配管の総延長がポンプから近い順に短くなり、遠い機器は長くなります。配管の距離が長くなるほど圧力が下降し、流量も少なくなるので、定流量弁などでバランスを取る必要がありますが、配管系統がシンプルで設備費としては安くなるといった長所もあります。

リバースリターン方式は逆還水方式ともいわれ、往き管はダイレクトリターン方式と同様ですが、還り管はポンプから近い機器が上流になり、ポンプから遠い下流側の機器へ還り管を送る方法です。機器ごとの配管の総延長が等しくなるので、管路の抵抗、流量などのバランスが取れた接続方法ですが、配管系統が複雑な分、設備費としては高くなります。

ダイレクトリターン・リバースリターン方式

Column

熱絶縁工事ってどんな工事？

　建設業として許可される工事には28種類の専門工事がありますが、その中に「熱絶縁工事」というものがあります。一般的にはあまり聞き慣れない言葉ですが、熱絶縁工事とはどんな工事なのでしょう。
　空調設備で使われるダクトや配管は、場合によって保温や断熱が必要になります。「保温工事」「断熱工事」「ラッキング工事」などのスペシャリストが熱絶縁工事業者です。
　保温工事は熱を逃がさないようにする工事です。例えばビルなどの給気ダクトでは、暖かい空気は暖かいまま、涼しい空気は涼しいまま届けたいものです。そのためには熱を逃がさないようにする必要があるので、ダクトを保温材で包み込みます。適切にダクトや配管を保温することによって、機器の性能を最大限に引き出すことができ、省エネに繋がります。また、結露防止にも効果を発揮します。

　断熱工事というと、家の壁に断熱材を入れる工事を連想する人が多いと思いますが、熱絶縁工事業者が行う断熱工事は火災時の安全を確保するための工事なので、家の断熱工事とは目的が違います。
　断熱工事はビルなどの排煙ダクトや一般住宅のキッチン排気ダクトなどを断熱材で包む工事です。万が一の火災に備えてダクトから火災が広がらないように、安全な避難ができるようにといった目的で工事されます。
　ラッキング工事とは、グラスウールなどの保温材は雨などで濡れると保温効果が落ちてしまうので、特に屋外に露出する配管、ダクト、機器類などの保温材が濡れないようにステンレスなどの金属板で防水する工事です。
　保温や断熱でよく使われるグラスウールを素手で触ると、痒くて大変な目に遭います。このような素材を扱うだけでも素人ができることではありませんが、その上、自由に扱って断熱や保温などをするのですから、やはりその道のプロとはすごいものです。

　熱絶縁工事は、空調のロスを抑えてエネルギーを無駄なく活用するため、あるいは、火災時に私たちを守るための重要な役割を担っています。空調設備において熱絶縁工事業者は欠かせないパートナーです。

第 5 章

中央暖房と個別暖房

　一般的な住宅でもオフィスビルにおいても、暖房を大別すると中央暖房と個別暖房に分けられ、中央暖房はさらに直接暖房と間接暖房に分けられます。

　これまで学んだ空調方式についても、もちろん暖房を行えるので、暖房に特化した設備を入れない例も多いですが、寒冷地のビル、学校、体育館、工場などでは単独で直接暖房を導入する例もあります。

　本章では空調設備の一環として、暖房の機能に特化した中央暖房や個別暖房にはどんな種類や特徴があるのかなどについて学びたいと思います。

5-1 暖房の種類

暖房の種類とその概要

> **Point**
> ●暖房は中央暖房と個別暖房に分けられます。
> ●まずは中央暖房、個別暖房、直接暖房、間接暖房といった暖房方法の種類とその概要をつかみましょう。

暖房の種類

暖房の種類を大別すると**中央暖房**と**個別暖房**に分けることができます。中央暖房は直接暖房、間接暖房に分けられ、さらに直接暖房は蒸気暖房、温水暖房、放射暖房に分けられます。

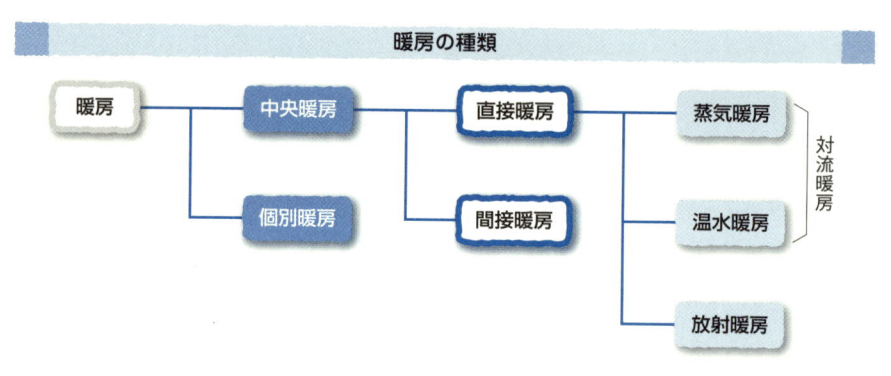

暖房の種類

```
暖房 ─┬─ 中央暖房 ─┬─ 直接暖房 ─┬─ 蒸気暖房 ┐
      │             │             │           ├ 対流暖房
      │             │             ├─ 温水暖房 ┘
      │             │             │
      │             │             └─ 放射暖房
      │             │
      └─ 個別暖房   └─ 間接暖房
```

● **中央暖房とは**

中央暖房はボイラなどの1ヶ所に集約された熱源から複数の放熱器に熱媒を供給する方式で、一般に**セントラルヒーティング**といった方が馴染みがあるかもしれません。

● **個別暖房とは**

個別暖房は石油ファンヒーター、カーボンヒーター、ハロゲンヒーターなどさまざまな暖房器具があり、部屋ごとに熱源を置いて暖房する方法です。

歴史的にみても火鉢、いろり、こたつなど個別暖房の歴史は長く、日本人の生活には個別暖房は欠かせないものです。

特に一般住宅では今でも個別暖房が主流ですが、最近は中央暖房を採用する例も増えてきました。エコキュートなどの普及も影響して、給湯と併用して温水を暖房にも利用しようという例が多く見られるようになってきています。

●直接暖房とは

中央暖房に含まれる直接暖房とは、室内に置かれた放熱器で蒸気や温水の熱媒供給を受けて放熱し、暖房する方法です。放熱方式としては**対流暖房**と**放射暖房**があります。

対流暖房には室内の空気を自然対流させる方法と、放熱器からのファンで機械的に温風を送り、強制対流させる方法があります。直接暖房の蒸気暖房や温水暖房がこれらの対流暖房を行う方法です。

放射暖房は床暖房などが一番わかりやすい例ですが、空間を伝わる熱を利用した暖房方法です。

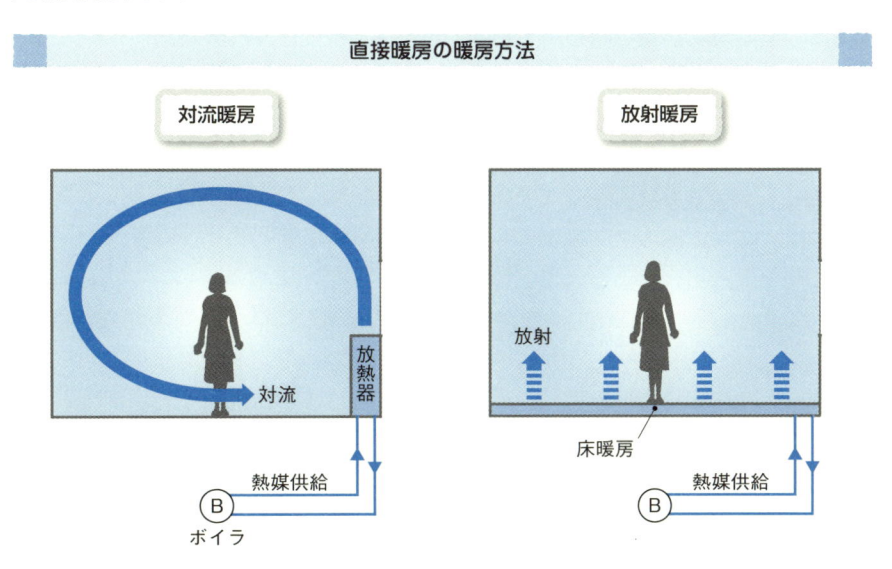

直接暖房の暖房方法

対流暖房／放射暖房／放熱器／対流／熱媒供給／ボイラ／放射／床暖房／熱媒供給

●間接暖房とは

間接暖房はあらかじめ加熱された空気をダクトなどで室内に送る方法です。今まで学んだ単一ダクト方式などはこの間接暖房ともいえますので、間接暖房については本章では触れないことにします。

5-2 蒸気暖房

蒸気暖房の概要

Point
- 蒸気暖房の概要を把握しましょう。
- 蒸気暖房ではスチームハンマーに注意が必要です。
- ファンコンベクタなどが放熱器として使われます。

蒸気暖房の概要

蒸気暖房はボイラで発生させた蒸気を各部屋の放熱器に送り、放熱器では潜熱を放出して部屋を暖め、凝縮した水はボイラに戻されます。

一般住宅で蒸気暖房が採用される例は少ないですが、寒冷地のオフィスビルや学校、工場などで採用される例があります。

蒸気暖房の一般的な長所としては、始動が素早く、比較的すぐに部屋を暖めることができ、寒冷地でも凍結事故は少なく、熱媒が高温なため放熱器が小さくてすみます。短所としては放熱器の温度が高いので、室内の上下の温度差を生じさせやすいなどが考えられます。

蒸気暖房の構成

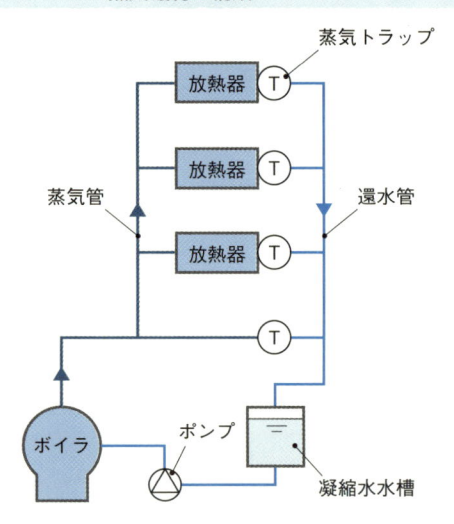

放熱器／蒸気トラップ／蒸気管／還水管／ボイラ／ポンプ／凝縮水水槽

スチームハンマーとは

　放熱器で凝縮した水は凝縮水になってボイラに戻されますが、この凝縮水が管の中に留まって速やかにボイラに送られないような場合、滞留した凝縮水が蒸気に押されるなどして配管などに衝突して、衝撃音や振動を発生させる**スチームハンマー**といわれる現象が起こることがあります。

　スチームハンマーが起こると「カキン・カキン」と金属音がして、場合によっては配管やバルブなどに異常な圧力がかかり破裂することもあります。

　蒸気暖房ではスチームハンマーを発生させないようにするため、凝縮水と空気だけを通し、蒸気を通さないようにする**蒸気トラップ**を設置したり、配管に勾配をつけて凝縮水がスムーズに流れるようにするなどの対策が取られます。

蒸気暖房の放熱器

　従来の蒸気暖房は**ラジエータ**といわれる鋳鉄製の放熱器が主流でした。ラジエータは室内を機器からの放射と自然対流で暖めますが、天井付近に暖かい空気が溜まってしまい足下が寒い、鋳鉄製なので重いなどから、最近ではあまり見かけなくなりました。

　ラジエータに代わって使われるのが、羽根（フィン）付きのコイルに蒸気を流して蒸気と室内の空気の熱交換を向上させた**コンベクタ**や**ファンコンベクタ**といわれる放熱器です。コンベクタにファンがついて強制対流を起こせるものがファンコンベクタです。

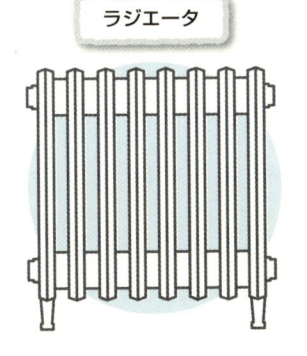

ファンコンベクタ

ラジエータ　　　ファンコンベクタ

5-3 温水暖房
温水暖房の概要

> **Point**
> ●温水暖房の概要を把握しましょう。
> ●最近では一般住宅でも温水暖房を導入する例が増えてきました。
> ●ファンコンベクタは窓の下などに設置するのが効果的です。

温水暖房の概要

　温水暖房はボイラからの温水を放熱器に供給して部屋を暖めます。熱媒が違いますが、基本的なところは蒸気暖房の構成に似ています。一般的には80℃程度の温水を使いますが、大規模な暖房、例えば地域冷暖房（92ページ参照）などでは100℃以上の高温水を使う場合もあります。

　温水暖房の放熱器として代表的なものは、蒸気暖房と同様にファンコンベクタなどです。また、ファンコンベクタは強制対流を起こすために、温風を吐き出しますので、加熱された空気を送る間接暖房に分類されることもあります。

　水は加熱すると膨張するので、温水暖房ではシステム内の膨張を吸収するために**膨張タンク**を設置します。システム内の高い位置の方が圧力が低く、タンクを小さくできるので、ビルの屋上などに設置されることが多いです。

温水暖房の構成

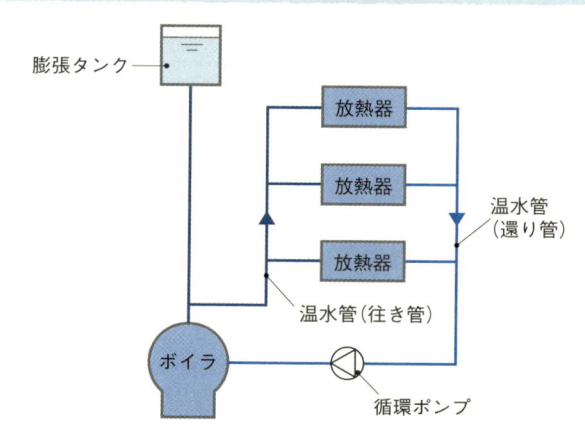

一般住宅の温水暖房

温水暖房は前述したようにセントラルヒーティングですが、セントラルヒーティングは各部屋に熱源を置く必要がないので、燃焼による臭いがなく、室内の空気を汚さないといった長所があります。このような長所に加えて、蒸気暖房と比較しても安全性や快適性が高いので、一般家庭でもセントラルヒーティングの温水暖房を導入する例が増えてきました。

一般家庭では、例えばキッチンに熱源機を設置して、ファンコンベクタ、放射暖房の床暖房やパネルヒータ、浴室暖房乾燥機などを部屋ごとの用途や広さなどに合わせて選択することができます。

ファンコンベクタやパネルヒータといった放熱器の設置位置は、熱負荷の大きくなる窓の下などに設置すると効果的で、コールドドラフト防止にもなります。放熱器については設置位置を間違えると室内に不快な空気の流れをつくってしまうことがあるので注意が必要です。

一般住宅の温水暖房のイメージ

5-4 放射暖房

低温放射暖房と高温放射暖房

Point
- 放射暖房には低温放射暖房と高温放射暖房があります。
- 低温放射暖房の特徴をつかみましょう。
- 高温放射暖房は体育館や工場などの大空間の暖房に適しています。

低温放射暖房

　放射暖房は、ボイラから温水の供給を受けて、床や壁などに埋め込んだ配管に温水を流して、床や壁からの放射熱で暖房を行います。温水コイルを埋め込んだユニット化された放射パネルによる放熱器も使われます。

　放射暖房には**低温放射暖房**と**高温放射暖房**があります。一般的な放射暖房は60℃程度の温水を利用した低温放射暖房です。

　低温放射暖房の床暖房の場合、床の表面温度は30℃程度で、足下からじんわりとやわらかい温もりを感じさせるのが特徴です。低温の放射面でありながら室内をバランスよく暖めることができます。

　快適性の高い床暖房ですが、コンクリートに配管を埋設する施工方法は、配管の膨張など熱影響に対する処理が難しい面もあり、あまり採用されません。

低温放射による床暖房のイメージ

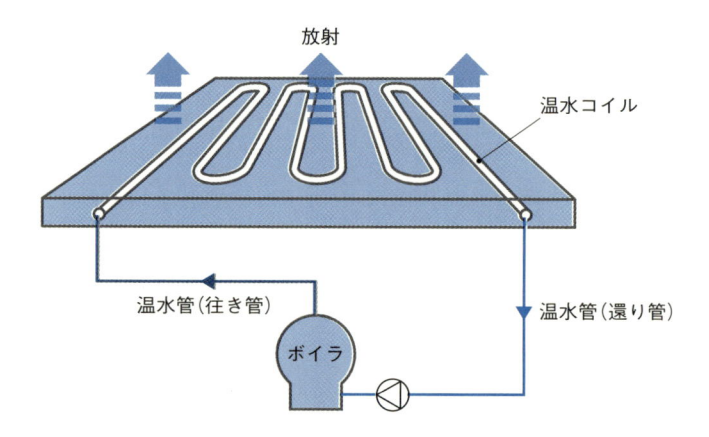

低温放射暖房の特徴

　太陽に手をかざすと温もりを感じますが、陰になる部分には温もりが伝わりません。放射暖房も同様で、障害物があると放射熱が遮られます。人が放射パネルの前に立つと暖かいのは、放射熱を遮って直接放射を受けるからです。

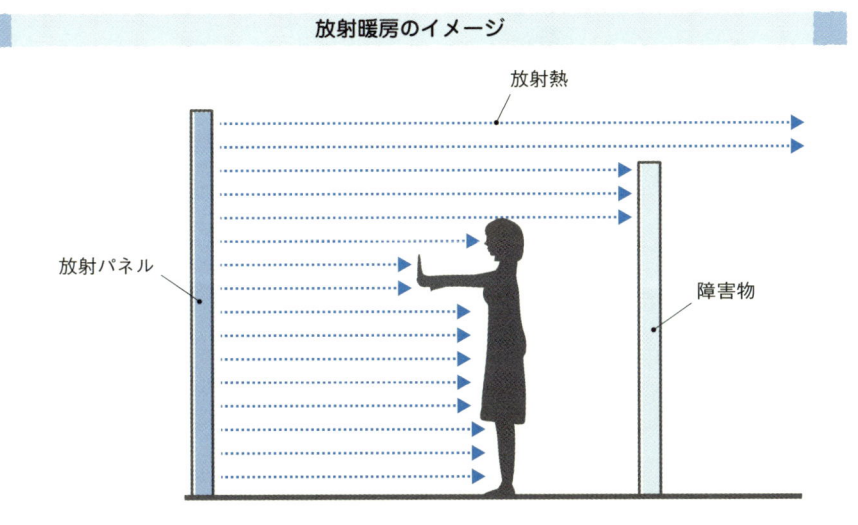

放射暖房のイメージ

　自然対流や強制対流による対流暖房は空気を暖めるので、天井の高い空間などでは上下の温度差を生じさせてしまいますが、放射暖房は空気を暖める暖房ではなく、空間を伝わる放射熱で空間を包む天井、壁、床などの表面温度を高くする暖房です。

　天井、壁、床の表面温度が高くなる結果として、じんわりと空間内の空気が暖められ、温度変化による緩やかな自然対流も発生しますが、空気を直接暖める対流暖房と比較すると、天井の高い空間でも上下の温度差が少なく、温度分布が良好で、快適性が高いのが特徴です。

　その他の低温放射暖房の長所としては、騒音が少なく、空気を強制循環させないので、埃などを巻き上げる心配がなく空気を汚しません。また、空気を直接加熱しないので比較的乾燥しません。

　短所としては、大きな放熱面が必要になるので、設備費が高くなる傾向があり、埋め込まれた温水コイルなどの場合、修理が困難です。

高温放射暖房

　体育館や工場などの天井の高い大空間の暖房に高温放射暖房が使われることがあります。高温放射暖房は高温水や蒸気を熱媒にして、天井や壁に設置した放射パネルからの放射熱で暖房を行います。

　大空間の空気を暖めるには膨大なエネルギーを要しますので、膨大な空気を暖めるのではなく、空間を伝わる放射熱の特性を利用して、実際の室温以上にそこにいる人に暖かさを感じさせます。

　高温放射暖房は気密性がそれほど高くない大空間に適していて、エネルギーロスを極力抑えた効果的な暖房が可能です。

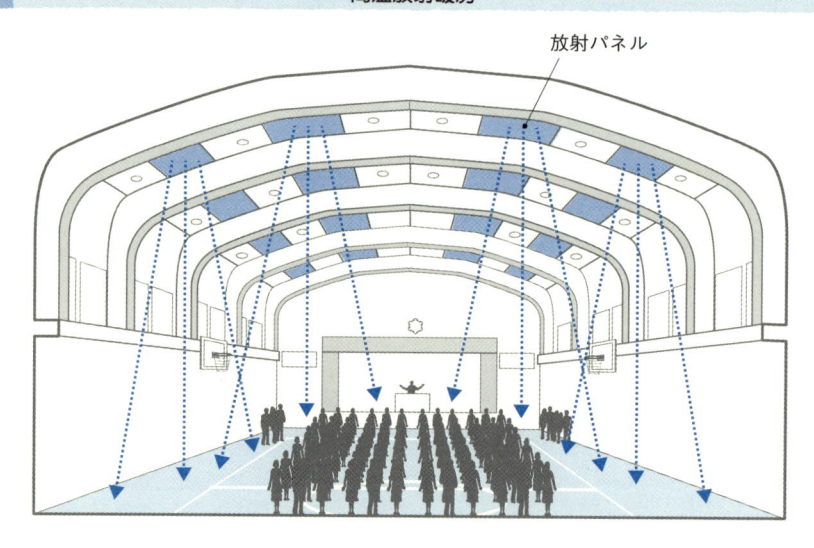

高温放射暖房

5-5 床暖房

電気式床暖房と温水式床暖房

> **Point**
> - 床暖房を大別すると電気式と温水式に分けることができます。
> - 電気式には電熱線ヒーター式、PCTヒーター式、蓄熱式などがあり、温水式は燃料によってさまざまな熱源機が使われます。

床暖房の種類

床暖房の概要は前述しましたが、ここでは主に比較的小規模な一般住宅などで採用される床暖房について解説します。

床暖房を大別すると**電気式**、**温水式**に分けることができます。

電気式床暖房

電気式の床暖房は**電熱線ヒーター式**、**PTCヒーター式**、**蓄熱式**などが主流です。一般に温水式と比較すると電気式の床暖房は設備がシンプルなので、施工が簡単でイニシャルコストとしては安くすみますが、電気代のランニングコストが高くなる傾向にあります。

●電熱線ヒーター式

床下に配した**電熱線**を発熱させる方法です。小規模な床暖房に採用される例がありますが、発熱面積が大きくなるほど、ランニングコストが割高になります。

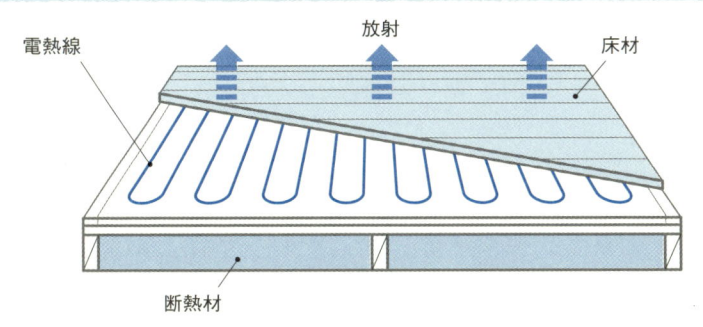

電熱線ヒーター式の床暖房

(電熱線、放射、床材、断熱材)

5-5 床暖房

●PTCヒーター式

　PTC（Positive Temperature Coefficient）とはフィルム状の発熱体のことです。PTCは人や家具の下など熱がこもる部分をフィルム自体が感知して発熱を抑制したり、窓からの日差しで部分的に温度にむらがあるような場合でも、PTCが温度を感知して発熱を抑制するといった機能が備わったフィルムです。

　発熱を抑制する機能があるので、無駄な電力の消費を抑えてくれます。

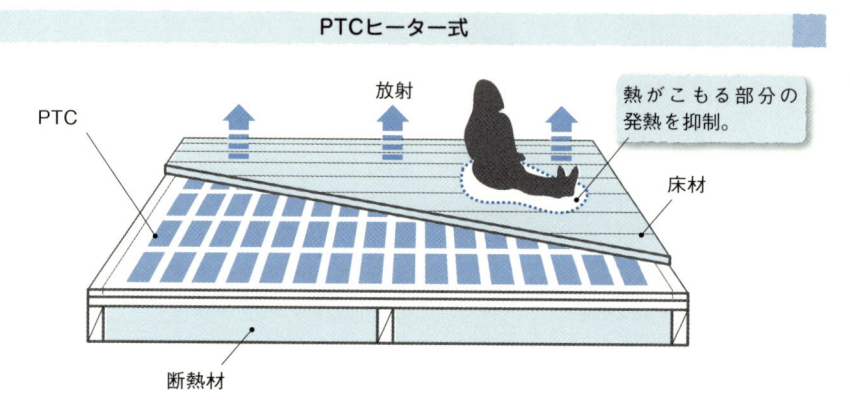

PTCヒーター式

（図：PTC、放射、熱がこもる部分の発熱を抑制。床材、断熱材）

●蓄熱式

　夜間の割安な電力を利用して**蓄熱体**に熱を蓄えておいて、昼間に放熱させて暖房を行います。蓄熱効果によるランニングコスト削減を狙った床暖房ですが、イニシャルコストは蓄熱体を必要とすることもあり、高くなります。

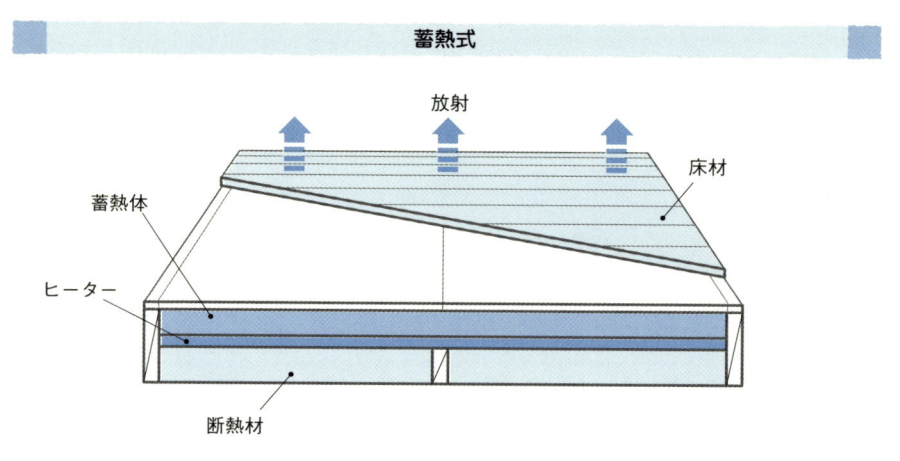

蓄熱式

（図：蓄熱体、ヒーター、放射、床材、断熱材）

温水式床暖房

　温水式の床暖房の概要については前述したように、ボイラなどの熱源機からの温水を床下の温水コイルに循環させて床暖房を行います。

　熱源機の燃料としては主に**電気**、**ガス**、**灯油**が使われます。熱源機の種類にはさまざまなものがありますが、以下に燃料別に代表的なものを紹介します。

●電気による温水式床暖房

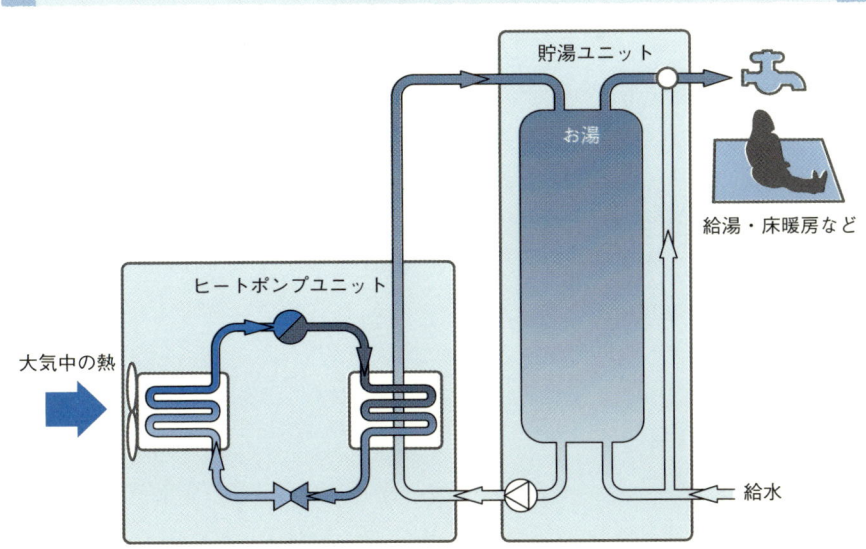

　電気による温水式床暖房として主流なのは、ヒートポンプによる熱源機を使用したものです。代表的なものに**多機能型エコキュート**があります。

　夜間の割安な電力を利用して貯湯ユニットにお湯を蓄えておいて、給湯や床暖房に利用し、オール電化の住宅などで採用されることが多い熱源機です。

　なお、ヒートポンプは外気温の影響を受けます。寒冷地仕様のヒートポンプもありますが、特に夜間にお湯をつくることを考慮すると、夜の気温が高い地域の方が効率面で有利といえます。エコキュートを導入する場合は住まう地域の外気温、家族の人数、タンク容量、使い方などを含め、さまざまなことを慎重に検討する必要があります。

多機能型エコキュート

5-5 床暖房

●ガスによる温水式床暖房

　比較的小規模なガスによる温水式床暖房の熱源としては、例えば**エコジョーズ**のような潜熱回収型の高効率給湯器も選択肢のひとつです。

　エコジョーズは従来は排気されていた2次熱を再利用することで、熱効率を向上させた給湯器です。

　他にもガスエンジンによる発電と排熱を利用してお湯をつくるエコウィル（82ページ参照）なども選択肢の一つです。

エコジョーズ

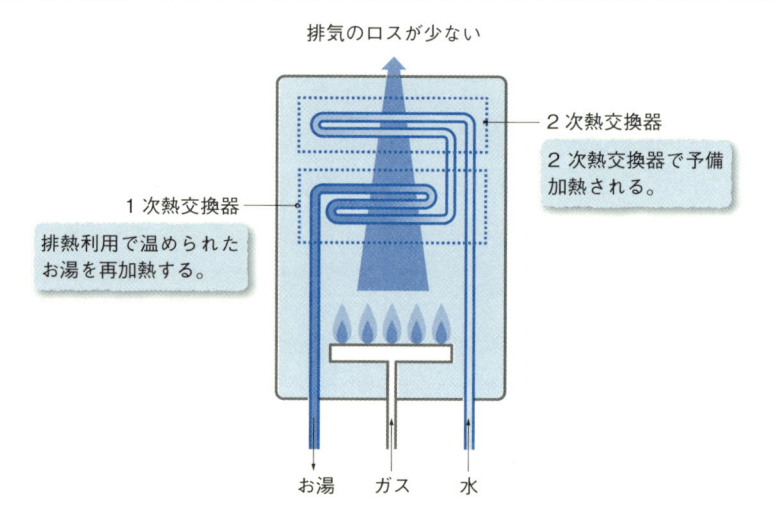

- 排気のロスが少ない
- 2次熱交換器 — 2次熱交換器で予備加熱される。
- 1次熱交換器 — 排熱利用で温められたお湯を再加熱する。
- お湯　ガス　水

　最近では**ハイブリッド給湯・暖房システム**も製品化されています。空気中の熱を利用するヒートポンプの場合、お湯を貯めて使うシステムなので、急な来客など想定外にお湯を使うような場合に湯切れしてしまう恐れがありますが、エコジョーズのようなガスの給湯器は、使いたいときに瞬時にお湯を取り出せるので湯切れの心配がありません。

　ハイブリッド給湯・暖房システムは空気中の熱を利用するヒートポンプとガス給湯器の利点を兼ね備えたもので、湯切れのときでも、ガス給湯器がバックアップできるシステムになっています。

　その他、ガスとのハイブリッドの例としては、太陽熱利用によるソーラーシステムに補助熱源としてエコジョーズを用いる方法もあります。

5-5 床暖房

ソーラーシステムとガスのハイブリッド

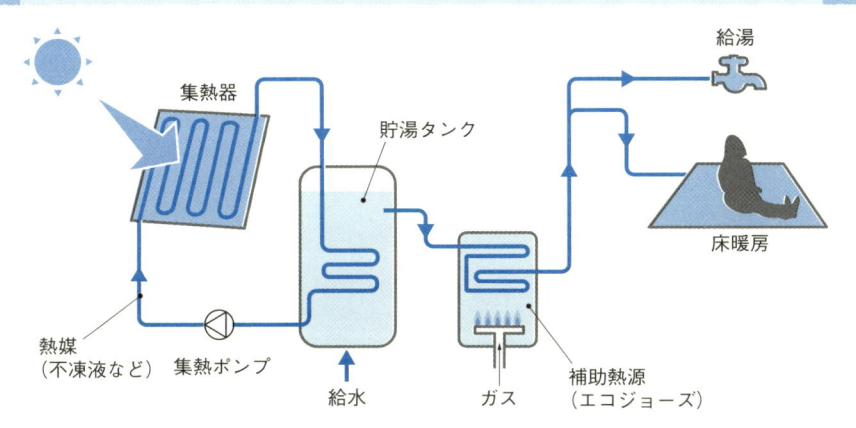

●灯油による温水式床暖房

灯油を燃料とする温水式床暖房の場合は専用の灯油ボイラを使います。電気やガスのような公共のパイプラインがないため、熱源機の他に灯油タンクが必要になり、定期的に給油も必要になりますが、大規模な床暖房にも対応できて、イニシャル・ランニングコスト共に比較的安いなどから、寒冷地では根強い人気があります。

寒冷地ではセントラルヒーティングに灯油を選ぶ例も多くありますが、比較的小規模な2～4室程度の暖房システムとしては、一つの燃焼器具（FF式※石油ファンヒータなど）を熱源として、そこでつくった温水を床暖房やパネルヒータなどに利用する**セミセントラルヒーティング**を採用する例も多くみられます。

セミセントラルヒーティング

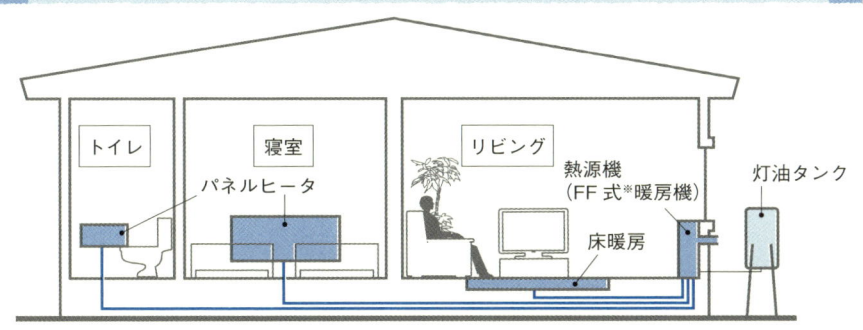

※ FF式とは、燃焼のための空気を室外から導入し、燃焼ガスも室外に排出する方法。密閉型ともいう。

Column

「R410A」にかわる冷媒、「R32」

　住宅用ルームエアコンの冷媒は、古くはアンモニアや二酸化硫黄などが使われていましたが、その後、空調機の性能の向上、環境問題などといった時代の流れとともに、特定フロン（CFC）→指定フロン（HCFC）→代替フロン（HFC）という流れで冷媒が転換してきました。

　オゾン層の破壊の可能性という点では、代替フロンへ転換することで効果がありますが、代替フロンでも、地球温暖化への影響は大きく、例えばルームエアコンで使われることが多い冷媒「R410A」の場合で、CO_2を1とした地球温暖化係数（GWP）の数値は、2,090です。

　空調や冷凍などの分野の各機器は、冷媒とともに進化してきた歴史がありますが、このままルームエアコンでR410Aを使い続けても、環境対応としても不十分で、エネルギー効率や機器自体の性能を向上させることも難しくなってきました。

　そのような頭打ちの状況の中、R410Aにかわる冷媒として、最近、注目されてきたのが「R32」です。

　R32は、R410Aと比較すると、地球温暖化係数が、およそ3分の1といわれますので、環境へ配慮された冷媒です。

　その他の利点としては、異種の冷媒を混ぜ合わせる混合冷媒ではなく、R32の単一冷媒なので、再充填などの取り扱いが容易。R410Aと圧力域が同じなので、銅管や継手類などをそのまま使える。エネルギー効率が良いなどといった利点があります。

　ただし、物質的には、わずかに燃性があるので、万が一に備えて、燃焼機器を側に置かないようにするなどの配慮は必要です。

　大手メーカー各社で、R32を冷媒にした新モデルのルームエアコンが多く市場に並ぶようになってきましたが、R32がR410Aにかわる冷媒として定着するのか、今後の動向が気になるところです。

第6章

換気・排煙設備

　誰だっていやな臭いや埃にまみれて暮らすより、清々しい空気を吸って暮らしたいものです。

　換気設備の目的は空気を入れ替えることです。新鮮な空気を取り入れたり、汚染物質や臭いを排出して、快適に暮らすために欠かせない設備です。

　排煙設備の目的は煙を外に出すことです。火災のときに煙で避難ができないということがないように、いざというときの安全を確保する設備です。

　本章では、換気・排煙の方法やしくみなどについて学んでいきましょう。

6-1 換気の目的
換気の目的と室内空気の汚染原因

> **Point**
> - 換気の目的は室内の空気を入れ替えることです。
> - 換気の対象になる主な空気の汚染原因にはどのようなものがあるのか、また、その許容値はどのくらいかを知りましょう。

空気の成分

空気の成分は窒素が約78%、酸素が約21%、その他、約1%は水蒸気、二酸化炭素、一酸化炭素、アルゴンなど、ごく微量な有害ガスも含めたさまざまな気体から構成されています。

空気の成分のバランスが極端に崩れると、人体に悪影響を及ぼしたり、燃焼器具が不完全燃焼を起こすなど危険な状態になるので、換気によって本来の空気の成分のバランスを保ちます。

空気の成分

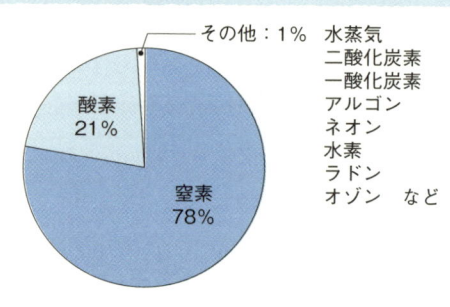

- 窒素 78%
- 酸素 21%
- その他：1%　水蒸気／二酸化炭素／一酸化炭素／アルゴン／ネオン／水素／ラドン／オゾン　など

換気の目的と室内空気の汚染原因

換気の目的を簡単にいうと、室内の空気を入れ替えることです。具体的には、人が呼吸するために必要な酸素の供給。ボイラ、厨房機器、コンロなどの燃焼に必要な酸素の供給。人体、OA機器、ボイラ、厨房機器などから発生する熱の排除。浴室、厨房、キッチン、床下、屋根裏などの湿気の除去。浮遊粉じん、ホルムアルデヒド、臭気の排除などさまざまな目的で換気が行われます。

6-1 換気の目的

換気の対象になる主な空気の汚染原因は、**一酸化炭素（CO）**、**二酸化炭素（CO_2）**、**浮遊粉じん**、**化学物質**、**熱**、**水蒸気**、**臭気**などです。

これらの汚染原因を取り除き、新鮮な空気と入れ替える。あるいは新鮮空気を取り入れて希釈するなどによって、室内の空気の清浄度を常に快適な状態に保つことが換気の目的になります。

換気の目的と汚染原因をまとめると以下のようになります。

換気の目的と汚染原因

目的	汚染原因
酸素の供給	●一酸化炭素（CO） コンロ、ストーブなどの燃焼器具の不完全燃焼から発生するケースが多く、わずかな量で人命が危険な状態になり、建築基準法などによる許容値は 10ppm（0.001％）以下とされています。 ●二酸化炭素（CO_2） 大気中にも 0.03％程度含まれている気体で、人の呼吸でもその濃度が増えます。許容値は 1000ppm（0.1％）以下とされています。
粉じん・化学物質等の除去	●浮遊粉じん タバコの煙やアスベスト繊維など、粒子が非常に細かく、空気中に浮遊する汚染物質です。肺ガンのリスクを高め、許容値は 0.15mg/㎥以下とされています。 ●化学物質 ホルムアルデヒド、クロルピリホス、その他揮発性有機化合物のことです。ホルムアルデヒドはシックハウスやシックビル症候群の原因になり、建材や家具の接着剤などから揮発する可能性がある物質です。 　ホルムアルデヒドの許容値は 0.1mg/㎥以下、クロルピリホスは使用が禁止されています。
熱の除去	厨房やキッチンで出る熱の他、OA機器やボイラなどから出る熱。主に厨房、キッチン、電気室、機械室、ボイラ室などが熱の除去の対象になります。
水蒸気の除去	厨房やキッチンでの調理、人の呼吸、入浴やシャワーなどによって水蒸気が多く発生します。主に厨房、キッチン、浴室、屋根裏、床下などが水蒸気除去の対象になります。
臭気の除去	タバコの臭い、調理による臭い、トイレの臭い、体臭、更衣室にこもる臭い、新建材の臭いなど不快感を感じさせる臭いの除去が必要です。

6-2 シックハウス
シックハウスの概要と対策

> **Point**
> ● 健康被害を引き起こすシックハウス症候群の概要を把握しましょう。
> ● シックハウス対策のポイントは、換気をすること、ホルムアルデヒドの発生源となる建材を使わないことです。

シックハウス症候群の概要

シックハウスや**シックビル症候群**の症状としては、目の痛み、頭痛、吐き気、めまい、倦怠感など、人によってさまざまな健康被害を引き起こします。

日本が高度経済成長した1960年頃から木質の板材料を接着して均一化された新建材が大量生産されて流通するようになりましたが、この新建材の接着剤などに含まれる**ホルムアルデヒド**やその他の**揮発性有機化合物**が、後々、シックハウスやシックビル症候群といった健康被害を引き起こす一因になりました。

シックハウスの原因となるのは新建材に限らず、家具、カーテン、じゅうたん、防虫剤、消臭剤、化粧品などさまざまな製品や、建物の施工段階で使う接着剤、塗料、塗料用溶剤なども可能性として考えられます。

厚生労働省ではシックハウスの原因となる可能性が高い13種類の化学物質を以下のように指定しています。

シックハウス症候群を引き起こす化学物質

13種類の化学物質
- ホルムアルデヒド
- アセトアルデヒド
- トルエン
- キシレン
- エチルベンゼン
- スチレン
- パラジクロロベンゼン
- クロルピリホス
- テトラデカン
- フタル酸ジ-n-ブチル
- フタル酸ジ-2-エチルヘキシル
- ダイアジノン
- フェノブカルブ

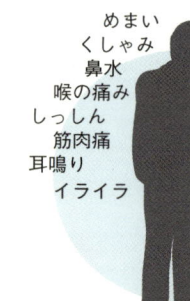

めまい／くしゃみ／鼻水／喉の痛み／しっしん／筋肉痛／耳鳴り／イライラ／頭痛／目の痛み／目のかゆみ／吐き気／咳／じんましん／動悸／睡眠障害／倦怠感

シックハウス対策

シックハウス対策としては、**換気を行うこと**。そして何より**ホルムアルデヒドなどの発生源となる建材などを使わないこと**が肝心です。

2003年7月に建築基準法が改正されて、シックハウス対策が強化されました。法的な規制を受けるのは居室を有する建築物です。居室とは継続的に使用する室のことですので、ほとんどの建物が規制の対象になります。規制の対象となる化学物質はホルムアルデヒドとクロルピリホスで、ホルムアルデヒドについては以下に示す対策が取られ、**クロルピリホスについては使用自体が禁止**されています。なお、クロルピリホスとは、過去にシロアリ駆除剤などで使われていた有機リン系の化学物質のことです。

シックハウス対策

内装仕上げの制限

内装仕上げに使用するホルムアルデヒドを発散する恐れのある建材については使用面積の制限、または使用禁止です。制限がないのは F☆☆☆☆（フォースター）のみです。

建築材料の区分	JIS、JAS などの表示記号	内装仕上げの制限
建築基準法の規制対象外	F☆☆☆☆	制限なしに使える
第3種ホルムアルデヒド発散材料	F☆☆☆	使用面積が制限される
第2種ホルムアルデヒド発散材料	F☆☆	
第1種ホルムアルデヒド発散材料	旧 E2、Fc2 または表示なし	使用禁止

換気設備設置の義務づけ

ホルムアルデヒドは建材だけではなく家具などからの発散も考えられるので、居室を有するすべての建物に、1時間で部屋の空気の半分以上が入れ替わる容量の 24 時間換気などの機械換気設備の設置が義務づけられます。

天井裏などの制限

天井裏などは次の①～③のいずれかの対策が必要になります。なお、天井裏などとは天井裏、屋根裏、床下、壁の内部などのことです。

① 建材による対策 ── 第1・2種ホルムアルデヒド発散材料を使用しないこと。つまり、F☆☆☆以上の建材を使用する。

② 気密層・通気止めによる対策 ── 天井裏などと居室を気密層や通気止めによって区画し、完全に遮断する。

③ 換気設備による対策 ── 天井裏なども機械換気設備で換気する。

6-3 自然換気

風力換気と温度差換気

> **Point**
> ●換気には自然換気と機械換気があります。
> ●自然換気は動力を使わない換気で、風力換気と温度差換気があります。風力換気と温度差換気の違いとその特徴を知りましょう。

換気の種類

換気の種類を大別すると**自然換気**と**機械換気**があります。

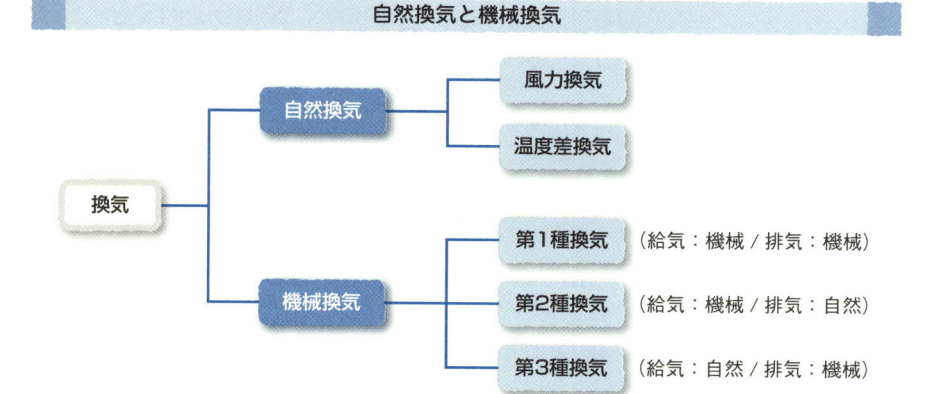

自然換気と機械換気

- 換気
  - 自然換気
    - 風力換気
    - 温度差換気
  - 機械換気
    - 第1種換気（給気：機械／排気：機械）
    - 第2種換気（給気：機械／排気：自然）
    - 第3種換気（給気：自然／排気：機械）

自然換気

自然換気とは動力を使わない換気のことで、パッシブ換気ともいわれます。また、給気と排気に機械を使わないことから、第4種換気といわれることもあります。

自然換気の原理は圧力差による空気の流れです。あるひとつの空間に二つの開口部（窓）があるとすると、二つの開口部に圧力差がある場合、圧力の高い方の開口部から低い方の開口部へと空気が流れます。

空気の流れを生み出す圧力として考えられるのが風力と温度差の二つで、自然換気は**風力換気**と**温度差換気**に分類されます。

6-3 自然換気

●風力換気

外からの風が建物の壁面に当たると、風上側の空気が正圧（＋）になり、風下側は負圧（－）になります。この風の圧力差による換気が風力換気です。

風力換気の換気量については、風速が速いほど大きくなり、風まかせなところがありますが、より効果的に風力換気を計画する場合は、地域特有の特定の期間に最も多く吹く風向、つまり**卓越風**を考慮することが肝心です。卓越風の風上側から給気し、風下側で排気するのが効果的です。

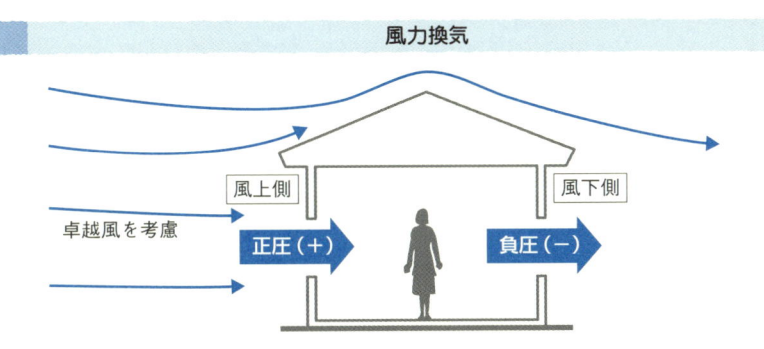

風力換気

風上側	風下側
正圧（＋）	負圧（－）

卓越風を考慮

●ベンチュリー効果を利用した換気

風力を利用した換気に**ベンチュリー効果**を利用した換気などもあります。風通しのよい建物の越屋根などに換気用のベンチレーターなどを設けて、ベンチレーターを通り抜ける風の吸引作用によって、室内の空気を排出します。

簡単にいうと風に空気が引っ張られて換気されるしくみで、内部の空気が引っ張られることによって給気も同時に行われます。機械換気については後述しますが、室内が負圧になる第3種換気のような状態をつくる自然換気システムです。

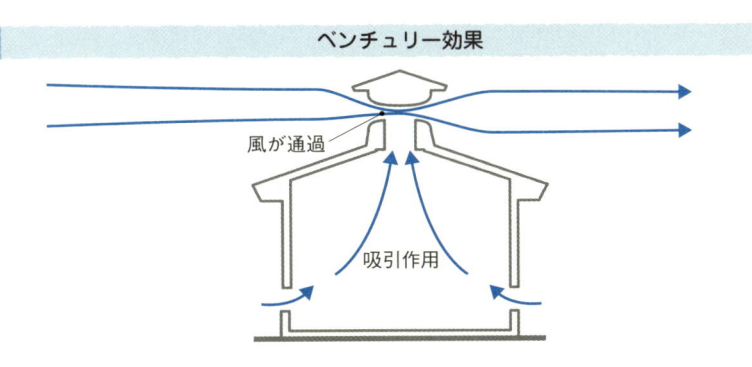

ベンチュリー効果

風が通過
吸引作用

6章　換気・排煙設備

6-3 自然換気

●温度差換気

温度の高い空気は軽く、低い空気は重い。これは空気の密度によるもので、暖かい空気は膨張して密度が低いので比重が軽く上昇します。反対に冷たい空気は密度が高いので比重が重く下降します。

空気に温度差がある場合、冷たい空気から暖かい空気の方へ空気が流れます。この温度差による空気の流れを利用したものが温度差換気です。温度差換気のことを重力換気ともいいます。

例えば冬場の暖房時、冷たい室外の空気は建物の下方から入り、室内で暖められた空気が上方へと流れます。このような現象を**煙突効果**といいますが、建物の吹き抜けなどを利用して温度差による煙突効果で、より効果的に外気を導入して換気を行うような例もあります。なお、温度差換気の換気量は室内外の温度差があるほど、給・排気口の高低差があるほど換気量が多くなります。

温度差換気は建物の外に風が吹いていなくても、温度差によって換気ができるので、計画次第で有効なパッシブ換気が可能です。

温度差換気

高低差
冷たい空気
給気口
高低差：小→換気量：小

高低差：大→換気量：大

給気口と排気口に高低差がある方が換気量が多くなります。

6-4 機械換気

第1種・第2種・第3種換気の特徴

> **Point**
> ●機械換気の方法には第1種・第2種・第3種換気があります。
> ●換気方法の違いによって室内圧や用途も違いますので、それぞれの換気方法の特徴をつかみましょう。

機械換気

機械換気は送風機などの機械を使って換気する方法です。給気・排気ともに機械を使うのか、給気側に機械を使うのか、あるいは排気側に機械を使うのかで**第1種換気、第2種換気、第3種換気**に分けられます。

機械換気の場合は、室内圧を自由に調節したいのか、正圧にしたいのか、負圧にしたいのかを考えて第1〜第3種換気を選択し、それぞれの換気方法によって用途も違います。

●第1種換気

第1種換気は給気・排気ともに送風機（ファン）などの機械を使う方法です。給気側と排気側の両方を機械的に調整できるので、室内圧を正圧にも負圧にも自由に調整することができます。

オフィスビルなどの事務所、劇場、映画館、厨房などさまざまな建物で採用される換気方法です。

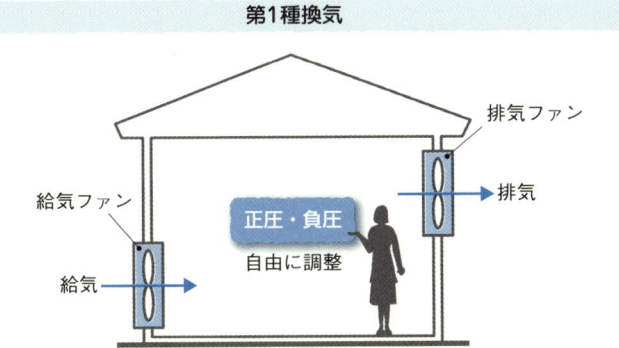

第1種換気

給気ファン　排気ファン
給気　正圧・負圧 自由に調整　排気

●第2種換気

第2種換気は給気を機械、排気は自然排気口による方法です。押し込まれた空気によって室内は常に正圧（＋）になり、自然に排気されます。

特に高い清浄度が求められるクリーンルームや、燃焼用の新鮮空気を必要とするボイラ室といった用途に適した換気方法です。

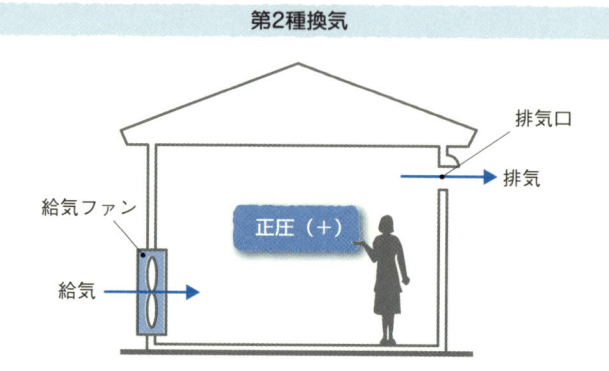

第2種換気

●第3種換気

第3種換気は給気を自然給気口、排気は機械による方法です。排気側で強制的に室内の空気を排気するので室内は常に負圧（－）になります。

トイレ、厨房、キッチンなど、室内で臭気、熱、水蒸気などを発生する部屋の換気に適した方法ですが、室内が負圧になるので、天井裏などの空気が室内に引っ張られることがあるため、シックハウス対策という点では気密層や通気止めによる対策や建材による対策などが必要になります。

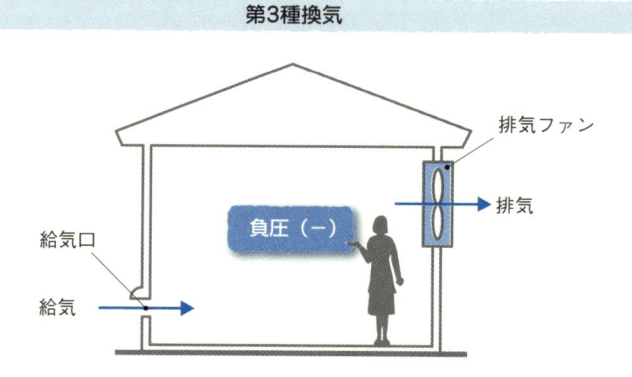

第3種換気

6-5 換気経路

局所換気と全般換気・全般換気の換気経路

> **Point**
> ● 換気する範囲の分類として、局所換気と全般換気があります。
> ● 全般換気の場合は、リビング、ダイニング、寝室、子供部屋などから給気して、トイレ、浴室などから排気するように換気経路を計画します。

局所換気と全般換気

局所換気とはキッチン、浴室、トイレなどのように熱、水蒸気、臭気などが多く発生するところを局所的に換気する方法です。従来、住宅などの換気方法としてはこの局所換気が主流でした。

一昔前の日本の住宅は、ほどほどにすき間風が入ってきて自然換気されているような状態だったので、局所換気だけで十分といえましたが、近年の住宅の高断熱・高気密化、シックハウス対策などの流れを受けて、建物全体を1つの空間として換気する**全般換気**が住宅などで求められるようになりました。家に使う建材や造り自体が変わってきたので、それに伴って換気設備のあり方も変わってきたといったところです。

もちろん局所換気がなくなるという意味ではなく、局所換気と全般換気を併用して計画する例は多く見られます。

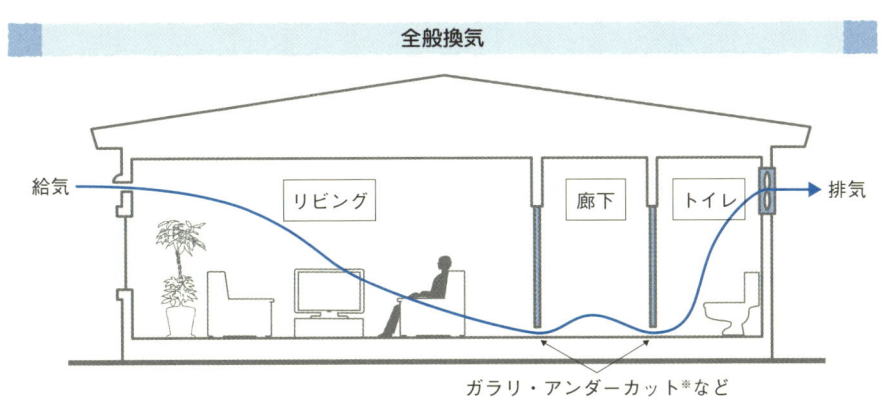

全般換気

給気 → リビング → 廊下 → トイレ → 排気

ガラリ・アンダーカット※など

※ 空気の流れを遮らないように建具（開き戸）と床との間に1cm以上すき間を設けることをアンダーカットという。

全般換気の換気経路

　換気経路の計画のポイントとしては、リビング、ダイニングなど、部屋の中でもいる時間が長く新鮮空気が必要な居室から給気して、できるだけ長い換気経路を確保してトイレや浴室などから排気するように計画するのが一般的です。

　全般換気では、汚染された空気を拡散・希釈しながら最終的に排気しますが、換気経路の上流側はなるべく汚染物質を排出する要因の少ない部屋にすべきで、トイレなどを換気経路の下流にするのはそのためです。

　換気経路の途中にある建具については、開き戸は**ガラリ**や**アンダーカット**を設けて換気経路を遮らないようにします。なお、引き戸、折れ戸、ふすま・障子戸については、ある程度すき間があり、通気が確保されているとされ、換気経路の途中にこれらの建具があっても問題ないとされています。

　その他の注意点としては、隣の家の給気口の目の前に自分の家の排気口を取り付けたりしないことです。換気については臭気や汚染された空気を排気するので、近隣への配慮は大前提として必要です。

換気経路

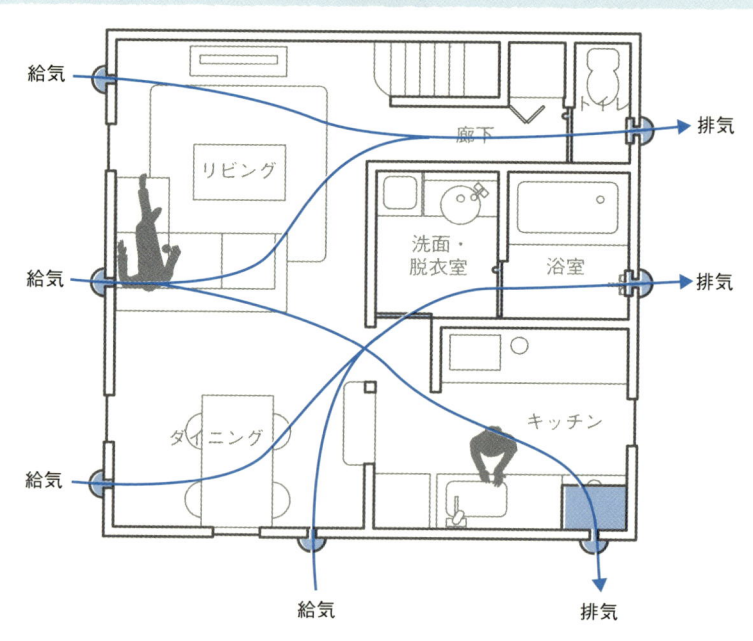

6-6 全熱交換器

全熱交換器・その他の換気扇

Point
- 熱交換器には顕熱交換器と全熱交換器があります。
- 第1種のセントラル換気では全熱交換器が使われます。
- 機械換気では全熱交換器の他にもさまざまな換気扇が使われます。

全熱交換器のしくみ

　一般的な換気扇は汚染された空気と一緒に部屋の熱も捨ててしまいます。例えば冬の暖房時に、せっかく暖めた部屋の空気を捨ててしまうのはもったいない話です。

　全熱交換器は、室外の冷気や暖気と室内の排気を熱交換して、室内の温度に近づけた新鮮な空気を給気します。熱交換と同時に熱と分離された汚染空気を室外へ排気するしくみになっています。

　ただし、全熱交換器に問題点がない訳ではありません。機械換気で使う熱交換器には**顕熱交換器**と全熱交換器がありますが、顕熱交換器は純粋に熱のみを交換するもので、全熱交換器は熱に含まれる水蒸気（潜熱）も受け渡してしまうなどの問題点もあります。特にシックハウス対策の24時間換気などで熱交換器を使う場合は、顕熱交換器も視野に入れて慎重に検討する必要があります。

暖房時の全熱交換器のしくみ

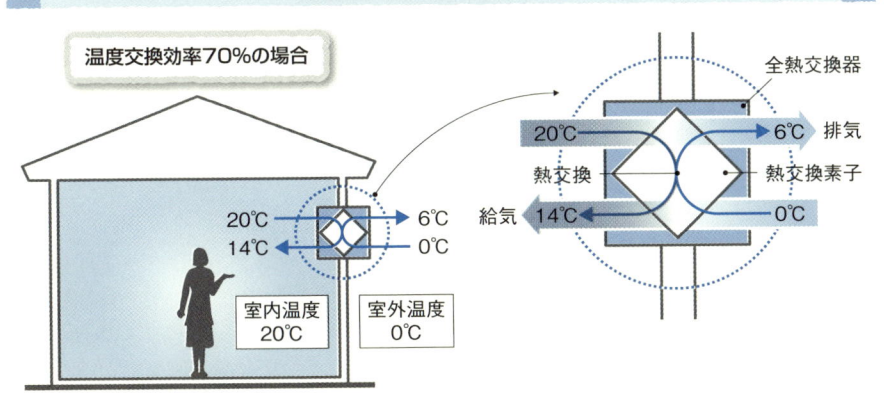

温度交換効率70％の場合

室内温度 20℃　室外温度 0℃
20℃ → 6℃
14℃ ← 0℃

全熱交換器
排気 20℃ → 6℃
熱交換素子
給気 14℃ ← 0℃

6章 換気・排煙設備

6-7 必要換気量と換気回数

必要換気量・換気回数・必要換気回数の計算

> **Point**
> ● CO_2 による必要換気量の計算式を把握しましょう。
> ● 換気回数の基本式を把握しましょう。
> ● ppm の数位を正しく変換して、必要換気回数を求めてみましょう。

必要換気量

必要換気量とは、室内の空気を衛生的で快適な状態に保つために最低限必要とされる換気量のことです。

人は呼吸によってCO_2（二酸化炭素）を排出するため、正しく換気が行われていないと、空気中に含まれるCO_2の濃度はどんどん高くなっていきます。一般的な居室で人の呼吸だけを基準に換気量を考えると、1人につき1時間当たり**30㎥程度**の換気量が必要となります。ただし、喫煙者が多い場所や燃焼器具がある場所ではこの数値も異なってきます。

室内のCO_2濃度が増えも減りもしない状態を保っているとすると、外から入ってくるCO_2と人の呼吸によるCO_2の発生量の合計が、外へ排出されるCO_2の量と等しくならなければなりません。この関係を式に表すと以下のような計算式で必要換気量を求めることができます。

CO_2による必要換気量の計算式

$$Q : 必要換気量 [㎥/h] = \frac{K}{P_i - P_0}$$

K：CO_2 の発生量
P_i：室内の CO_2 許容濃度
P_0：外気の CO_2 の濃度

換気回数

換気回数とは、ある部屋の空気が1時間で何回入れ替わったかを表すものです。つまり、1時間当たりの換気量を室の容積で除した値が換気回数〔回/h〕となります。

6-7 必要換気量と換気回数

換気回数の基本式

$$\text{換気回数}〔回/h〕= \frac{\text{1時間の換気量}〔m^3/h〕}{\text{室の容積}〔m^3〕}$$

なお、**必要換気回数**とは必要換気量を室の容積で除した値になります。必要換気回数の目安としては、一般的な**住宅の居室では2～3回程度**、燃焼器具などの使用で熱、臭気、一酸化炭素など汚染物質の発生量が多い場所、例えばレストランの**厨房などでは30～60回程度**の必要換気回数が求められます。つまり、汚染物質の発生量が多い場所には、それ相応の換気能力の高い換気設備が必要といえます。

以下に必要換気回数を求める例題を示します。

必要換気回数の計算例

<例題>
室容積が60m³の居室に5人の在室者がいるとします。
1人当たりの呼吸によるCO₂の発生量は0.02m³/h、室内のCO₂の許容濃度は1,000ppm、外気のCO₂の濃度は300ppmとすると、CO₂濃度の面からみた必要換気回数はどのくらいになるか求めてみましょう。

<解答>
まず、注意点としてはppmの数値を正しく変換することです。ppmは百万分の1を示す単位なので、例題のppmを変換するとそれぞれ以下のようになります。
・CO₂の許容濃度:1,000ppm=1,000/1,000,000
・外気のCO₂の濃度:300ppm=300/1,000,000

この単位の変換ができれば、あとは必要換気量の式に代入するだけですが、式を計算しやすくするために(Pi−Po)×Q=Kの式に変換して代入してみましょう。

$$\left(\underbrace{\frac{1,000}{1,000,000}}_{\text{室内のCO}_2\text{許容濃度}} - \underbrace{\frac{300}{1,000,000}}_{\text{外気のCO}_2\text{の濃度}}\right) \times Q = \underbrace{0.02 \times 5}_{\text{一人当りのCO}_2\text{の発生量×在室者数}}$$

$$\therefore \text{必要換気量}Q = \frac{0.02 \times 5 \times 1,000,000}{700} ≒ 143 m^3/h$$

必要換気回数は必要換気量を室の容積で除した値なので、以下のように求められます。

$$\text{必要換気回数} = \frac{143}{60} ≒ 2.4 回/h$$

6-8 ハイブリッド換気

自然換気を積極的に取り入れたハイブリッド換気

Point
- 自然換気と機械換気を併用するシステムがハイブリッド換気です。
- クールチューブを利用したより高い自然換気効果を期待できるハイブリッド換気もあります。

ハイブリッド換気とは

換気には自然換気と機械換気がありますが、両者を併用するようなシステムを**ハイブリッド換気**といいます。

温度差や風力といった自然換気を積極的に取り入れて、自然換気では補えない面を機械換気で補助するといった使われ方がされています。

室内と室外の温度差や室外の風の状況などをセンサーが感知して、自然換気と機械換気のバランスを制御するなどによって、空調負荷を軽減します。

ハイブリッド換気のイメージ

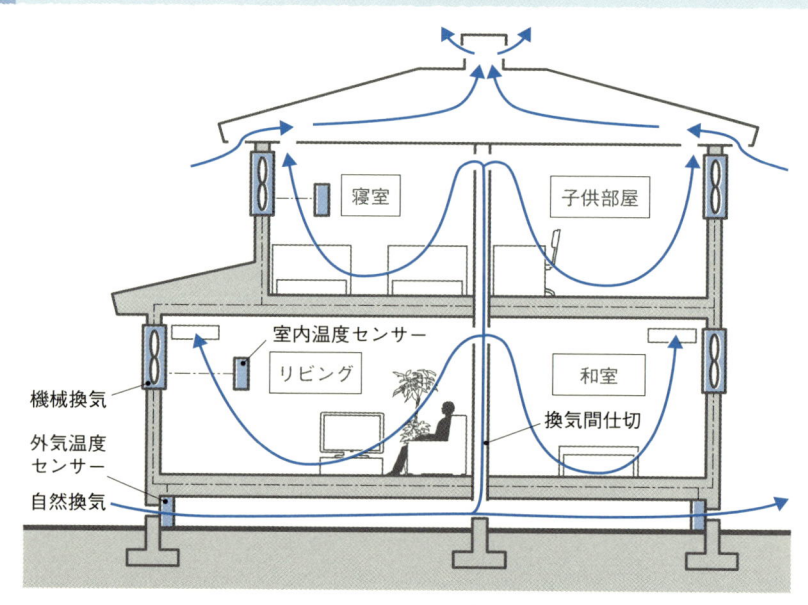

6-8 ハイブリッド換気

より高い自然換気効果を期待できるハイブリッド換気

　近年では、より高い自然換気効果を狙って、風力によるベンチュリー効果や温度差による煙突効果といった自然換気と機械換気を併用する例も見られます。

　特に煙突効果については、風がなくても温度差によって換気効果を得られるので、一般住宅や大規模な高層ビルなどでも、吹き抜けなどの空間を上昇する煙突効果を利用したハイブリッド換気システムを導入する例が見られます。

　煙突効果に加えて、地中熱を利用するクールチューブ（70ページ参照）を導入することによって、さらに高い自然換気効果を狙ったハイブリッド換気の施工例などもあります。

クールチューブ＋ハイブリッド換気のイメージ

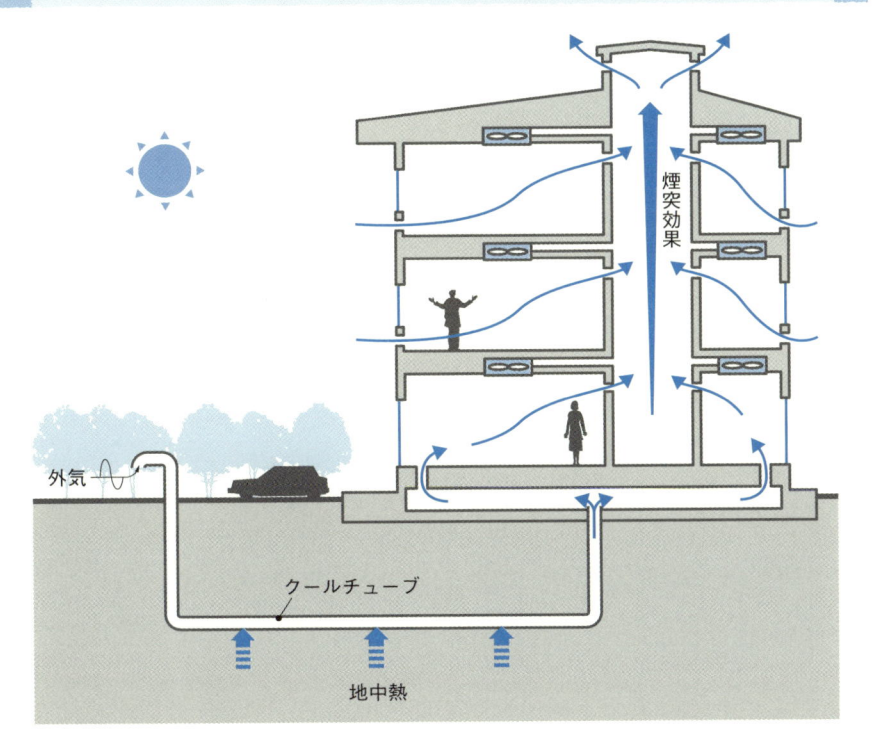

煙突効果
外気
クールチューブ
地中熱

6-9 排煙設備
排煙設備の目的と排煙に関する予備知識

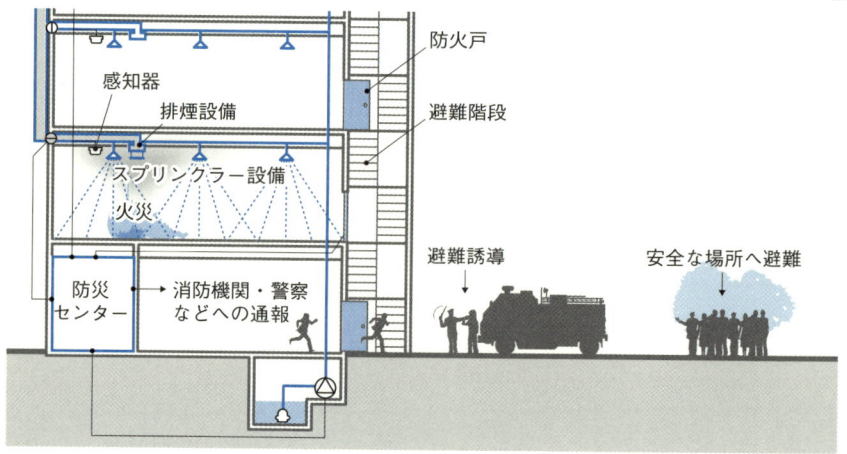

> **Point**
> ●火災の煙を外に出すことが排煙設備の目的です。
> ●煙は水平方向に0.5〜1.0m/s、垂直方向に3〜5m/s程度の速さで広がります。

排煙設備の目的と火災発生時の各設備の連動

　排煙設備は建物の規模などに応じて一定の建築物に対して設置が義務付けられ、建築基準法では「在館者の安全・円滑な初期避難の確保」という目的で、消防法では「消防隊の安全・円滑な消火活動の確保」という目的で設置されます。両法の解釈は若干違いますが、いずれにしても人の命を守るために火災時の煙を外に出すことが排煙設備の目的です。

　火災発生時の各設備の連動イメージは、感知器が火災による煙や熱を感知すると、受信機を介して防災センターの総合操作盤などに伝え、防災センターが起点となり、初期段階の消火や在館者が安全に避難できるように、排煙設備、スプリンクラー設備、非常用放送設備などの各設備を連動させます。

　なお、防災センターでは消防機関や警察などへの通報も行われます。

火災発生時の各設備の連動

排煙に関する予備知識

●煙の性質

煙の水平方向へ広がる速さは0.5〜1.0m/s、垂直方向へ広がる速さは3〜5m/s程度といわれています。なお、人が歩く平均速度が1〜1.5m/s程度なので、煙が水平方向に広がる速さとほぼ同じくらいです。

火災によって発生した煙は、煙の逃げ場がない空間と仮定すると、まず天井へと上昇し、天井を這うように広がり、やがて床に向かって煙が下降します。

煙の温度が高い間は密度が軽く上昇しますが、やがて室温に近づいてくると拡散して下降します。煙が空間の下層までくると避難は困難となるので、上層に煙があるうちに適切に排煙することが肝心です。

煙が広がる速さ

- 水平方向 0.5〜1.0m/s
- 垂直方向 3〜5m/s

●竪穴区画

火災時の煙が建物全体に広がってしまうことを防ぐために、防煙壁などで建物を区画することを**防煙区画**といいます。

ある一定の面積ごとに区画する**面積区画**や、階段やエレベーターなどの吹き抜けとその他の部分を区画する**竪穴区画**などがあります。特に竪穴区画については、煙の垂直方向への拡散が速いことから、竪穴区画に煙が入ると煙が急速に建物全体に拡散する恐れがあるので、適切な排煙を要します。

6-10 自然排煙方式

自然排煙方式の概要と排煙口の取付け位置などの注意点

> **Point**
> - 自然排煙方式は煙の浮力を利用して排煙します。
> - 排煙口、手動開放装置、防煙垂れ壁の取付け位置などの注意点を把握しましょう。

自然排煙方式とは

排煙方式には**自然排煙方式**と**機械排煙方式**があります。機械排煙方式については後述するとして、ここでは自然排煙方式の概要を解説します。

自然排煙方式は火災が発生したときに、外に面する窓やガラリなどの排煙口を開放させて煙の浮力を利用して排煙します。

自然排煙方式の長所は、非常電源が不要なので火災による停電時でも機能を維持することができる、排煙口が直接外部に面するのでダクトが不要で、常時の換気に利用できるなどがあります。

短所としては、外部の風や室内外の温度差などの影響を受けるため、安定した排煙効果が期待できず、煙の流れを意図的に制御できない面があります。このような理由から、特に高層ビルでは自然排煙方式は採用されません。また、外部に面する排煙口から上階へ火災が延焼する危険性もあります。

自然排煙方式

6-10 自然排煙方式

排煙口の取付け位置などの注意点

　自然排煙方式の場合、一般に防煙区画の最大床面積は**500m²以下**とされていて、防煙区画の各部からの水平距離は**30m以下**とされています。

　防煙区画については、不燃材でつくられた**防煙壁**や**防煙垂れ壁**で区画しますが、床面積の広い部屋の場合は防煙壁で仕切ってしまうと、広い空間を有効に活用できなくなってしまうので、そのような場合に防煙垂れ壁を設けます。

　防煙垂れ壁は、躯体の**梁**や、熱によるガラスの飛散を防ぐ**網入りガラス**などが利用されますが、天井から**50cm以上**突き出さなければ、防煙区画として有効な垂れ壁にはなりません。

　排煙口の取付け位置については、**天井高さが3m未満の場合は天井から80cm以内、天井高さが3m以上の場合は床面から2.1m以上、かつ、天井高さの1/2以上**が排煙に有効な部分になります。

　排煙口を開けるための開放装置は、直接窓を手で開放する操作方法や、ワイヤーを引っ張って開放する方法、煙感知器と連動して開放するものなどがありますが、必ず手動で開放できる**手動開放装置**を設け、壁付けの場合、床から**80cm以上1.5m以下**の高さに取付けます。

排煙口の取付け位置などの注意点（天井高さ3m未満）

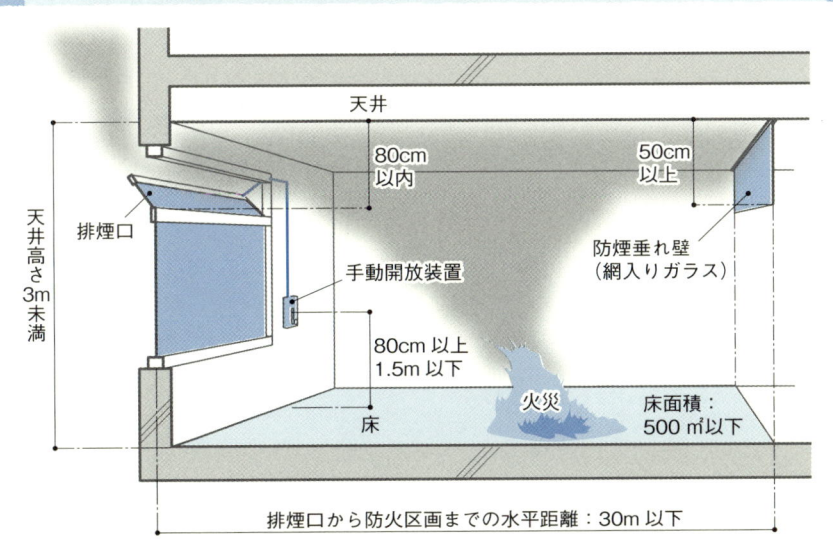

（図：排煙口、手動開放装置（床から80cm以上1.5m以下）、防煙垂れ壁（網入りガラス）（天井から50cm以上）、排煙口は天井から80cm以内、天井高さ3m未満、床面積：500m²以下、排煙口から防火区画までの水平距離：30m以下）

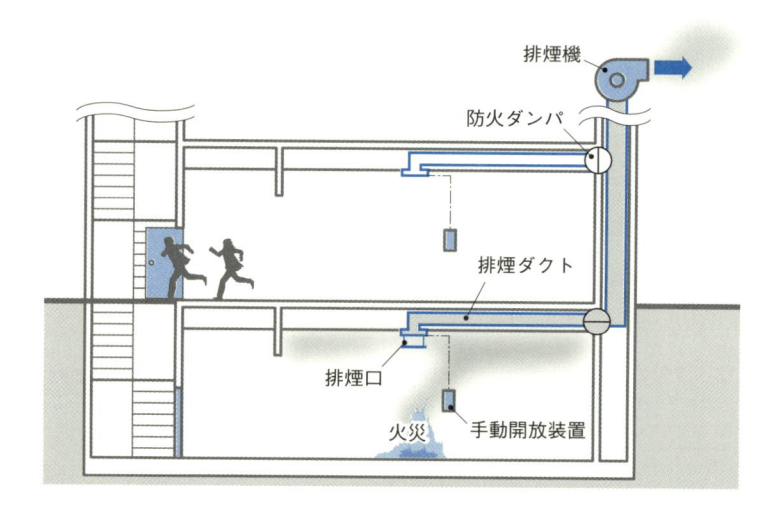

6-11 機械排煙方式
機械排煙方式・押出し排煙方式・加圧防煙方式

> **Point**
> ●機械排煙方式は機械の動力で煙を強制的に排煙する方法です。
> ●機械の動力による排煙方式には、最も一般的な機械排煙方式、その他、押出し排煙方式や加圧防煙方式があります。

機械排煙方式

　機械排煙方式は**排煙機**、**排煙口**、**排煙ダクト**、**手動開放装置**などから構成され、機械の動力で煙を強制的に排煙する方法です。

　一般に機械排煙方式というと、排煙機で煙を吸引して排煙する機械排煙のことで、従来から最も多く採用されている方法です。

　自然排煙方式と比較すると、規定の排煙風量を確保できる、直接外気に面していない区画や地下室などを排煙できるといった長所がありますが、ダクトスペースや排煙機の**予備電源**が必要になり、システム自体も複雑になるので、適切な保守管理・メンテナンスなどが求められます。

機械排煙方式

機械排煙方式に関する注意点

●排煙機

排煙機は、煙がスムーズに流れるようにダクト系統の最上部に設置し、高温の煙が排気されることを考慮して安全な場所に設置します。一般的には屋上に設置されます。

排煙機の設置する場所

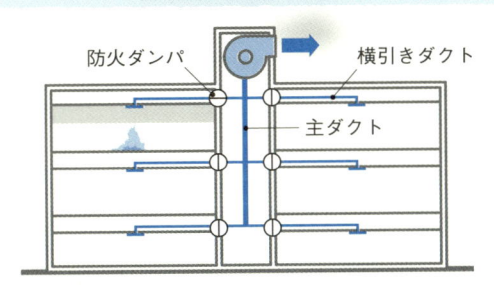

（図：防火ダンパ、横引きダクト、主ダクト）

●排煙口・排煙ダクト

排煙口は、原則として天井面に取付けられますが、自然排煙方式と同じで、天井高さが3m未満の場合は天井から80cm以内、天井高さが3m以上の場合は床面から2.1m以上、かつ、天井高さの1/2以上の位置に排煙口を設けます。

防火区画を貫通する排煙ダクトは、防火ダンパなどを使用して他の区画への火災の延焼や煙の流入を防ぎます。なお、排煙口やダクトなどを不燃材料とするのは当然のことです。

●自然排煙方式と併用する場合

隣り合った防煙区画で、自然排煙方式と機械排煙方式を併用する場合、防煙垂れ壁ではなく、防煙間仕切による防煙壁とします。

排煙機の設置位置

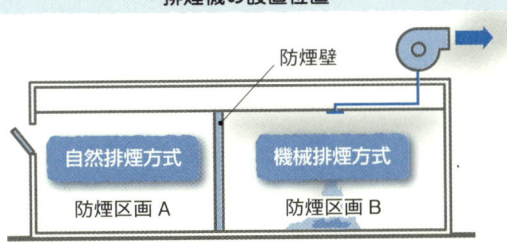

（図：防煙壁、自然排煙方式（防煙区画A）、機械排煙方式（防煙区画B））

●空調・換気設備と排煙設備を兼用する場合

排煙設備は万が一の火災に備えるもので、日常を快適に過ごすための空調・換気設備とは目的が違いますが、空調・換気設備で使われるダクトやファンなどを排煙設備と兼用する場合があり、**空調兼用排煙方式**などといわれます。

下図は、横引きダクトを換気と排煙で兼用する様子です。

横引きダクトの兼用

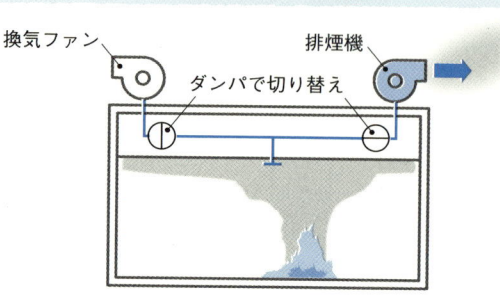

換気ファン　排煙機　ダンパで切り替え

●その他の注意点

排煙設備全般にいえることですが、**避難する方向と煙が流れる方向を反対にする**ことが、避難経路の安全を確保する上で重要です。また、廊下、階段室の前室となる付室、階段室などは特に避難する上で重要な室といえるので、特にこれらの室に煙が流れないように計画することが肝心です。

なお、居室と廊下、廊下と付室、付室と階段室の間は、別の防煙区画になりますが、防煙区画の圧力差で扉の開閉障害を起こすことがないように、適切な圧力調整が求められます。

避難する方向と煙が流れる方向

階段室　付室　廊下　居室　排煙機
煙が流れる方向
避難する方向

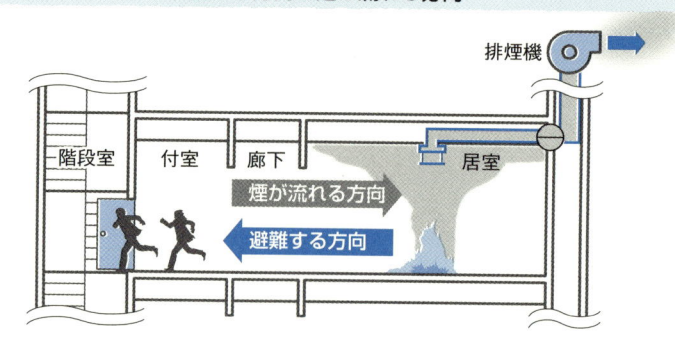

押出し排煙方式

一般的な機械排煙方式は排煙機で煙を吸引して排煙しますが、押出し排煙方式は給気ファンで外気を送り込むことによって、部屋の圧力を高めて自然排煙口から煙を外に押し出して排煙する方法です。

廊下、付室、階段室といった避難上重要な室から、避難方向とは反対方向に給気するので、圧力差で扉の開閉障害を起こさないようにすること。また、給気ファンから過剰に空気を送り込み過ぎると、火災の勢いを強めてしまう危険性があるので、給気の制御も必要です。

押出し排煙方式

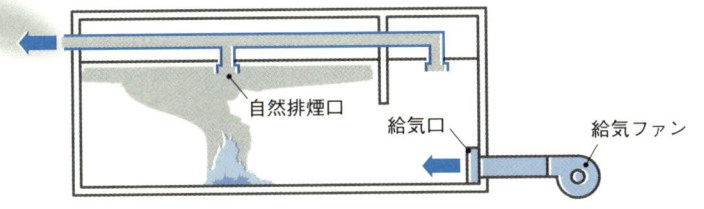

自然排煙口　給気口　給気ファン

加圧防煙方式

廊下、付室、階段室といった避難上・消防隊による活動を支援するために重要な室に給気して、明確な圧力差をつくることで、重要な室への煙の侵入を防ぐ方法です。なお、消防法上では**加圧防排煙設備**といわれます。

加圧防煙方式

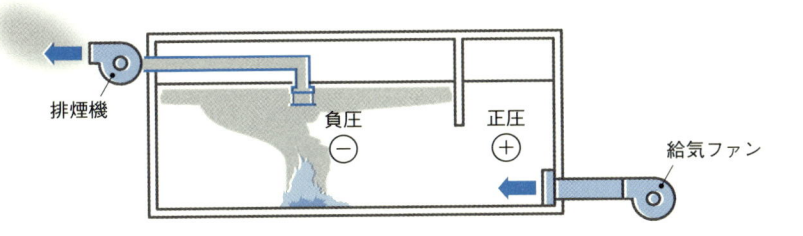

排煙機　負圧 ⊖　正圧 ⊕　給気ファン

Column

これからの空調設備

　現代の空調設備は、夏は涼しく冬は暖かい。快適なのが当たり前になっています。

　大規模なオフィスビルなどでは、空調や換気が一括で制御され、在館者はリモコンさえ手に触れず、空調のことなど気にしなくても仕事に集中できる環境が整っています。

　一般住宅でもエアコンのリモコンスイッチを押すだけで、一昔前と比べると驚くほど快適な空間になります。人の動きを感知したり、スマートフォンで遠隔操作することもできる時代です。

　私たちの先人たちの暮らしに思いを馳せてみると、冬は火を操ることで、なんとか凌げたでしょうが、夏の暑さを凌ぐのは大変だったであろうと想像できます。冷房については、天然の氷、雪、水の気化熱を利用して涼を得るのが精一杯でした。

　古代エジプトでは素焼きの瓶に水を溜めて気化熱で涼を得たり、日本でも大地に水を撒いて気化熱で涼を得る、打ち水の風習が知られます。

　さらに、夏に氷を得ることは、この上ない贅沢で、江戸時代には日本海地方から江戸幕府の将軍のもとへ、笹の葉などで包んだ氷を桐箱に入れて、500km近い道のりを担いで運んだといいますから、驚きです。

　国内で初めて人工的に氷がつくられたのは19世紀の後半、ヒートポンプによる冷暖房が普及したのは20世紀になってからです。人類の歴史から見ると、そのほとんどは自然と共に暮らしてきました。

　これからの空調設備は、もっと便利に、ますます快適になっていくでしょうが、先人達の知恵と努力によって、現代の快適な空調設備があることを忘れずに、今後、より一層、環境にやさしい空調設備であることを願います。

Column

暖房器具選びに正解はあるのか？

　寒冷地の住宅ではセントラルヒーティングを導入する例もありますが、一般的には個別暖房で冬を過ごす例も少なくありません。

　個別暖房の暖房器具には、エアコン、石油ストーブ、石油ファンヒーター、ガスファンヒーター、オイルヒーター、薪ストーブ、暖炉、囲炉裏、ペレットストーブ、蓄熱式暖房機、シーズヒーター、ハロゲンヒーター、カーボンヒーター、セラミックファンヒーター、こたつ、ホットカーペットなど数えきれないほどの種類があります。

　種類が多い上に、さらに頭を悩ませるのは、ランニングコストを考えるとどの製品がお買い得だとか、部屋全体を暖めるタイプにするか、部分的に暖めるタイプにするかとか、暖房方法は自然対流にするか、強制対流にするか、はたまた放射式にするかとか、燃料は灯油にするか、ガスにするか、それとも電気にするかなど、あまりに頭を悩ます要素が多すぎて、どれが自分に合った暖房器具なのかさっぱり分からなくなってしまいます。

　暖房器具を選ぶとき、これが正解だ！というお勧めの暖房器具を紹介できればいいのですが、残念ながら正解は無いような気がします。

　例えば、「薪ストーブが男のロマンだ！」という人には薪ストーブが正解かもしれませんし、「囲炉裏で料理を楽しみながら古民家で暮らしたい。」という人には囲炉裏が正解かもしれませんし、「日本人なら、こたつでみかんでしょう。」という人には、こたつが正解かもしれません。

　ライフスタイルや価値観などはさまざまなので、暖房器具を選ぶときに万人に共通する正解はありませんが、結局のところ、自分の財布と相談した上で、ライフスタイルや価値観に合った暖房器具を選べばいいのだと思います。ただし、都心のワンルームマンションで薪ストーブは、現実問題無理でしょうから、最低限、住まいに合った暖房器具を選択する必要はあります。

　若いときは基礎代謝も高かったのでしょうか、寒さなんてあまり気にならなかったものですが、年齢とともに寒さが身にしみます。私自身、自分に合った暖房器具を模索中です。

Column

ヒートポンプの将来性

　ヒートポンプが普及したのは20世紀になってからですが、近年ではヒートポンプの成績係数が向上して、実用領域での温度帯も広がってきています。

　家庭用の小規模なものから、産業用の大規模なものまで、幅広く導入が検討されるヒートポンプですが、その理由のひとつとして、ヒートポンプの特性が地中熱、河川水、排熱などの未利用熱エネルギーの利用に適していることが挙げられます。
　未利用熱エネルギーは日本中、世界中の至る所で眠っているエネルギー源です。今まではそのエネルギーを利用する技術がありませんでしたが、今は実用レベルでその技術があります。

　未利用熱エネルギーとヒートポンプが組み合わさることで、安心して暮らせる社会が築かれていくことを願います。

索引 INDEX

■ アルファベット

Low―E ガラス ・・・・・・・・・・・・・・・・・・・・ 30
PTC ・・・・・・・・・・・・・・・・・・・・・・・・・・・ 170

■ あ行

アクティブノイズコントロール（ANC）
・・・・・・・・・・・・・・・・・・・・・・・・・・・・・・・・・ 137
アスペクト比・・・・・・・・・・・・・・・・・・・・・ 131
圧縮式冷凍機・・・・・・・・・・・・・・・・・・・・ 112
アネモスタット・・・・・・・・・・・・・・・・・・・ 142
アングルフランジ工法・・・・・・・ 131、132
一級ボイラー技士・・・・・・・・・・・・・・・ 107
インテリアゾーン・・・・・・・・・・・・・・・・・ 49
ウォールスルーユニット方式・・・・・・・ 51
内断熱工法・・・・・・・・・・・・・・・・・・・・・・ 27
エアサイクル・・・・・・・・・・・・・・・・・・・・・ 66
エアバリア・・・・・・・・・・・・・・・・・・・・・・・ 89
エアフローウィンドウ・・・・・・・・・・・・・ 89
エコアイス・・・・・・・・・・・・・・・・・・・・・・・ 79
エコウィル・・・・・・・・・・・・・・・・・・・・・・・ 82
エコキュート・・・・・・・・・・・・・・・・・・・・・ 77
エコジョーズ・・・・・・・・・・・・・・・・・・・・ 172
エネファーム・・・・・・・・・・・・・・・・・・・・・ 83
エネルギー消費係数（CEC）・・・・・・・ 95
エネルギー消費効率（COP）・・・・・・・ 95
エネルギー自給率・・・・・・・・・・・・・・・・ 57
遠心式冷凍機・・・・・・・・・・・・・・・・・・・ 113
煙突効果・・・・・・・・・・・・・・・・・・・・・・・ 182
オイルポンプ（歯車ポンプ）・・・・・・・ 148
オーバルダクト・・・・・・・・・・・・・・・・・・ 130
往復式冷凍機・・・・・・・・・・・・・・・・・・・ 113
押出し排煙方式・・・・・・・・・・・・・・・・・ 199
温水式床暖房・・・・・・・・・・・・・・・・・・・ 171
温水暖房・・・・・・・・・・・・・・・・・・・・・・・ 164
温度差換気・・・・・・・・・・・・・・・・・・・・・ 182
温熱感覚・・・・・・・・・・・・・・・・・・・・・・・・ 12

■ か行

加圧防煙方式・・・・・・・・・・・・・・・・・・・ 199
開放式冷却塔・・・・・・・・・・・・・・・・・・・ 119
外気冷房・・・・・・・・・・・・・・・・・・・・・・・・ 90
各階ユニット方式・・・・・・・・・・・・・・・・ 46
角ダクト・・・・・・・・・・・・・・・・・・・・・・・ 130
加熱コイル・・・・・・・・・・・・・・・・・・・・・ 124
換気回数・・・・・・・・・・・・・・・・・・・・・・・ 188
乾球温度・・・・・・・・・・・・・・・・・・・・・・・・ 24
貫流ボイラ・・・・・・・・・・・・・・・・・・・・・ 103
機械排煙方式・・・・・・・・・・・・・・・・・・・ 196
季節風・・・・・・・・・・・・・・・・・・・・・・・・・・ 16
逆止弁・・・・・・・・・・・・・・・・・・・・・・・・・ 153
逆流防止ダンパ（CD）・・・・・・・・・・・ 141
吸収式冷凍機・・・・・・・・・・・・・・・・・・・ 114
局所換気・・・・・・・・・・・・・・・・・・・・・・・ 185
空気式ソーラーシステム・・・・・・・・・・ 63
空気線図・・・・・・・・・・・・・・・・・・・・・・・・ 24

空調機・・・・・・・・・・・・・・・・・・・・・・・122	充填断熱工法・・・・・・・・・・・・・・・・・・・27
クリモグラフ・・・・・・・・・・・・・・・・・・・18	消音器・・・・・・・・・・・・・・・・・・・・・・・136
黒ガス管・・・・・・・・・・・・・・・・・・・・・150	蒸気暖房・・・・・・・・・・・・・・・・・・・・・162
グローブ温度計・・・・・・・・・・・・・・・・13	白ガス管・・・・・・・・・・・・・・・・・・・・・150
クロルピリホス・・・・・・・・・・・・・・・179	シロッコファン・・・・・・・・・・・・・・・127
クールチューブ・・・・・・・・・・70、191	真空式温水ヒータ・・・・・・・・・・・・・105
クールピット・・・・・・・・・・・・・・・・・・69	新有効温度（ET＊）・・・・・・・・・・・・15
結露・・・・・・・・・・・・・・・・・・・・・・・・・・21	スチームハンマー・・・・・・・・・・・・・163
顕熱・・・・・・・・・・・・・・・・・・・・・・・・・・32	ストリートキャニオン・・・・・・・・・・58
顕熱交換器・・・・・・・・・・・・・・・・・・・187	セクショナルボイラ・・・・・・・・・・・104
高温放射暖房・・・・・・・・・・・・・・・・・168	絶対湿度・・・・・・・・・・・・・・・・・・・・・・24
硬質塩化ビニルライニング鋼管・・・・・151	セミセントラルヒーティング・・・・・・・173
氷蓄熱式空調システム・・・・・・・・・・78	潜熱・・・・・・・・・・・・・・・・・・・・・・・・・・32
個別暖房・・・・・・・・・・・・・・・・・・・・・160	全熱交換器・・・・・・・・・・・・・・・・・・・187
コージェネレーションシステム・・・・・・80	全般換気・・・・・・・・・・・・・・・・・・・・・185
コールドドラフト・・・・・・・・・・・・・・13	ソーラーウォール・・・・・・・・・・・・・・63
混合損失（ミキシングロス）・・・・・・・88	相対湿度・・・・・・・・・・・・・・・・・・・・・・24
	送風機・・・・・・・・・・・・・・・125、126
■さ行	外断熱工法・・・・・・・・・・・・・・・・・・・27
差込継手工法・・・・・・・・・・・・・・・・・132	外張り断熱工法・・・・・・・・・・・・・・・27
仕切弁・・・・・・・・・・・・・・・・・・・・・・・153	
軸流ファン・・・・・・・・・・・・・・・・・・・128	■た行
自然換気・・・・・・・・・・・・・・・・・・・・・180	タービンポンプ・・・・・・・・・・・・・・・147
自然排煙方式・・・・・・・・・・・・・・・・・194	ターボファン・・・・・・・・・・・・・・・・・127
シックハウス症候群・・・・・・・・・・・178	第1種換気・・・・・・・・・・・・・・・・・・183
湿球温度・・・・・・・・・・・・・・・・・・・・・・24	第2種換気・・・・・・・・・・・・・・・・・・184
指定フロン・・・・・・・・・・・・・・・・・・・111	第3種換気・・・・・・・・・・・・・・・・・・184
斜流ダクトファン・・・・・・・・・・・・・129	代謝量（met）・・・・・・・・・・・・・・・・14
終日日射量・・・・・・・・・・・・・・・・・・・・31	代替フロン・・・・・・・・・・・・・・・・・・・111

太陽光発電	61
ダイレクトゲイン	64
ダイレクトリターン方式	157
多機能型エコキュート	171
卓越風	181
ダクト併用ファンコイルユニット方式	48
タスクアンビエント空調	84
竪穴区画	193
ダブルスキン	66
玉形弁	153
たわみ継手	135
単ダクト方式	47、98
地域冷暖房	92
地中熱ヒートポンプシステム	70
地熱発電	68
着衣量（clo）	14
中央暖房	160
直接暖房	161
通年エネルギー消費効率（APF）	95
低温放射暖房	166
定風量方式	45
電気式床暖房	169
特定フロン	111
特級ボイラー技士	107
共板フランジ工法	131、132
トロンブウォール	65

な行

ナイトパージ	91
内部結露	22
二級ボイラー技士	107
二重効用吸収式冷凍機	117
二重ダクト方式	27
二重ノズル	144
ねじ込み接続	154
熱貫流	20
熱伝達率	20
熱伝導率	20
熱容量	28
年間熱負荷係数（PAL）	95

は行

配管用炭素鋼鋼管	150
ハイブリッド換気	190
バタフライ弁	153
パッケージユニット方式	50
パッシブソーラー	64
バリアフリー新法	34
パンカルーバー	144
ヒートアイランド	58
ヒートショック	34
ヒートポンプ	72、76
必要換気回数	189
必要換気量	188
ファンコイルユニット方式	48
ファンコンベクタ	163
風量調整ダンパ（VD）	140
風力換気	181

不快指数（DI）・・・・・・・・・・・・・・・・・・・・ 15
付設温室・・・・・・・・・・・・・・・・・・・・・・・・・・ 65
浮遊粉じん・・・・・・・・・・・・・・・・・ 11、177
フランジ接続・・・・・・・・・・・・・・・・・・・・ 155
フランジ継手工法・・・・・・・・・・・・・・・・ 132
フレキシブルジョイント・・・・・・・・・・ 153
フレキシブルダクト・・・・・・・・・・・・・・ 136
ペリメータゾーン・・・・・・・・・・・・・・・・・ 49
ペリメータレス空調・・・・・・・・・・・・・・・ 89
ベローズ形伸縮継手・・・・・・・・・・・・・・ 152
ベンチュリー効果・・・・・・・・・・・・・・・・ 181
変風量方式・・・・・・・・・・・・・・・・・・・・・・ 45
防煙垂れ壁・・・・・・・・・・・・・・・・・・・・・ 195
防煙ダンパ（SD）・・・・・・・・・・・・・・・ 141
防火ダンパ（FD）・・・・・・・・・・・・・・・ 141
防振継手・・・・・・・・・・・・・・・・・・・・・・・ 152
飽和水蒸気量・・・・・・・・・・・・・・・・・・・・ 21
ボリュートポンプ・・・・・・・・・・・・・・・・ 146
ホルムアルデヒド・・・・・・・ 11、177、178

ま行

丸ダクト・・・・・・・・・・・・・・・・・・・・・・・ 130
マルチユニット方式・・・・・・・・・・・・・・・ 52
水管ボイラ・・・・・・・・・・・・・・・・・・・・・ 102
水式ソーラーシステム・・・・・・・・・・・・・ 62
密閉式冷却塔・・・・・・・・・・・・・・・・・・・ 120
無圧式温水ヒータ・・・・・・・・・・・・・・・ 106
モータダンパ（MD）・・・・・・・・・・・・・ 140

や行

有効温度（ET）・・・・・・・・・・・・・・・・・・ 15
床吹出し空調方式・・・・・・・・・・・・・・・・ 86
床吹出口・・・・・・・・・・・・・・・・・・・・・・・ 144
溶接接続・・・・・・・・・・・・・・・・・・・・・・・ 155
予測平均温冷感申告（PMV）・・・・・・・・ 15

ら行

ライトコート・・・・・・・・・・・・・・・・・・・・ 67
ライトシェルフ・・・・・・・・・・・・・・・・・・ 67
ラインフローファン・・・・・・・・・・・・・ 129
ラインポンプ・・・・・・・・・・・・・・・・・・・ 148
ラジエータ・・・・・・・・・・・・・・・・・・・・・ 163
リバースリターン方式・・・・・・・・・・・・ 157
冷却コイル・・・・・・・・・・・・・・・・・・・・・ 124
冷却塔・・・・・・・・・・・・・・・・・・・・・・・・・ 118
冷凍サイクル・・・・・・・・・・・・・・・・・・・ 112
レジオネラ菌・・・・・・・・・・・・・・・・・・・ 121
露点温度・・・・・・・・・・・・・・・・・・・・・・・・ 21
炉筒煙管ボイラ・・・・・・・・・・・・・・・・・ 101

著者プロフィール

菊地　至（きくち　いたる）

平成14年、東京工科専門学校建築科夜間卒業。二級建築士。商業施設設計施工会社、住宅設計事務所を経て、建築関連書籍のイラストレーター、ライターとして活躍中。

著書に『しくみ図解　建築設備が一番わかる』（技術評論社）、『イラストでわかる建築設備』（共著、ナツメ社）など。

本文イラスト：菊地　至

図解入門 よくわかる
最新 空調設備の基本と仕組み

発行日	2014年　6月29日	第1版第1刷
	2024年　7月11日	第1版第11刷

著　者　菊地　至

発行者　斉藤　和邦

発行所　株式会社 秀和システム
〒135-0016
東京都江東区東陽2-4-2　新宮ビル2F
Tel 03-6264-3105（販売）　Fax 03-6264-3094

印刷所　三松堂印刷株式会社　　　　Printed in Japan

ISBN978-4-7980-4149-0 C3052

定価はカバーに表示してあります。
乱丁本・落丁本はお取りかえいたします。
本書に関するご質問については、ご質問の内容と住所、氏名、電話番号を明記のうえ、当社編集部宛FAXまたは書面にてお送りください。お電話によるご質問は受け付けておりませんのであらかじめご了承ください。